辽宁省社科基金（思政专项）（L17DSZ019）；

辽宁省教育厅"十三五"规划2018年度课题（JD18DB440）；

沈阳师范大学重大孵化项目（ZD201609）；

沈阳师范大学博士启动基金阶段性研究成果。

沈阳师范大学学术文库

生命观视域下的
马克思主义哲学探微

刘力红　著

SHENGMINGGUAN SHIYUXIA DE MAKESIZHUYI ZHEXUE TANWEI

中国社会科学出版社

图书在版编目（CIP）数据

生命观视域下的马克思主义哲学探微／刘力红著 . —北京：
中国社会科学出版社，2018. 10
　（沈阳师范大学学术文库）
　ISBN 978 - 7 - 5203 - 2877 - 7

　Ⅰ. ①生… Ⅱ. ①刘… Ⅲ. ①马克思主义哲学—生命哲学—研究
Ⅳ. ①B083

中国版本图书馆 CIP 数据核字（2018）第 165422 号

出 版 人	赵剑英
责任编辑	赵　丽
责任校对	王桂芳
责任印制	王　超

出　　版	中国社会科学出版社
社　　址	北京鼓楼西大街甲 158 号
邮　　编	100720
网　　址	http：//www. csspw. cn
发 行 部	010 - 84083685
门 市 部	010 - 84029450
经　　销	新华书店及其他书店

印　　刷	北京明恒达印务有限公司
装　　订	廊坊市广阳区广增装订厂
版　　次	2018 年 10 月第 1 版
印　　次	2018 年 10 月第 1 次印刷

开　　本	710×1000　1/16
印　　张	14
插　　页	2
字　　数	202 千字
定　　价	59. 00 元

序

  牟宗三先生曾经批判，自民国以来，"人们只知研究外在的对象为学问，并不认生命处亦有学问。人只知以科学言词、科学程序所得的外延真理（extensional truth）为真理，而不知生命处的内容真理（intensional truth）为真理。所以生命处无学问、无真理，只是盲爽发狂之冲动而已。心思愈只注意外在的对象，零零碎碎的外在材料，自家生命就愈四分五裂，盲爽发狂，而陷于漆黑一团之境"①。无独有偶，在 2016 年 3 月 19—21 日举行的主题为"新五年规划时期的中国"的中国发展高层论坛中，马云表示，在过去 300 年，人类更多了解的是太空和外在的世界，而对人类自身知之甚少。但在未来三四十年，技术在人体科学方面会有更大突破，人类会更好地了解内在的自我。如果说，人们对自身生命探知的缺失造成了现代性的焦虑这一"生命不能承受之轻"的症候，那么，在科学和哲学上齐头并进，推进人类进一步认知自我，则是时代赋予我们的责无旁贷的使命。与时俱进的马克思主义哲学无疑为我们推进生命观研究提供了宝贵的理论资源。当然，生命观的视域也是赋予马克思主义哲学以时代生命力的重要维度。

---

  ① 牟宗三：《生命的学问》，广西师范大学出版社 2005 年版，第 33 页。

从生命观的视域来理解马克思主义哲学思想，要求我们能够自觉地立足于人有着生存需求和发展需求的整体性生命存在，追问生命的意义和价值，从而形成双重问题意识：一方面，在生活中，我们要能够自觉追问，我们能否更好地解决生活中出现的诸多问题以使生命更有意义？另一方面，在学习马克思主义哲学的过程中，我们要追问，学习这些原理对我们超越感性的思维方式，从根本上解决现实生活中出现的问题有何帮助？它能够使我们生活得更好，更有意义和价值吗？前一追问有利于我们反思自己感性的思考方式，避免走向经验主义的浅薄，不断提升理性思维能力，完成世界哲学化的提升；后一追问则有利于我们反思理性的学习方式，避免走向教条主义和形而上学的抽象，从而完成哲学世界化的致用。我们只有能够自觉地立足自身的有生存需求和发展需求的整体性生命存在，既在感性的现实生活中自觉追寻生命的意义和价值，又在马克思主义哲学的学习过程中培养自己的具体问题具体分析的能力，才能找到自己赖以安身立命的主观坐标系，形成价值理性。唯其如此，我们才既能摆脱"人生之不如意十之八九"的无奈，又能切实地体悟到马克思主义哲学的"无用之大用"的智慧。

当我们自觉立足于人的整体性生命存在，以上述的双重问题意识为引导，就会发现马克思主义哲学中的辩证唯物论、唯物辩证法、认识论、唯物史观不仅为我们党制定大政方针提供了重要的世界观和方法论的指导，而且也为我们具体个人理解党的方针政策，更好地解决自己的生活中的问题提供了重要的理论依据。可以说，得以学以致用的马克思主义哲学理论也是使我们的生命更加精彩的人生智慧的有机组成部分。尤其是当我们根据贯穿于人类社会和人生始终的终极问题——人与自然、人与社会、人与自身的关系——对其进行进一步阐发的时候，马克思主义哲学之中的生命观的意蕴更是昭然若揭了。

林语堂先生曾说，"孔子的思想是代表一个理性的社会秩序，以伦理为法，以个人修养为本，以道德为施政之基础，以个人正心修身为政治修明之根柢。……这种独具特色的人道主义中最有力的教义，是‘人的标准就是人’”①。其实，如果我们不仅能从马克思主义哲学之中读懂它的治国理政的深刻意蕴，而且能够明确它对个人修身养性，实现生命的意义和价值的帮助，就会发现马克思主义哲学与孔子思想有着异曲同工之妙。它能够引导人们在充满激情地实现个人梦想的同时，助推中华民族的伟大复兴之梦的实现，它有利于个人的生命尊严和中华民族的民族尊严得到相辅相成的彰显。尤其是在坚持马克思主义理论的指导地位的现代中国，通过从生命观的角度来解读马克思主义哲学，充分阐发内蕴那些一般性原理背后的生活智慧，具有重要的现实意义。

---

① 林语堂：《孔子的智慧》，陕西师范大学出版社 2006 年版，第 3 页。

目　　录

第一章

导　论

——我该以"何"引航？

在现代社会，人们总会被"生命的意义和价值是什么？""我是谁？"这样的问题所困扰。尤其是在生活危机中，这些问题往往会成为纠缠人们，影响人们身心健康，甚至威胁人们生命的根本性问题。对于这些问题，如果我们仅仅凭借一时的感觉、喜好来回答，往往会因此而陷入更大的困境之中，因为只有基于对生命和人生的更全面的反思，我们才能在这些问题上给出切中要害的回答。"无用之大用"的哲学智慧正在于此。它们能从不同角度在根本上回答这些问题。通过哲学学习和思考，我们可以获得一个指导人生的主观坐标系。一个人只有找到这一坐标系，才能知道什么样的生活是有意义和价值的、值得追求的好的生活，才可能在平淡的日常生活中找到方向，有所追求，有所坚持；才可能在遇到困难的时候有解决困难的勇气和智慧。反之，当我们迷茫困惑时应谨记，"射有似乎君子，失诸正鹄，反求诸其身"①。君子的做人之道与射箭颇为相似，箭法不准，射不中正鹄，怨不得别人，只能怪自己的功力不够好。同样，我们在人生困惑之时，只有反求自己，形成正确的世界观、人生观、价值观，并在它的指导下躬身践行，才会经营出有意义而无悔的人生。"人生不能没有方向，这方向最好是精神上的追求，并得益于古人智慧的滋养。找

---

① 子思：《中庸》，杨洪、王刚注译，甘肃民族出版社 1997 年版，第 26 页。

到了这样的方向，人生就会焕发出惊人的光彩。"①

第一节　为什么要学习马克思主义哲学

通过马克思主义哲学的学习，我们可以立足于人的有生存需求和发展需求的整体性生命存在，从人与自然、人与社会、人与自身的关系中找到自己赖以安身立命于世的坐标系。这种坐标系在根本上不同于那种对抽象的价值进行抽象认同所形成的坐标系。与道德哲学家不同，马克思主义哲学并不是抽象地追问善及达到善的路径，而是把使人们得以安身立命于世的坐标系看成主观与客观的统一。二者统一的基础是人的实践活动。马克思主义哲学认为，人们只有在特定的社会历史条件下，自觉地追求建构人与自然、人与社会、人与自身的恰当关系，根据生产力的发展要求来建构人与自然、社会、自身的对立统一的关系，才可能过上好的生活。

马克思主义哲学认为，好的生活是随着社会历史的发展而不断发展变化的。因为在不同的社会历史条件下，人与自然、社会、自身的社会历史关系不同，由其所决定，主导人们的主流价值观也必然迥异。在主客不分的前现代社会（原始社会、奴隶社会、封建社会），建构人与自然、社会、自身的原始的和谐关系成为理想的价值选择。早熟的东方文明所发展出的"天人合一""民胞物与"等强调人与自然、人与社会和谐统一的思想，即反映了这种价值诉求。到了反映人与自然、人与社会、人与自身分裂的"以物的依赖性为基础的人的独立性"的现代社会，追求附着在商品、货币、资本等基础上的人的个体性的充分发展就成为人们自觉追求的主流的价值目标。此时，人们把追求金钱、追求高消费的生活与追求好的生活相等同，功利主义和实用主义的价值观大行其

---

① 傅佩荣：《向庄子借智慧》，中华书局 2009 年版，第 15 页。

道。然而，由于这种建立在人与自然、人与社会、人与自身分裂基础上的受制于资本逻辑的生活方式，却使人们深陷现代性的危机之中，从而使自身存在的合法性备受质疑。在新的时代背景下，人们期待一种超越资本逻辑统治的新的生活方式的诞生，反映主客体之分裂的功利主义抑或实用主义的价值观终将被超越。马克思主义哲学为建构新的价值观和生活方式提供了重要的理论资源。

作为马克思主义哲学理论体系的主要组成部分的辩证法，在根本上是我们分析和把握贯穿于个人人生和人类社会的基本矛盾，进而解决这些基本矛盾的方法。其中，通过矛盾分析法，我们可以发现，决定人们人生方向的基本矛盾是人与自然、人与社会、人与自身的矛盾。其中，人与自然、人与社会、人与自身矛盾的斗争性处于主导地位，这也是现代性社会的主要特征。在这种历史背景下，我们只有努力寻找解决矛盾的现实路径，以促进人与自然、人与社会、人与自身的同一性为自觉的追求方向，才可能建构人与自然、人与社会、人与自身的和谐关系，过上好的生活。这样，我们就能把握社会历史的大方向，就能够顺势而为。通过质量互变规律，我们可以知道，在追求人与自然、人与社会、人与自身的矛盾的解决过程中，既要积极地促进，又不能急于求成。否定之否定规律则让我们看到，无论整个人类社会发展，还是个人人生，都要经历一个由肯定到否定，再到否定之否定的螺旋式上升和波浪式前进的过程，因此，我们在此过程中既要积极进取，又要坚定人生信念和社会理想。马克思主义哲学中的唯物论、唯物史观、认识论则分别从广义的人与自然、人与社会、人与自身的关系的角度，为我们在新的时代背景下，探寻何以建构人与自然、人与社会、人与自身的和谐关系提供了必要的世界观、历史观、价值观的指导。

其实，在资本逻辑遭受严峻挑战的新的时代背景下，马克思主义哲学通过它的辩证法、认识论、唯物史观为我们所提供的人生坐标系，为我们所提供的过上好的生活的方法，并非无的放矢，而是"对"受制于资本逻辑的现代性危机这一"症"所"下"的"药"。从根本上说，我们现在所面临的困境就是由资本逻辑的统治所造成的人与自然、人与社会、人与自身的分裂的困境，是人们为了追求资本所承载的物质财富的增长，不惜无限度地破坏自然，无视社会公平，无视人的包括生存需求和发展需求在内的整体性生命需求的满足的结果。在我们国家这表现为追求金钱、权力、地位的功利主义价值观盛行，各种沽名钓誉的学术腐败屡禁不止；政治领域的贪污腐败令人咋舌；官商勾结之事也时有发生；一些党员干部知法犯法；社会名人吸毒、嫖娼；等等。这些分别反映了人与自然、人与社会、人与自身的分裂的存在状态，无不与资本逻辑的统治有着千丝万缕的联系。在由资本逻辑的统治所造成的人与自然、人与社会、人与自身分裂的社会历史背景下，我们只有一方面充分利用资本发展的积极成果，同时，又积极接受马克思主义哲学的指导，不断地提高自己的智商、情商、创商、灵商、逆商，自觉地克服这种受制于资本逻辑的生活方式的思想文化力量和政治制度力量的消极影响，积极地建构自由自觉的社会主义的生活方式，不断解决人与自然、人与社会、人与自身的矛盾，才可能过上好生活。

总之，马克思主义哲学作为与时俱进的哲学智慧，它的超越资本逻辑的统治的共产主义社会的理想，在根本上就是要在资本逻辑的统治所创造的生产力成果的基础上，通过改变受制于资本逻辑的不公平、不合理的社会关系，来自觉推进人与自然、人与社会、人与自身的和谐关系之建构。它要求促进保证生产力可持续发展的人与自然之间的和谐关系的建构，推进每个人为一切人的自由全面发展创造条件的人与社会之间的和谐关系的建构，在此基础上促进每个人的劳动成为与其整体性生命需求相统一的生命活动，即建构人与自身之间的和谐。我们确立共产主义信仰，在现代社会的基本内涵应该是通过利用社会主义国家的优越的社会历史条件，立足于各行各业的本职工作，积极推动人与自然、人与社会、人与自身的和谐关系的建构，在现实促进中国梦的实现的过程中来不断实现自己的个人梦想。

第二节　怎样学习马克思主义哲学

与一般理论学习不同，由于马克思主义哲学不仅仅是理论化系统化的知识，它还与我们内在的政治认同的形成紧密相关，直接关系到我们何以安身立命的价值认同的形成，因此，学习马克思主义哲学的过程中要把握住以下几点。

第一，立足于日常生活实践，以积极的姿态感受生活，探寻解决生活之中的具体问题和矛盾的方法，是我们理解马克思主义哲学问题的关键。

同试图超越日常生活，建构一种同日常生活相对立的更高级的生活的哲学追求不同，现代哲学的突出特点在于，要立足于现实生活去追寻哲学赖以奠基的基础。马克思哲学同诸多现代哲学一样，努力从现实的生活之中提取生活的智慧，然后，又积极地回到现实生活之中去，接受生活的挑战和检验。因此，学习马克思主义哲学必须立足于现实生活，重视在现实生活中积累起来的感性经验。没有足够的感性生活经验的积累，我们很难理解深刻的哲学道理。由此受各种感性主义思潮的影响，从而怀疑和否定哲学的智慧，更是不明智的。因为生活不是一朝一夕的事情，哲学是日久才能在生活中充分呈现其智慧特质的一门学问。所以，立足于现实生活，对于一些经住生活考验的哲学智慧，我们首先在态度上保持应有的谦卑，进而同情地去了解它，显然是必要的。

当然，现实生活仅仅是我们理解哲学智慧，尤其是马克思主义哲学智慧的基础，并不意味着我们立足于现实生活，就一定能理解哲学。因为从认识的角度来说，哲学智慧属于理性认识，同任何理性认识一样，它需要经历一个由感性认识上升到理性认识的过程才能形成。因此，如果仅仅有发源于现实生活的感性经验，没有在此基础上所进行的积极的思考和探索，没有通过书本学习，借鉴他人的感性认识和理性认识，我们就不可能形成经得起实践检验的理性认识，也就不会有对诸多哲学智慧的深刻的认同，就不会理解哲学。

同时，立足现实的生活实践来理解哲学不能急于求成。无论是感性经验的积累、感性认识的形成，还是思考习惯的养成、理性认识的形成都需要经历一个由量的积累到质的飞跃的过程。在生活节奏日益加快的现代社会，我们尤其不能像对待不断更新的一技之长的学习一样来挟持人的哲学感悟的迅速提升，使其委身于各种"快餐文化"，或者将其催化成"心灵鸡汤"，使人的整体性生命存在丧失安顿之所。因为，我们只有不迷失于各种快餐文化的消费，自觉保持哲学思考的习惯，积极培养自我的价值理性的能力，才可能在复杂而具体的日常生活之中保持应有的尊严，获得自由。因为自由不是任性，也不能靠单纯的反抗和拒斥权威而获得，它在根本上是一种拥有了人生的正确方向之后的积极的生活状态，它的获得离不开哲学的整体性思维方式的培养和在对特定哲学传统的自觉传承基础所进行的意义的建构。

因此，对我们来说，当务之急是能立足于现实生活，以马克思主义哲学为我们所提供的世界观和方法论为指导，在更加自由而幸福的生活体验之中进一步深刻地理解马克思主义哲学的智慧所在。一种哲学的好与坏，并不取决于它是否是主流的意识形态。然而，与主流意识形态相一致的价值取向会使我们更容易立足于现实世界。尤其是当主流意识形态所宣传的价值理念经得起我们现实生活实践检验的时候，拒斥这一哲学引导的机会成本显然要大得多。因此，我们与其为了那种想象的思想自由而武断地拒斥这样的主流意识形态，不如积极地认同它。当然，对一种观念采取怀疑的态度，或许是我们进行独立思考的开始，但是，怀疑而又同情地了解，然后再做判断，对于我们来说恐怕是应有的态度。因此，立足于我们实实在在的现实生活，立足于我们现实生活中遇到的诸种问题，利用马克思主义的哲学原理具体分析解决这些问题，相信有一天生活之中的真实感受会给予我们一个有关马克思主义哲学价值的公允的判断。因为马克思主义哲学不仅仅是有利于中华民族的伟大复兴的中国梦的实现的政治智慧，更是有利于我们个人的幸福的生活梦想实现的生活智慧。

第二，兼容并包地汲取人类智慧的成果，是全面而深刻地理解马克思主义哲学智慧的重要环节。

马克思主义哲学的产生本身就是积极借鉴前人智慧的结果，它是马克思主义创始人在汲取德国古典哲学的理论成果的基础上形成的，这在很大程度上决定着马克思主义哲学智慧的开放性的特点。此外，马克思主义哲学并不是书院里的学问，而是人们立足于现实生活追求人类幸福所形成的理论视野。不断变化和发展着的现实生活之中的问题要求我们能够利用人类一切的文明成果来寻求解决之道，于是马克思主义哲学应运而生并不断发展。因此，以人民群众的现实的幸福为追求目标的马克思主义哲学并不会以终极真理的姿态自居。相反，它要求人们在理性而积极地去追求幸福的基础上，充分汲取前人的智慧，不断丰富自己。马克思主义哲学智慧的光辉只有在我们有决心汲取人类智慧成果的基础上才会充分显现。

当我们能够立足于现实生活，如饥似渴地汲取各种经得起时间洗礼的人类哲学智慧成果的时候，就会逐渐发现，与那种同日常生活一样色彩斑斓的各种快餐式的心灵鸡汤比较起来，它们不仅能够满足我们即时的精神享受，而且还能为我们指明总体的人生方向。而我们的人生需要这样一种相对明确的人生方向的指引。

然而，并不是所有能够给予我们主观坐标系或人生框架的哲学理论都是能够带来更多的现实福祉的合乎时宜的智慧。只有那种既符合时代的特点，又符合我们民族特质的哲学智慧，才会发挥其"无用之大用"的功效。我们只有有能力基于现实生活情境对其学以致用，这种哲学智慧才会引导我们在现实世界之中生活得更好。因为我们不仅需要确立人生方向的理想信念，而且还需要在自己所能拥有的现实世界之中寻找生存和发展的空间。那些成熟的人生坐标系，在特定的社会历史条件下，其智慧特质固然是毋庸置疑的，但是如果不能与我们所生活的社会历史文化语境相融合，其带来的影响往往是负面的。不合时宜的人类智慧带给人们的往往是不合时宜的、仅仅具有个体性特

点的生活选择。这种选择与其说是自由的，不如说是任性。因为任何
一种价值理想都需要接受实实在在的生活实践的检验。只有那些能够
适时地增进大众和个人生活福祉的价值选择，才有更多的可以借鉴的
价值。

　　因此，我们在汲取中国传统智慧和其他民族的智慧时必须追问
的问题是：它能够在怎样的程度上契合我们的时代要求和社会历史
语境，它在新的社会历史背景下，能够怎样通过改变我们的生活方式
来推进个人的幸福，民族的复兴，人类社会的进步？当我们所汲取的
各种人类智慧能够从各个层面上给予上述问题以积极的回答的时候，
这些智慧往往会被证明其实是与马克思主义哲学智慧相一致的价值选
择，属于"英雄所见略同"。我们也会通过对这些智慧的汲取，而更
加深刻地认同马克思主义哲学的智慧。同时，那些马克思主义哲学暂
时没有全面表述的方面，也可以成为发展马克思主义哲学智慧的重要
方面。

　　马克思主义哲学智慧之所以可以在新的时代背景下兼容并包其他
哲学智慧，为我们在现实世界追求幸福生活提供可以期待的价值引导，
不仅是因为它属于意识形态，更是因为它本身所面对的问题——资本
逻辑统治所带来的现代性问题仍然是导致我们生活不幸福，使我们感
到纠结的问题，马克思主义哲学在解决这些问题上所提出的方案有利
于我们有针对性地解决自己现实生活中所遇到的问题。同时，马克思
主义哲学之所以能够为中国共产党所选择，在根本上也与它在许多问
题上契合了中国传统哲学的文化基因有关。与西方力图超越日常生活
的哲学不同，中国哲学在很大程度上就是立足于现实生活探寻人生方
向的哲学，这为同样关注现实生活的马克思主义哲学在中国社会的传
播提供了必要的文化土壤。同时，马克思主义哲学又能够凭借其对现
实资本主义社会的批判，为我们解决与资本逻辑的统治相关的现代性
问题提供了重要的理论资源，这使它有能力赋予中国传统文化以时代
的内涵。再加上马克思主义哲学源于西方文化传统，包含着西方文化
的精髓人的自由的思想，同时，又通过观察自由放任的资本主义市场

的发展所带来的两极分化的问题,看到它的极端发展必然带来大多数人丧失自由发展机会的问题,从而形成一种超越孤立的自由的共产主义理想。通过学习和认同马克思主义哲学,我们既能充分利用自由市场的发展所带来的福祉,又能避免片面地追求资本主义自由所必然陷入的虚无主义的宿命。

总之,因为真正与我们的生命和生活相契合的价值观的形成,既不能依靠外在的灌输,又与盲目地拒斥权威无关,而是与我们的理性的认同、积极的思考和立足于现实生活的充满热情的探索紧密相连。通过马克思主义哲学的学习,认同或者至少先同情地了解马克思主义哲学的基本内涵和精神实质,同时以一种开放的心态来学习和汲取人类文化智慧的成果,我们才能形成符合时代特点和民族特色的、充满竞争力的价值理想,才能更加积极地参与到现实生活之中去,更加充满信心地创造属于我们的幸福生活。当我们能够真诚而理性地面对现实的生活世界,并在此基础上积极汲取人类的智慧时,相信有一天在一些根本问题上我们会得出与马克思主义哲学殊途同归的思想,只有这时我们才可能更加深刻地理解马克思主义哲学的智慧所在。马克思主义哲学所承载的智慧其实已经远远地超越了它在应试模式下所能带给我们的其实是"异化"了的表象。

第三,立足于人的有生存需求和发展需求的整体性生命存在,追问什么样的生活更有意义和价值,是我们学习作为世界观、人生观、社会历史观、价值观的马克思主义哲学体系应该思考的基本问题。

苏格拉底说,"未经省察的人生没有价值"[1]。有超越性需求的人们有追求更有意义的生活的内心渴望。把内在于人的生命的这种深刻的意义追求与人的有生存需求和发展需求的整体性存在结合起来,构成马克思主义哲学区别于一般道德哲学的基本视域。因此,立足于人的有生存需求和发展需求的整体性生命存在,追

---

① [古希腊]柏拉图:《游叙弗伦、苏格拉底的申辩、克力同》,严群译,商务印书馆1983年版,第76页。

寻生活的意义和价值，既是我们理解马克思主义哲学不可忽视的视角，也是我们满足自我内在的意义渴求、检验马克思主义哲学的真理性的重要维度。

在马克思主义哲学看来，人的生命的意义和价值的确证，人类幸福的获得，不是一个仅仅依靠价值之善就能解决的主观性的问题，而是与人的生存需求和发展需求的满足紧密相关的客观物质性的问题。马克思之所以指出，旧哲学在于解释世界，而问题在于改变世界，通过引入实践的范畴，把自己的哲学同旧哲学和各种各样的道德主义区分开来，在根本上就是因为马克思看到，人们只有通过物质生产实践来满足其生存需求，才可能在满足其生存需求上更好地满足其发展需求。就整个人类社会来说，只有在社会生产力高度发展能够为人们更好地满足其生存需求创造条件的历史条件下，人们才可能通过社会合作占有生产力来为其发展需求的满足创造条件。象征人类的更加有意义的生活的自由和幸福，不是远离人类的生存需求和发展需求的满足的抽象的道德理想，而是人的整体性生命需求得到满足之后的另一种表达。

立足于人的有着生存需求和发展需求的整体性生命存在来追寻生命的意义和价值，我们会发现，马克思主义哲学作为方法论首先是我们分析和把握使人们能够更好地满足其生存需求和发展需求的现实关系的方法。通过矛盾分析法，我们可以发现，贯穿人类社会和人生始终，决定着人的生存需求和发展需求满足状态的基本关系是人与自然、人与社会、人与自身的关系。在现代社会，我们面临的主要矛盾是，要在人与自然、人与社会、人与自身分离的现代性的背景下，追求人与自然、人与社会、人与自身和谐关系的建构。建构人与自然、人与社会、人与自身的和谐构成了现代人类文明必须自觉追寻的方向。我们只有自觉到这一方向，在量变的积累的基础上积极推进质变，才可能在促使人与自然、人与社会分裂关系走向自己的反面的改变环境的过程中，改变我们自身，建构人与自身的和谐关系，满足自身的整体性生命需求，实现生命的意义和价值。当然，在现实生活中，我们通过辩证法把握住的、因为直接关涉人类的生存需求和发展需求而成为贯穿人类社会和人生始终的基本矛盾，总是通过现实生活中具体矛盾表现出来。我们生活中所遇到的根本性的困惑或问题其实都是这些基本矛盾在不同层面的反映。所以，我们只有立足于大的时代背景，通过辩证法把握住解决矛盾的基本原则，才可能更有效地解决现实生活之中的具体问题，具体的推进自我和他人的生存需求和发展需求的满足，从而现实地体认生活的意义和价值。

立足于人的生存需求和发展需求来追寻生命的意义和价值，我们可以从马克思主义哲学的唯物论、认识论、唯物史观中找到具体的建构人与自然、人与社会、人与自身的和谐，以在新的时代背景下更好地满足人的生存需求和发展需求的基本原则。概括地说，就是要在尊重自然、社会、人的思维乃至生命存在的规律的基础上，充分发展人的主观能动性，认识和利用自然规律、社会历史发展规律、人的思维运动和生命发展的规律，来促进人与自然、人与社会的和谐关系的实现，来更好地满足人的整体性的生命需求，为人们更好地确证生命的意义和价值奠定基础。

总之，马克思主义哲学不仅是知识，更是可以"转知成智"的智慧，它不仅是我们党领导人民进行社会主义建设的大智慧，更是受困于资本逻辑的现代人可以赖以安身立命的智慧，是人们找到可以确证生命的意义和价值的实践方式的智慧。这就要求我们不仅对马克思主义哲学有政治上的认同，更需要立足于自身对生命的意义和价值追求，对马克思主义理论有内在的价值认同。立足于人的生存需求和发展需求，追寻生命的意义和价值，我们将会发现，马克思主义哲学并不是外在于我们的幸福和自由的纯粹的知识的汇集，而是能够为我们指明人生发展方向的，自觉将自己推向哲学理论的真正前沿——充满意义危机的现代人的生活世界的实践哲学，是自觉接受实践的挑战，并在实践中不断丰富和发展自己的开放的世界观、人生观、社会历史观、价值观体系。反之，只有立足于马克思主义这一基本问题域，我们才可能全面而深刻地理解马克思主义哲学的智慧。

第三节　学习马克思主义哲学
应该注意的基本问题

　　我们要想从马克思主义哲学的学习过程中真正获得智慧的启发，必须注意由以前知识性的学习模式向人文修养的模式转变，向建立积极而健康价值观的方向转变，因此，在马克思主义哲学的学习过程中应该注意以下几方面的问题。

　　第一，要立足于我们通过马克思主义哲学学习所认识的自然、社会、人的认识规律，以建构人与自然、人与社会、人与自身的生命存在之间的和谐关系为自觉的追求目标。这里我们的基本问题意识不应该仅仅是物质世界的规律、社会规律、人的认识规律是什么？而是要进一步追问，在现代社会，我们通过认识自然、社会、人的认识的规律要达到什么目标？只有通过后一层面，我们才可能真正把马克思主义哲学引入生活，才可能通过马克思主义哲学的学习找到自己安身立命于世的主观坐标系，建构给予我们人生方向的世界观、人生观、社会历史观、价值观。

　　马克思主义的创始人马克思要求从人与自然、人与社会、人与自身的关系的角度来把握人与世界关系，因此，我们只有不仅仅关注通过学习能够获得怎样的有关规律的认识，而且还能够立足于这种规律性认识追问，我们如何因此能合乎时宜地追求人与自然、人与社会、人与自身的和谐关系的建构？如何在受制于资本逻辑的社会历史情境下，通过自觉地建构共产主义生活方式，来建构人与自然、人与社会、人与自身的和谐关系？唯其如此，我们才可能在实现个人梦想的同时促进中国梦的实现。

　　学习马克思主义基本原理的目标就是要超越现代性条件下所造成的人与自然、人与社会、人与自身的不和谐状态，来建构人与自然、人与社会、人与自身的和谐关系。这就是共产主义社会所要实现的目标，用马克思的话说就是，彻底的自然主义等于人道主义，彻底的人道主义就是自然主义，这是人与自然和谐关系的另一种表达。人与社会的和谐关系表现为，个人以每个人的自由全面发展为目标，社会也自觉以满足每个人的整体性的生命需求为目标。人与自身的和谐关系则表现为，自己所从事的活动不是来自外在压力，而是为了生命的意义和价值的实现；不是仅仅为了赚钱与谋生而从事特定的工作，而是为了内在的整体性的生命需求的满足，因此能够通过这种活动而感受到内在的充实、愉悦与幸福。

因此，我们需要立足于人的有生存需求和发展需求的整体性生命存在，通过认识与把握自然规律、认识和人的生命规律、社会历史规律，来建构自由自觉的生活方式，在现实地建构人与自然、人与社会、人与自身的和谐关系的过程中来确证生命的意义和价值。我们应该相信，当我们既可以通过改造自然来更好地满足自己的生存需求，也能够通过欣赏自然之美、探寻自然之奇来满足自己的发展需求；既可以通过社会合作来更好地满足彼此的生存需求，也可以通过促进社会公平的实现来可持续地满足彼此的发展需求；既可以通过生命活动满足自己的生存需求，又可以通过从事自己心之所向的活动，使自我的生命潜能得到最大限度地挖掘，使自己的整体性生命需求得到满足，才会真切地体验到生命的崇高和完美，才会可持续地体验到强烈的生命乐趣，现实地确证生命的意义和价值。

第二，应该明确，建立在对自然、社会、认识规律的认识基础上的对建构人与自然、人与社会、人与自身的和谐关系问题的回答，具有社会历史性的特征，因此，我们应该在现代性的背景下来理解马克思主义哲学的相关理论。

当我们承认自然、社会、人的生命本身有规律可循，认为可以通过认识规律和利用规律来更好地满足人的生命需求的时候，这本身就是自启蒙伊始，强调主客二分的现代文明的产物。同时，在面对现代性的主客二分所带来的种种现代性问题的背景下，我们提出在尊重自然、社会、生命本身的客观规律的基础上来建构人与自然、人与社会、人与自身的和谐关系，这本身就是我们努力超越现代性危机的积极的尝试。这反映了人与自然、人与社会、人与自身之间关系的辩证发展规律，反映了它们之间经历了原始的统一，然后再到现代性的分裂，最终将又走向共产主义社会的更高的水平上的统一的发展过程。

因此，从辩证唯物主义的角度来看，如果说有一种宿命的话，那么这种宿命就是人与世界之间的由统一到分裂，到新的统一的发展过程，人类只有从这一发展趋势之中才可能找到其文明走向新的高度的方向。具体的个体生命存在只有在这一方向之中，才可能既找到自己获得安身立命之感的主观坐标系，又因为能够顺应历史的发展趋势而乘风破浪。

同时，只有从人与世界的辩证关系的历史发展的角度来把握我们在新的时代背景下来建构人与自然、人与社会、人与自身的和谐关系的本质内涵，才可能既把新的时代背景下我们要努力追求的人与世界的和谐与传统农业社会所要建构的人与世界的和谐关系区分开来，同时，又能够积极地挖掘传统文化之中所蕴含的积极的理论资源。这里我们既要看到，前现代社会人们所提出的建立人与世界之间和谐关系，是在自然科学、生命科学、社会科学不发达的条件下所要追求的和谐关系。在现代社会，我们不可能绕过自然科学、生命科学、社会科学所取得的成就来追求人与世界之间和谐关系的建构。同时也应该看到，科学的发展及其与资本结合给现代社会所带来的各种问题，不应该成为人们在新的时代背景下失去重构人与世界之和谐关系信仰的理由。在新的历史背景下，将人类已经获得的对世界的一般规律的认识纳入人们对人与世界的和谐关系的建构过程中来，至少应该构成我们在新的时代背景下建构人与世界和谐关系一个基本维度，构成我们在现代性危机的条件下重建意义之维度的基本向度。

第三，我们应该自觉地在价值多元的社会背景下，面对各种价值的冲击和诱惑，在深入理解马克思主义哲学思想基础上，认同社会主义核心价值观。

内在于任何哲学之中的理想之善的实现都离不开特定民族文化语境。马克思主义哲学立足于人的整体性生命存在追寻生命的意义和价值，形成了共产主义的价值观。这种价值观的特点在于强调人的自由全面发展和人的整体性生命和谐的实现及人类幸福的获得。这是一种超越了资本主义的把自私自利的占有与自由相联系的价值观。在正在进行的中国特色社会主义建设的实践中，我们必须积极推进共产主义理想的实现。针对中国社会主义建设中所遇到的问题，我们党分别在国家、社会、个人等层面提出了社会主义核心价值观。其中在个人层面，它提出要爱国、敬业、诚信、友善。这在根本上反映了马克思主义哲学中提出要建立人与社会之间和谐关系的个人的维度，为个人指明了在社会主义条件下实现个人价值的基本坐标。

因为人的本质是社会关系总和，人们总是在特定的社会历史条件下才能更好地满足自己的整体性生命需求。在迄今的社会历史中，个人总需要在一定的政治环境、经济条件、社会条件下来实现自己的社会关系本质。社会主义核心价值观爱国、敬业、诚信、友善，其实是分别从政治、经济、社会、他人关系的角度提出了个人的社会关系本质实现的基本路径。个人只有真正能够从上述各个层面达到了社会主义核心价值观的要求，才可能在政治、经济、社会、文化等各个层面建立起自身与社会之间的和谐关系，才可能在此基础上更好地实现自己的个人价值和社会价值。这也是推进我们国家实现富强、民主、文明、和谐的过程。

个人之所以要爱国，是因为在现代社会，对于大多数人来说，他不能离开特定的民族国家为其所创造的环境来实现自己的梦想。他只有在民族国家所提供的政治、经济、文化环境中才能更好地发展自己。他只有参与到推进国家的富强、民主、文明、和谐的建设中来，才能在改变环境的同时改变自身。那种试图将自己排斥于国家之外的发展是不切实际的。我们只有在现有的生产力水平能够为人们所提供的发展条件下，参与到国家为了进一步推动生产力发展所进行的政治、经济、文化改革之中，才可能找到个人发展的广阔空间。

个人之所以要敬业，是因为在迄今的社会历史条件下，非自愿的社会分工仍然影响着人们的职业选择。在这种情况下，就需要我们有干一行、爱一行的敬业精神，在边干边学之中发现自己的兴趣点，从而由内而外地敬畏自己所从事职业，将职业变成既能更好满足自己生存需求的技能，又能更好满足自己发展需求的事业。这种敬业精神的形成离不开对那种未经反思的消费主义生活方式的自觉的拒斥。我们只有不再将更好地满足自己的被资本逻辑所调动起来的消费需求作为自己从事某种职业的内在的动力，形成敬业精神，才可能摆脱自我分裂的异化状态，更好地安身立命。敬业精神是一种要求将内在的整体性的生命需求满足和生命的意义和价值的确证把握为自己从事特定工作的内在动力的精神。并且，我们只有在这一语境下理解和倡导敬业，才能够充分彰显它的社会主义特质，才可能依靠这种内在的价值理想的引导，更加积极地推动社会发展。

个人之所以要诚信，是因为每个人整体性的生命需求只在其能够自觉地为彼此的整体性生命需求之满足创造条件时才是可能的；是在人们能够诚信的为彼此的需求的满足创造条件时，才会是现实的。然而，在受制于消费主义的历史语境中，由于许多人更加关注个人的占有，更加容易认同有利于自己的自私自利的占有的功利主义价值观；认同彼此之间的你死我活的竞争，而不是为了克服内在的惰性，发掘自己的潜能而进行竞争。这必然在社会资源有限的情况下，一些人为了满足自己的私利而不惜牺牲诚信，为了眼前的利益，而不惜置人的整体性生命需求的满足于不顾，为了追求不义之财、不实之名、不齿之色，不惜牺牲诚信。其结果是，这些人即使能够暂时躲避法律的制裁，也难逃内心的不安。因此，我们只有自觉超越这种非诚信的存在方式所带来的生存困惑，诚实劳动，诚信经营，才可能在通过自己的产品更好地满足他人需求的过程中获得内在的安居和喜悦。从长远来看，自觉地认同诚信这一社会价值，是一个人最终得到社会认可，实现社会价值的必由之路。这也是有着"经世济用"之才能的商人，有着"治国平天下"之追求的政客，有着"识义通道"之智慧的学者自觉认同诚信这一价值观的原因之所在。

个人之所以要友善，是因为在社会层面，如果说诚信是个人实现其社会价值的基本要求，那么，友善则是个人实现其社会价值的直接方式，更加具有一般性。它既可以通过人们日常待人接物得以展现，也可以通过一些有能力的人的慈善捐助的方式得以实现。通过友善待人，个人可以更直接也更深刻地体认那种人与人之间和谐互助的温馨，因此更深刻地领略人的社会关系本质。每个人都有一颗友善的心和行动，人的社会关系本质才可能得到充分的实现，世界才可能变成美好的人间。

总之，在一个价值多元的社会，面对各种价值观的冲击，我们只有自觉地认同主流的社会主义核心价值观，并在此基础上深入理解它与马克思主义哲学所提供的建构人与社会之间的和谐关系图景之间的内在一致性，才可能既深入地理解马克思主义哲学思想，同时又将它真正地内化成为我们自觉建构人与社会之间的和谐关系的内在准则，并在实现自己的社会关系本质的过程中实现自我，通过合乎时宜的行动创造出适乎时宜的幸福！

第二章

把握人与世界的辩证关系，
驾驭命运之舟

人是处于人与世界的关系之中的现实的人，世界因为人的出现而处于与人的辩证关系之中。具体的个人只有自觉地把握人与世界之间的辩证关系，才可能避免迷失于作为人与世界之间关系之多元显现的现象世界，从而自觉地驾驭命运之舟，顺势而为。

第一节　认识人与世界之间的关系，
提升我们的幸福指数

人生在世，只有当我们能够形成对世界的总体看法，从而把握自身与世界的整体性关系时，才能够把握人生发展的大方向。只有当我们能够形成正确的世界观，顺应人与世界之间的辩证发展规律，才能够摆脱那种由人与世界关系的盲目必然性的统治所带来的不幸和痛苦，不断提升自己的幸福指数。在古代社会，人们可以通过认识世界，满足自己的好奇心，摆脱对自然的恐惧。在现代社会，人们则可以希望通过认识和解决人与世界的矛盾来摆脱现代性危机。

关于人们何以能够通过建构人与世界之间的整体性关系获得幸福，老子的许多相关思考颇有启发意义。"宠辱若惊，贵大患若身……吾所以有大患者，为吾有身；及吾无身，吾有何患？故贵以身为天下，若可寄天下；爱以身为天下，若可托天下。"① 老子说，我们之所遇到抬举或侮辱的事都会激动，就是因为太看重自身。如果不太多地考量自己的私利，还能那么不安、焦虑吗？因此，如果我们能够摆脱自私，把自身奉献给天下，像爱护自己的身体一样爱护这个世界，那么，你就不会患得患失，天下就可以交由你来管理和照料了。这里，老子的智慧在于，他指出，如果我们能够超越自己的狭隘视域，立足于人与世界的关系来思考和处理问题，不仅能够使自己摆脱那种建立在自私自利的占有基础上的不健康的心理，而且还可以有幸拥有整个世界的资源来善加运用。

与老子一脉相承，庄子指出"夫大块载我以形，劳我以生，佚我以老，息我以死。故善吾生者，乃所以善吾死也"②。这里庄子洞察到，当我们能够从人与世界的整体性关系的角度来审视人生的时候，就会发现，这个物质世界其实为我们妥善地安排自己的生命和死亡提供了必要的条件。当一个人通过洞察人与世界的关系可以体察关涉人生的两个根本性问题——生和死都能够得到妥善的安排，就可能会少一些计较和不必要的争夺，少一些焦虑，从而能够从容地解决人生的诸多问题，当然就更容易幸福了。庄子进而指出，"若夫乘天地之正，而御六气之辩，以游无穷者，彼且恶乎待哉！故曰：至人无己，神人无功，圣人无名"③。在庄子看来，人们如果能够顺应物质世界的发展规律，可以遨游于无穷的境界，就再也没有什么值得奢求的了。因此，至人、神人、圣人不被自我、功绩、名声所束缚而获得自由。

无独有偶，法国现代著名哲学家皮埃尔·阿多也强调要立足于从高处俯视的"天狼星"的视角进行精神修炼，"这种修炼致力于对个体在宇宙中的位置有所意识，因此，将个体从私己的视角里脱离，也让他意识到自己不仅仅属于宇宙的整体，而且也属于人类共同体的整

---

① 老子：《老子》，孙雍长注译，花城出版社 1998 年版，第 23 页。
② 庄周：《庄子》，方勇译注，中华书局 2010 年版，第 100 页。
③ 同上书，第 3 页。

体，让人从对事物的单方面的见解中走出，设身处地地为他人考虑"①。他认为，唯有当我们有意识地承担起作为置身万物中的一员的事实，才可能抵达哲学生活。我们会发现"世界也许是华美的，也往往是凶残的，但它尤其如谜一般"；发现属于我们与世界的关系的两个组成部分，"既有神圣的愉悦，也有恐惧"②。正是在这一过程中，我们将自己释放并获得安全感。

然而，在被日常生活之中的琐事所包围的时候，尤其是在强调主客二分的现代性背景下，人们往往忘记了还可以建立一种人与世界之间的整体性的关系，不知道这种整体性的关系，才是在根本上决定我们的人生方向和幸福与否的主要矛盾。在这个问题上，如果我们舍本逐末，在从事各种专业工作时忘记了人类的出发点，从而失去了建立人与世界的整体性关系的能力，这无异于在人生的问题上捡了芝麻丢了西瓜而不自知。放弃人类的这种关注整体的智慧不用，却在日常琐事中找门路，寻求获得幸福的现实路径，其实无异于缘木求鱼。因为在错误的方向上，越努力，越有技艺，可能离幸福越远。从事自然科学研究的人，能够在专业领域欣赏到自然之美和震撼，很难不全身心地投入到自己所从事的事业之中去。当牛顿把自己仅仅看成是大自然海边的顽童，把自己的伟大发现仅仅看成是偶然从海边幸运地拾到几个贝壳时，那种快乐和幸福，那种心境，只有从人与世界的整体性关系的角度才可能被深刻地理解。

当人们能够从人与世界的整体性关系的角度去思考问题时，它带给人们的方向感、意义感和动力肯定是巨大的。因为人具有超越性，需要通过建立自身与整体世界之间的联系来找到自己的位置，需要在此过程中获得鼓舞自己不断前行的、贯穿于人生始终的巨大的动力。在人文社会科学领域更是如此。我们只有看到手边的工作和生活不仅仅是为了谋生，而且为了满足人的整体性生命需求，为了社会上每个

---

① ［法］皮埃尔·阿多：《作为生活方式的哲学》，姜丹丹译，上海译文出版社 2014 年版，第 202 页。

② 同上书，第 209 页。

人的建立在发展需求基础上的整体性生命需求得到满足,因而是有着根本性的意义和价值的,我们才会更加热爱手头的工作,才会更加有爱。爱那个整体性的物质世界,才能真正爱我们自己。爱与自己发生关系的物质对象,通过对这些对象的认识来尊重它、珍视它,是我们的幸福和快乐之源。比如作为教师,如果我们做工作仅仅是为了谋生,因此不是把学生看成是一群富有个性的含苞待放的可爱的生命,需要通过教育开启其探寻真善美之旅,以使其整体性生命需求得到满足,作为教师会以怎样的心情和态度来上课呢?作为学生,如果不是把学习看成是在教师的引导下,通过追求真善美来建构自身与世界之间的整体性关系,以使自我的生命更有意义的过程,又会以怎样的方式来面对课堂呢?显而易见,我们只有从整体上把握自身与世界的关系,并在它的指导下从事具体的认识和实践活动,才不会舍本逐末,偏离方向,才会更容易得到我们所追逐的幸福。

总之,我们需要一种立足于人与世界的整体性关系的整体性的生命态度。我们可以通过研读传统文化、学习人类文明的优秀成果,尤其是通过学习马克思主义哲学的物质观获得这样一种视野。我们只有能够在对人与世界关系的整体性认识基础上,形成正确的世界观,才可能在工作和日常生活中把握住人生的方向,抓住重点,充分调动自己的智商、情商、逆商、创商、灵商,建立积极向上的、自由自觉的社会主义的生活方式,在创造个人幸福的过程中推进社会的发展,用个人梦想助推中国梦的实现,最终促进整个人类的幸福指数的提升。

第二节　区分唯物主义和唯心主义,追寻
我们在世界上得以安顿的可能

人们以整体性的方式面对世界,有唯物主义和唯心主义的分别。因为自从人类从自然界之中分化出来并产生意识以来,世界上就形成了两大基本现象:物质现象和精神现象。意识和物质、思维和存在,究竟谁是世界的本原的问题构成了哲学基本问题的第一方面。根据对

这一问题的不同回答，我们可以把哲学分为唯物主义和唯心主义。其中，唯物主义认为物质第一性，意识第二性，物质决定意识。与之不同，唯心主义认为意识第一性，物质第二性，意识决定物质。与之相应，人们在处理人与世界的关系时，总是自觉不自觉地立足于哲学基本问题的第一方面追问：我们到底是要获得精神世界的自由，获得安身立命之感呢？还是追求在现实世界中使自己的包括生存需求和发展需求在内的生命需求得到满足，以安身立命于世？这反映了，人们以整体性的方式处理自身与世界之间的关系时，有立足于物质现象来处理人与世界关系的唯物主义方式和立足于精神现象来处理人与世界关系的唯心主义方式的差别。人们对哲学基本问题的不同回答的方式在客观上也决定着人们不同的安身立命的选择。

从唯物主义立场出发，人们会发现，生存需求是人的基本的物质需求，这一需求的满足离不开对统一的物质世界认识和改造，因此，只有立足于物质世界，敬畏统一的物质世界，现实地建构人与世界之间的和谐关系，才可能安身立命于世。从唯心主义立场出发，人们会反复确认，精神需求才是反映人的本质的生命需求，这一需求的满足离不开对具有超越性的精神——上帝、神、绝对精神、自由意志、心等的自觉追求，离不开人的精神能力的提升，因此，人们只有匍匐于各种超越性精神的脚下，通过唯心主义的修养，才可能在精神领域建构人与自然、人与社会、人与自身和谐关系，获得安身立命之感。

如果说对哲学基本问题的第一方面的不同回答，反映了人们在何以建构自身与世界的同一性问题上的分歧，影响着他们的不同的安身立命的选择；那么，对哲学基本问题的第二方面——物质与意识有无同一性——的不同回答，则表明了人们对自身能否建构与世界之间的统一性关系问题的分歧，影响着他们对自己能否把握命运或乐观或悲观的看法。对哲学基本问题第二个方面的不同回答构成了可知论和不可知论的差别。可知论认为，我们的精神可以反映客观物质世界，我们能够通过精神建立人与世界之间的统一关系。不可知论认为，物质与意识之间不具有同一性，思维不能认识或完全认识世界。由可知论我们可以引申，人们可以通过精神的中介建构与统一世界之间的关系获得安身立命之感，把握命运。我们也由不可知论引申，人们无法通过精神的中介建立与世界之间的整体性关系，既无法获得安身立命之感，也无法现实地安身立命于世。

马克思主义哲学对于哲学基本问题的第一方面做了唯物主义的回答，它认为物质第一性，意识第二性，物质决定意识。因此，人们不能仅仅靠对客观精神的崇拜或追求，通过主观精神的历练就安身立命于世，而是必须在尊重物质世界的客观规律的基础上，通过物质生产活动不断改造世界，以满足人的包括生存需求和发展需求在内的整体性的生命需求，现实地建构人与自然、人与社会、人与自身的和谐，安身立命于世。对于哲学基本问题的第二方面，马克思主义哲学作了可知论的回答，认为人们可以通过认识和利用客观规律来满足人的根本性的生命需求，这也是人们在自我意识觉醒的基础上，通过自由自觉的生活方式来建构人与世界之间的整体性的关系，把握自己的命运的过程。

第三节　认识世界统一于物质，敬畏统一的客观世界

马克思主义哲学认为，世界是统一的客观物质世界，自然界是物质的。意识是人脑的机能和属性，是客观存在的主观映像，是物质世界长期发展的产物，归根到底是由物质决定的。不仅如此，人类社会在本质上也是物质的。人们通过实践活动来解决人与自然、人与社会、人与自身的矛盾的过程，正是人类社会生活形成的过程。因此，社会历史不是人的主观意志的产物，而是人们为了满足自身的包括生存需求和发展需求在内的整体性生命需求，在从事改造自然的物质生产活动的基础上，从事政治文化活动的历史。其中，人类社会所依赖的自然界是整个物质世界的组成部分；人们进行的生产实践虽然有意识的指导，在根本上也是人们改造自然的客观物质活动；人类之所以能够

从事政治文化等活动，在根本上也因为物质资料的生产方式能够为人们从事这些活动奠定必要的物质基础。其中作为生产方式的基本内涵的、反映人与自然关系的生产力的基本内涵是人类改造自然的物质力量，生产关系是人类在生产过程中形成的不以人的意志为转移的物质关系。总之，无论是自然界，还是人的意识和人类社会，在根本上都统一于物质，世界的统一性在于它的客观物质性。因此，我们只有对这一统一的物质世界心存敬畏，立足于统一的物质世界来追寻自己安身立命的基础，真诚地尊重这个客观的物质世界，追求人与世界之间的和谐关系的建构，才可能收获内在的身心健康，外在的人与自然、社会的和谐，才会拥有我们所追求的幸福，现实地安身立命于世。

首先，这一统一的物质世界是处于时空中的不断运动的客观物质世界，运动是物质的根本属性，没有无运动的物质。静止仅仅是运动的一种特殊形式，是物质运动在一定条件下的稳定状态，它是有条件的、相对的，运动是绝对的、无条件的。因此，在处理各种关系时，我们只有顺势而为，促进事物发展变化，并在此过程中更好地发展自己，才可能找到处理人与自然、社会、自身关系的正确的方向。

在生活节奏日益加快的现代社会，情况更是如此。无论是工作关系，还是家庭关系，都处于不断地变换之中。金饭碗越来越少；永恒的爱情和稳定的家庭也成了美丽的传说。在这种被称为风险社会的时代背景下，不变的永恒就是"变"。在这种历史情境下，我们除非能够"自觉求变以应万变"，似乎没有更好的选择。这里所谓的自觉求变就是，不断发展自己，而且要更全面地发展。我们只有既不断提升自己的专业技能，又不断增强自己的人文修养；既不断提升自己的智商，又不断提升自己的情商、逆商、创商、灵商，才能够不断现实地解决人与自然、人与社会、人与自身的矛盾，满足彼此的包括生存需求和发展需求在内的整体性生命需求，在"骨感"的现实生活中创造出值得期待的"丰满"，在顺时应变的能力的提升过程中获得安全感。

同时，由于运动总是物质的运动，不存在无物质的运动，物质的运动又是有规律可循的，因此，我们只能真诚地尊重自然、社会、生命本身的规律，尊重它们达致和谐的内部运动规律，才可能乘风破浪，顺势而为，更好地发展自己。人类的可持续发展只有在自然、社会、生命自身的规律得到尊重的基础上才是可能的。但是这些规律只有通过人们的认识和利用才可能成为有利于人类幸福的实现的现实力量，因此，认识和利用规律来建构人与自然、人与社会、人与自身之间的和谐关系，规定着我们的努力的方向。我们只有尊重自然、社会、生命本身的发展规律，自觉追求人与自然、人与社会、人与自身的和谐关系的建构，才能找到自己发展的方向。我们不能离开人与自然、人与社会、人与自身这一客观存在的现实关系去追求理想，发挥意识的能动性。不存在仅仅被人的精神运动所推动的人的发展。

其次，时间和空间是物质运动的存在形式，没有离开物质运动的纯粹的时间和空间，也没有离开时间和空间的纯粹的物质运动。理解时间空间与物质运动之间的辩证关系，对于人们处理人与自然、人与社会、人与自身关系，现实地安身立命于世有着重要意义。

没有离开物质运动的时间和空间。对于一般事物来说，其存在和发展都要经历时间，占有空间，这一点是毋庸置疑的。然而，对于有着自觉的生存需求和发展需求并对自己处于时空间中的运动有着自觉的特殊存在物人来说，时间和空间与我们的统一性有着特殊内涵。"时间实际上是人的积极存在，它不仅是人的生命的尺度，而且是人的发展的空间。"[①] 只有当我们能够找到自己的发展方向，才能在与自身的整体性生命存在相契合的积极的发展中捕捉到被自己所占有的时间，从而感受到生命的充实。我们与时间的统一性可以通过生命的充实、愉悦等积极的情感得到体验。同样，我们也需要在不断发展的时间中追寻和建构我们赖以存在的物质空间和思想观念的空间——主观坐标系。离开人的生存和发展的物质空间和思想观念的空间，是一种既与我们获得安身立命之感无关，也不利于我们安身立命于世的空间。我们只有在自觉地从事追求自身的包括生存需求和发展需求在内的整

---

① 《马克思恩格斯全集》第 47 卷，人民出版社 1979 年版，第 532 页。

体性生命需求的满足的生命活动的过程中，才可能占有空间。总之，我们不能离开自身的存在和发展来抽象地理解时间和空间。离开人的生存和发展的时间和空间是没有意义的形而上学的悬设。

没有离开时间和空间的物质运动，任何的物质运动都要经历时间和空间的。对于同样处于时间和空间之中的具体的个人来说，我们只有自觉地占有时间和空间，才可能现实地满足自己的包括生存需求和发展需求在内的整体性生命需求，才可能更惬意地生活。一则，只有当我们能够在自己所拥有的自然时间里，自觉从事与自身的整体性生命需求相统一的生命活动，从而占有时间，才可能更好地发展自己，使自己的生命运动更和谐。二则，只有当我们能够自觉地在既定主观坐标系的基础上建构起自我赖以生存和发展的物质空间，才可能现实地安身立命于世。离开了对时间和空间的自觉地占有，我们就可能既无法生存，又感觉迷茫困惑，无所适从。我们只有通过具体的生命活动占有时间空间，才可能在此过程中确证生命的意义和价值，活出自我人之为人的生命尊严。

最后，对于具体的物质形态来说，时空是有限的，对于整个物质世界来说时空是无限的。物质运动的时间和空间的客观实在性是绝对的，物质运动时间和空间的具体特性是相对的。由时间和空间的有限性和具体性所决定，我们应该对处于具体时空条件下的事物做具体的分析。对于个人来说，我们应该清楚地认识到，由时间和空间的有限性和具体性所决定，我们只能在既定的时代背景下，在自己所能够拥有的有限生命中，在特定的民族历史文化所界定的范围内，来从事具体的活动，以满足自己的包括生存需求和发展需求在内的整体性生命需求。因此，我们要避免好高骛远，而是能脚踏实地，努力做好手边事，充分把握时代和民族所赋予的机遇，拓展自己的发展空间。

由时间和空间的无限性和客观实在性所决定，我们需要超越个体生命的视域局限，对无始无终、无边无际的世界保持必要的谦卑，在不断认识和利用自然规律、社会规律、人的生命本身的发展规律的过程中，为每个人的整体性生命需求的满足创造条件。正如老子指出的，

"夫物芸芸，各复归其根。归根曰静，是谓复命。复命曰常，知常曰明。不知常，妄作凶；知常容，容乃公。公乃（王），（王）乃天。天乃道，道乃久，没身不殆"[1]。世界万物循环往复，最后都会回到本初状态，这就是万物发展变化的恒常或规律，我们只有认识了这些恒常才能明智，否则，如果不尊重这些规律，轻举妄动，就会身陷灾难祸患。因为知道恒常或规律，才能沉得住气，才能公正无私，才能与天道保持一致。与天道保持一致，才可能保持长久，至死也不会出现大的闪失。因为"同于道者，道亦乐得之；同于德者，德亦乐得之；同于（失）者，（失）亦乐得之"[2]。如同种瓜得瓜，种豆得豆，我们只有努力追求大道与大德，按大道大德办事，才会与大道大德相一致，从而得到大道大德的辅助，使自己的能力发挥到最佳。相反，如果我们与错误相一致，也会相应地受到惩罚，从而丧失生存的基础和发展的空间。

总而言之，由于世界统一于处于时空运动的物质，世界上除了处于时空之中运动的物质之外什么都没有。我们只有立足于处于时空之中的不断运动变化的自然、社会、人的生命本身，在尊重自然、社会、生命本身的规律的基础上，具体分析自身所处的社会历史条件，发挥人的能动性，不断完善自身，拓展与其发展相统一的时间和空间，更好地满足彼此整体性生命需求，才能现实地证明生命的意义和价值。

第四节　超越主客二分的世界,建构主客和谐统一的新世界

世界是统一的物质世界。为了满足自身的生存需求和发展需求而从事特定的认识活动和实践活动的主体人，通过一定的程序和方法使用包括作为人的肢体延长及感官和大脑延伸、智力放大的工具系统，

---

[1] 老子:《老子》,孙雍长注译,花城出版社1998年版,第30页。
[2] 同上书,第45页。

作用于客体对象，构成人与世界的基本关系。然而，伴随着现代启蒙，人类自我意识的觉醒和实践活动的发展，人们为自己所拥有的前所未有的改造客观世界的能力而狂欢，甚至为了满足自身眼前的片面的需求，不惜牺牲人类的长远利益，不惜破坏自然规律。然而，当我们过分地陶醉于对自然界的胜利的时候，"对于每一次这样的胜利，自然界都对我们进行报复"①。在现代社会，我们正深陷其中的能源危机、环境问题、生态危机、人口问题等无不反映着自然对我们的报复，人与自然之间主客分裂昭然若揭。与此相伴生，现代性条件下的主客分裂，还通过人与社会的分裂，资本逻辑这一异化的社会关系对人的统治表现出来，贫富分化、分配不公、恶性竞争、诚信缺失等分别从不同侧面反映了人与社会之间的主客分裂的存在状态。作为人与自然、人与社会之间主客二分的结果，人与自身在现代社会的分裂则主要通过意义危机表现出来。

在此背景下，我们只有超越主客二分的现代性生活方式，自觉地建构追求主客和谐统一的生活方式，才可能现实地安身立命于世。老子说："治人事天莫若啬；夫唯啬，是谓早服。早服谓之重积德，重积德则无不克，无不克则莫知其极，莫知其极可以有国，有国之母可以长久：是谓深根固柢、长生久视之道。"② 人们要想在自然界和人类社会之中安身立命，没有什么比懂得节制人的欲求节约更重要的了。因为节约意味着人们能够统观全局，未雨绸缪，避免寅吃卯粮，这就是储蓄德行。能够这样储蓄德行，才会没有克服不了的困难，从而可以长治久安。在主客二分的现代性危机条件下，老子这段话显然仍具有重要的警示作用和启发意义。它要求我们能立足于人的整体性生命存在，形成对人与世界之间关系的整体性认识，找到自身安身立命于世的主观坐标系，从而既能不断打破客体的限制，又能打破既有的主客二分的现代性发展模式的限制，建构有利于人类的整体性生命需求可持续的满足的主客和谐统一的关系。马克思主义意义上的共产主义

---

① 《马克思恩格斯文集》第 9 卷，人民出版社 2009 年版，第 559—560 页。

② 老子：《老子》，孙雍长注译，花城出版社 1998 年版，第 118 页。

社会，正是自觉地建构主客和谐统一的社会。"这种共产主义，作为完成了的自然主义＝人道主义，而作为完成了的人道主义＝自然主义，它是人和自然界之间、人和人之间的矛盾的真正解决，是存在和本质、对象化和自我确证、自由和必然、个体和类之间的斗争的真正解决。它是历史之谜的解答，而且知道自己就是这种解答。"①

我们超越主客之间的分裂关系，建构二者之间和谐关系的实践过程应该包括以下基本环节：

一是确立实践目标和方案。其中实践目的是指主体根据自身的需要和对客体的认识而对实践结果的预测。我们的世界观、价值观和人生观从总体上规定着我们所有的实践活动的目标。不同的世界观、价值观和人生观也决定着我们不同的人生发展方向，因此是人生的第一粒扣子。人们是立足于自身的生存需求或自私自利的占有欲求这一需要来确立自己的实践目标，还是立足于人的包括生存需求和发展需求在内的整体性生命需求来规划自己的人生，其结果必然是迥异的。片面地接受前者的引导，我们或许可以获得物质的富足，收获成功的狂欢，但是也容易深陷主体与客体二分的现代性危机的窠臼，难逃意义危机的困扰。相反，接受后者的引导，我们则可以在期待自身的发展和整体性生命和谐的实现的过程中，收获内心的宁静与幸福感，以及在面对重大人生问题时超强的心理素质。由于实践目标对于人们处理主客体关系具有重要作用，所以，在我们确定实践目标时，既要关注具体的实践目标的科学性，又要使自己的整体性的实践目标的确立能够经受得住考验。在现代社会，确立有利于主客和谐关系建构的实践目标尤其具有重要的现实意义。只有在这一总体的价值目标的引导下，人们才可能避免在仅仅低头追求具体的实践目标时迷失方向。

作为人们为实现实践的目的而制定的实践活动的规则、程序和步骤，在根本上也受制于总体性的实践价值目标。现代人的总体的生存

---

① 《马克思恩格斯全集》第 3 卷，人民出版社 2002 年版，第 297 页。

状态其实在很大程度上反映了接受受制于资本逻辑统治的功利主义的价值目标的引导的人们的生存状态。在这种价值目标的引导下，人们为了获得金钱、权力和地位不择手段，把行贿受贿、阿谀奉承等同于正常的人际交往能力，把各种无视个人的兴趣的选择与适应社会相等同，把透支生命的各种诉求等同于积极向上的进取精神和真正的生活享受等。相反，我们如果能够立足于人的有着生存需求和发展需求的整体性生命存在，接受价值理性的引导，就可能在社会所提供的现实条件下，在谋生的同时，充分利用现代信息技术，为自己的发展拓展更为广阔的空间，把挖掘内在的兴趣，并努力促进其发挥作为自己进行实践程序和步骤设定中着重思考的问题。当现代性的异化已经触及人的整体性生命存在的条件下，我们需要在面对现实的同时，又能够立足于自身的整体性生命需求，有所坚持。在后一种语境下，整体性生命和谐才是我们心甘情愿地尊重的本体。各种实践的规则、程序和步骤只有立足于这一本体进行设定，才能呈现自己的意义。我们只有依据尊重人的整体性生命和谐的实践方案，才可能现实地超越主客二分的生存情境。

二是人们通过具体的实践手段实际作用于实践客体，将特定的实践目标和实践方案付诸实施。随着实践手段在主体人改造客体的过程中所起的作用越来越大，人们特定的实践目标的实现，实践方案的实施的成功与否在很大程度上与其利用实践手段和中介的能力息息相关。在现代社会，功利目标的实现与人们能否拥有一技之长以及使更多的人发挥其一技之长的管理方法有着直接的关联。与之相应，整体性生命和谐的目标的实现，则与人们能否充分利用现代化的电子信息技术更好地发展自己的价值理性的能力，超越被动地屈于现代分工，充分利用现代化的工具发展自己紧密相连。在信息化时代，个体生命只有把握历史时代所赋予的机遇，充分利用丰富的信息资源发展自己，超越受制于资本逻辑的功利主义价值理想，内在认同有利于人与自然、人与社会、人与自身的和谐关系之建构的价值理想，自觉地参与社会分工，充分利用现代化的中介系统，不断提升满足彼此的包括生存需求和发展需求在内的整体性的生命需求的实践能力,才能摆脱异化的社会关系的统治,享受更多的自由和幸福。

三是人们还需要通过反馈和调节,使实践的目的、手段和结果按照一定方向运动。就具体的实践目标和实践方案而言,人们可以通过反馈来考察既有实施方案是否得当,并在此基础上进行调节,最终实现预期的目标。就统领整个人生的实践目标来看,更需要这种反馈和调节。比如一些人最初把功利作为最终的追求目标,他们就需要在此过程中围绕这一目标进行相应的人生规划。比如有人想当官,就需要先考公务员,但是,在现有条件下,考公务员并非是一件易事,可能会遭遇挫折。在这种情况下,他就需要根据实际情况进行具体的安排和调整,为自己创造新的机会和可能。相反,当人们把自身的包括生存需求和发展需求在内的整体性生命和谐的实现作为目标,就需要结合自己的实际情况,既使自己拥有满足生存需求的资本,即获得经济独立,同时,又不放弃任何一种发展自己的能力,尤其是发展自己的兴趣所在的机会,更好地发展自己。并且在理想与现实发生矛盾的时候,既能够不屈从于导向功利目标的现实,又不会因为漠视现实而陷入理想主义之中,而是在努力解决现实世界存在的问题的过程中不断拓展自己的生命的意义空间。当我们在这些实践目标的指引下,向安身立命于世方向迈进时,说明我们的价值目标是符合既有主客体条件的,反之,我们就需要调整自己的价值目标,使自己获得安身立命于世的现实基础。

从整个人类社会来看,人们通过反馈和调节,使实践的目标、手段和结果按照同一方向运动的过程,也是人们检验既有的价值目标是否符合社会历史的发展要求,并在此基础上进行调节,使人类文明得以可持续发展的过程。例如,在主客二分的现代性背景下,一些秉持功利主义价值目标的人,在面临重大的人生问题时更容易陷入深刻的意义危机之中,这时,他只有通过源自自我生命经历的反馈和调节,重新找到生命的支点,才不会陷入崩溃之中。相反,一些超功利的目标之所以会让人们乐此不疲地追寻,哲学家们甚至把这样的人生状态界定为更高的人生境界，是因为它们在面对人生困境时经过了检验，升华为人们所推崇的智慧。在主客二分带来了种种历史困境的时代背景下，以人的整体性生命和谐的实现，因而以人与自然、人与社会的和谐关系实现为自觉的追求目标的价值理想，就是这种自觉接受人们的生活实践的检验、并依据实践的反馈而不断进行调整和完善的价值理想。人们需要在这样的价值理想指导的实践中，不断超越主客二分的现代性的生存境遇，建构主客和谐统一的物质世界。

总之，我们只有立足于人的有着生存需求和发展需求的整体性生命存在，既认识到主客二分的物质世界构成了我们的基本的生存背景，认识到这种主客观二分的发展模式所带来的人类文明发展的困境，同时，又认识到扬弃这种主客分裂的人类文明的发展样式，建构主客和谐统一的物质世界才是人类未来文明的发展方向，才可能在具体的实践目的选择上既立足于现实，又超越现实，才可能推进人类文明向更高级的发展阶段演进。因为"'我是什么'关系重大……如果我自己本身就是分裂的，那我与世界的关系就是破碎的，这样的关系几乎没有什么意义。如果我不用破碎的方式运作，而是以完全、完整的方式行事，那么我和世界的关系就大大地不同了。我们希望有人运用语言、通过影像与符号告诉我们，这样的关系会是什么模样。……如果我们可以影响自己，让自己成为不分裂的世界，那么，我认为所有关系都会历经一次大革命。毕竟，任何值得的运动、任何具有深刻意义的行为，都必须从我们自身开始，从我们每一个人开始"①。当我们能够"张开心灵之眼，随时体察与吸取来自万物的启示，感受整体生命的绵延之流，生命才有可能进入和谐状态，并且不断推陈出新，配合宇宙大生命的韵律"②。至于为什么要建构主客和谐统一的物质世界，这根本上是由统一的物质世界内部矛盾运动规律所决定的。

---

① ［印度］吉杜·克里希那穆提：《爱的觉醒》，胡因梦等译，深圳报业集团出版社2006年版，第263页。
② 傅佩荣：《向庄子借智慧》，中华书局2009年版，第160页。

第五节　辩证地处理人与世界的
关系，把握命运

由于世界上除了在时空之中不断运动的物质之外什么都没有，并且处于时空之中的物质运动并不是杂乱无章的，而是有规律可循的。自然界有自然界的运行规律，人类社会有人类社会的运动发展规律，人的生命本身也有其内在的发展规律。因此，我们要处理人与世界之间的整体性的关系，就必须认识和利用这些规律。我们只有自觉认识和利用规律，才可能更好地满足自身的整体性生命需求，才可能在自身的整体性生命需求得到不断满足的过程中感受到崇高，现实地确证生命的意义和价值。我们在认识和利用规律的基础上发挥人的主观能动性的过程，也是辩证地处理人与自然、人与社会、人与自身的关系的过程。

一方面，我们在处理人与世界的总体关系的过程中，存在着辩证法和形而上学的区别。总体而言，当我们坚持用联系的、发展的、全面的观点看世界时，即坚持辩证法时，就会在处理人与世界的关系时，也采取一种富有创造性、弹性的、理性的态度，通过不断的学习和成长，利用和创造各种关系解决现实问题，使人与世界的关系或者人生向更加健康的方向发展。相反，如果我们采取一种形而上学的孤立的、静止的、片面的观点看世界时，即采取一种形而上学的观点时，就可能采取一种狭隘的、僵化的、无理性的、情绪化的态度来处理由人与世界的辩证关系所决定的具体的现实处境中的问题。采取这种态度，我们或许可能暂时地解决了眼下的问题，但由于这种态度不利于长远的人与自然、人与社会、人与自身的和谐关系的建构，因此，最终也必将失去人生的方向。

例如，在职业选择上，当我们不是立足现代性的语境，从人与世界的整体性关系和发展趋势中找到自己的努力方向，仅仅片面地根据是否是热门进行职业选择，其结果往往是，所选的专业既不是自己的兴趣所在，又供过于求，不能更好地服务于社会，在根本上既不利于人与自身矛盾的解决，也不利于人与社会矛盾的解决。因为找不到合适的发展平台，在解决人与自然的矛盾上也自然会很弱势。这样的职业选择，往往会使人迷失前进的方向。相反，当我们在处理人与世界的关系中能够坚持辩证的方法，立足于具体个人与整体性世界之间的内在的本质联系，在由这种本质联系所决定的条件中寻找最适合自己的发展方向，最终所选择的职业，就会因为既是自己的心之所向，也能够更好地满足社会需求，在根本上有利于人与自然之间和谐关系的建构。从事这样的职业，我们也更加容易现实地安身立命于世。

另一方面，我们在解决人与世界的辩证关系的过程中，也存在着辩证法与形而上学的分歧。辩证法认为事物发展的根本原因在于事物内部的矛盾，形而上学否认事物内部矛盾的存在和作用。坚持辩证法，我们能够认识到人与世界的内在矛盾是决定人们安身立命于世界的根本矛盾，只有具体解决那些表现为具体形式的现实生活中的人与世界的矛盾，才能现实地满足自身的整体性生命需求，安身立命于世。因此，在遇到问题时，我们能客观冷静地分析问题的症结所在，抓住主要矛盾，积极寻求问题的解决方法，从而形成一种积极向上的乐观主义的人生态度。与之不同，形而上学不是用矛盾的分析法去分析和解决这些矛盾，不是把建立人与自然、人与社会、人与自身的和谐关系看成是不断解决矛盾的过程。在现实生活中采取一种形而上学的态度，看不到矛盾及由其所滋生的问题才是我们存在的宿命，一则，在遇到问题和矛盾的时候，容易把问题和矛盾夸大成为不可解决的宿命，而不是积极促进矛盾的转化，从而在身处逆境时自暴自弃。二则，在矛盾双方面处于相对和谐的状态时，又沾沾自喜，盲目乐观，将其简化为没有矛盾和问题的状态，而不是从中积极汲取建构人与世界之间的辩证和谐关系的智慧，从而极易使顺境转化成逆境。由于我们不能奢望被抛进一种自然而然的和谐的、没有问题和矛盾的生活的真空之中，因此在日常生活中采取一种否认矛盾的形而上学的态度,就容易在本来问题重重的现实生活中陷入悲观失望。

换言之,人生在世,由事物的普遍联系所决定,我们注定会在各种矛盾和问题中蹒跚前行。事物之间的矛盾双方的联系既给我们提供了经营幸福人生的机遇,也给了我们足够的生活挑战。在此过程中,我们既可以勇于面对矛盾和问题,选择采取辩证的思维方法,在不断寻求矛盾的解决的过程中增长人生智慧,将矛盾和问题看成是历练自己、使自己成长,满足自身的包括生存需求和发展需求在内的整体性生命需求的机缘;也可以选择采取形而上学的态度,消极地否定矛盾的存在,并把问题看成是僵化的不可解决的宿命,自怨自艾。通过前一选择,虽然不能一劳永逸地解决所有问题,但一定能够更好地解决问题,扼住命运之喉,使矛盾和问题升华成人生意义的佐证,不断谱写幸福人生;通过后一选择,我们则会不断累积人生之苦的庞大数据,不断强化着自我的悲情的人生。

总之,正如老子所揭示的,"道常无为,而无不为。侯王若能守之,万物将自化。化而欲作,吾将镇之以无名朴。[镇之以]无名之朴,夫亦将无欲。不欲以静,天下将自定"①。我们只像大道那样,在万物按照大道行事的时候,就尊重它自己的化育、教化,做到无为;仅在万物化育到一定程度,想要不切实际地做这做那的时候,才予以干预,做到有为,才可能使世界保持自然秩序,平稳安身。马克思主义哲学认为,世界是辩证发展的物质世界,我们只有尊重世界的辩证发展规律,尊重人与世界的辩证发展规律,应道而行,而不是将时间与精力耗费到不该做的事情上,才可能促进万物和自己更和谐地发展,才可能在此过程中安身立命于世。因为无论是老子所说的玄而又玄的道,还是马克思主义的唯物辩证法所揭示的世界的辩证发展的基本规律,都是决定客观事物存在和人们安身立命于世的根本。"天得一以清,地得一以宁,神得一以灵,谷得一以盈,万物得一以生,侯王得

---

① 老子:《老子》,孙雍长注译,花城出版社1998年版,第73页。

一以为天下贞。"① 天地神谷正是因为反映这个一（道、辩证发展规律等），才得以存在和发展，侯王只有认识和尊重这个一（道、辩证发展规律等），才可能成为天下的标杆。进言之，普通个人，只有像成为天下标杆的侯王那样，认识和尊重这个一（道、辩证发展规律），才能够安身立命。

---

① 老子：《老子》，孙雍长注译，花城出版社 1998 年版，第 78 页。

第三章

插上唯物辩证法智慧的翅膀，
放飞生命理想

不断发展变化的物质世界不是杂乱无章的，而是有规律可循的。然而，"天地不仁，以万物为刍狗；圣人不仁，以百姓为刍狗"①。这些规律都不会主动来满足人的需要；先贤已经认识的客观真理，也不会自然而然地成为我们的智慧。因此，我们只有自觉地充分发挥自己的能动性，认识和利用人与世界之间的辩证运动规律，才可能摆脱那种忍辱负重的状态，获得自由。通过学习唯物辩证法，我们才能在把握人与世界的关系的基础上坚持正确的人生方向，把握命运。

第一节 来自唯物辩证法的联系的
观点和发展的观点的启示

联系的观点和发展的观点是唯物辩证法的总特征，把握唯物辩证法首先意味着，我们能够运用联系的观点和发展的观点看问题，在多样的联系中把握事物内在的、本质的、必然的联系，认识和利用自然、社会、人的整体性生命存在的规律，在没有条件的时候创造条件，在条件具备的时候抓住机会，更好地发展自己。这也是我们通过积极分析贯穿于人生和人类社会始终的原因和结果、必然和偶然、可能与现

---

① 老子：《老子》，孙雍长注译，花城出版社1998年版，第9页。

实、内容和形式联系，解决问题，发展自我，把握命运的过程。

一　学习联系普遍性观点，抓住历史机遇，创造生命奇迹

唯物辩证法认为，世界是普遍联系的物质世界，在这个普遍联系的物质世界中，事物内部诸要素和事物之间相互影响、相互制约、相互作用。自然界、人类社会、我们的精神活动和生命整体，"呈现在我们眼前的，是一幅由种种联系和相互作用无穷无尽地交织起来的画面"①。因此，我们只有充分利用这些普遍联系来为彼此的整体性生命需求的满足创造条件，才可能在现实的生活世界中生活得更加游刃有余，才能无限趋近我们所向往的自由和幸福，创造生命奇迹。

联系具有客观性、普遍性、多样性和条件性。它们分别为我们充分地利用事物的联系指明了方向。

根据联系的普遍性原理，我们可以首先发现，每个人的个体生命都具有内在的结构性，因此，尊重人的有着生存需求和发展需求的整体性生命存在，把握人与自身的辩证关系，是我们发展自身、推动人类社会发展的一个不可忽视的立脚点。同时，我们还可以看到，因为任何事物都与其他事物处于普遍联系之中，因此，人也不是抽象的孤立的人，而是处于人与自然、人与社会的普遍联系中的具体的人。只有从这些现实的关系中，我们才可能把握人的本质，把握人类社会发展的逻辑。此外，整个世界也是一个处于相互普遍联系的统一整体。因此，我们只有立足于这一整体性的视角，才可能成功地确立自己的主观坐标系，找到自己安身立命于世的位置。处于人与自然、人与社会、人与自身的普遍联系大网的个人是不断从事实践活动的个人。实践是建构人与自然、人与社会、人与自身之间联系的基本方式和途径，我们只有立足于处于人与自然、人与社会、人与自身整体性关系中的人的整体性生命存在，通过自由自觉的实践活动推进人与自然、人与社会、人与自身的矛盾的解决，才可能现实地安身立命于世。

---

① 《马克思恩格斯文集》第9卷，人民出版社2009年版，第23页。

联系的客观性和多样性原理要求我们, 能够自觉尊重事物本身所固有的联系去认识事物, 既要避免凭借主观想象去建立联系, 从而陷入封建迷信之中; 又要避免无视联系的客观性, 从而陷入自然、社会、生命自身的盲目必然性的支配之下, 而是要善于把握住事物内在的、本质的、必然的客观联系, 尤其是要抓住有利于我们的整体性生命需求之满足, 因而有利于人的生命的意义和价值的确证的内在的、本质的、必然的联系, 把握生活发展的内在逻辑, 把握命运的脉搏。换言之, 并不是所有的能够带给我们快乐的联系都是值得追求的, 那些不利于我们的整体性生命需求之满足的外在的、非本质的、偶然的联系, 虽然能够带给人暂时的快乐, 却往往以牺牲人的长远利益的满足为代价, 最终使我们迷失自我。只有那种有利于人的整体性生命需求的满足的联系, 才是值得我们去追求和建立的联系。只有通过建立这样的客观联系, 我们才可能在生命的可持续的存在和发展的过程中, 更好地把握命运。

联系的条件性原理告诉我们, 无论是个人还是社会, 都需要在一定条件下存在和发展, 其中有有利于其存在和发展的条件, 有阻碍其发展的不利条件, 我们的能动性在于, 能够努力地化不利条件为有利条件, 并且在尊重事物的发展规律, 尤其是在尊重人与自然、人与社会、人与自身的矛盾发展规律的基础上, 创造条件, 在不断发展自我的同时, 推进社会的发展和人类文明的进步, 真正做到修身、齐家、治国、平天下, 创造个体和家国的发展奇迹。值得注意的是, 这本身也是一个社会历史性的过程。因为在生产力没有获得很大发展, 大多数人还不得不为生存而奔波的社会历史条件下, 立足于人的发展需求的满足来建构联系, 反而会因为抓不住生活之中的主要矛盾——解决生存问题, 从而成为不现实的代名词。相反, 在社会生产力已经获得了高度发展的现代社会, 在对于大多数人来说, 只要辛勤劳动, 温饱已经不成问题的条件下, 如果不是努力为自己的发展需求的满足拓展空间, 还在谋生问题上纠结, 满足于在消费主义的信息轰炸中消磨时间, 其结果就必然是得不偿失了。在这种条件下, 努力超越受制于资本逻辑的生活方式，努力拓展发展的空间便成了当务之急。

总之，马克思主义普遍联系的观点告诉我们，面对复杂多元的现实生活，我们只有既能够充分发挥自己的能动性，确立一种整体性、开放性的视野，又能够把握住事物的内在的、本质的、必然的客观联系，尤其是把握住有利于人的生命的意义和价值的确证的人与自然、人与社会、人与自身的客观联系，并在此基础上具体问题具体分析，才能把握机遇，创造有利条件，实现自我价值和社会价值，创造生命的奇迹。

二　理解发展的观点，顺时应变，超越自我

事物之间彼此影响、相互作用，必然最终推动事物不断变化。变化的基本趋势是标志着新事物产生和旧事物灭亡的发展。发展是上升的运动和前进的变化。发展意味着扬弃了旧事物的、更加适应已经变化了的环境和条件的新事物的诞生，对于个体生命和人类来说，这即意味着适应不断变化的环境和条件，不断自我超越。正如《周易·乾卦·象言》所讲，"天行健，君子以自强不息"①。如《周易·坤卦·象言》中所说，"地势坤。君子以厚德载物"②。君子只有像天地一样，既自强不息，充分发挥自己的主观能动性更好地发展自己，又像天地一样，宽容厚道，关注他者（自然、社会、人的整体性生命存在），追求和谐，才能创造出美好的人生。

在现代社会，追求这种发展是如此的迫切。这是因为：其一，在加速发展的现代社会，我们如果不能主动地发展自己，就不得不在风险社会之中风雨飘摇。我们用几十年完成了由农业社会向工业社会的主动转变，从而成功地跻身于不断发展变化的现代社会之流中，进而紧随人类文明发展的脚步，走向机遇与挑战并存的信息社会。在新的时代背景下，我们只有顺时应变，不断发展自己，才有能力化风险为机遇，弄潮于时代。其二，发展也是我们内在的本质的生命需求。有

---

① 《周易》，廖名春校点，辽宁教育出版社1997年版，第1页。
② 同上，第3页。

发展,才会有自我实现,才会有更深刻的幸福。"胜人者有力,自胜者强。"① 一个人通过在竞争中战胜别人,只能说明他力量大,只有当他能够胜自己,不断发展自己,才称得上强大。其三,在主客二分的现代社会,我们只有更好地发展自己,全面地发展自己,既能够通过专业知识的学习,习得一技之长;又能够通过人文修养提升,创造性地促进贯穿于我们日常生活中的人与自然、人与社会、人与自身的矛盾的解决,才可能在现实世界有立足之地。

由上可见,在拥有了前所未有的发展机遇之后,我们只有更好地发展自己,才能更加有尊严地生存。然而,无论是个人的发展,还是社会的发展都不是一蹴而就的,而是需要经历一个过程。因此,在追求发展时,必须尊重事物本身的发展过程。我们不能因为认识到发展的迫在眉睫、势不可当就急于求成,否则只能是欲速则不达。老子说:"企者不立,跨者不行;自见者不明,自是者不彰;自伐者无功,自矜者不长。"② 说的就是这个道理。踮起脚来,虽然可以拔高,但却站不稳;跨越式走路,速度是快了,却不能用这种方式赶路;总是想自我表现的人,是因为糊涂不明白。自以为是的人,得不到彰显;自吹自擂的人,不会有多大功劳留下;骄傲自满的人,不会得到长久的尊敬。在老子看来,人的成长也是需要经过一个过程的,只有尊重这一过程,不人为地拔高、邀功请赏,才可能赢得人们长久的敬仰和追随,一如大道。

在社会发展的过程中,我们曾经想跑步进入共产主义社会,但是由于忽视人类社会本身的发展也要经历一个发展过程,因此,最终不仅没有进入共产主义社会,反而造成各种资源和人才浪费。对于个人而言,情况也是如此。体制和个人努力创造机会促进人的发展,这本身是无可厚非的,但是如果无视任何事物的发展都要经历一个过程,用有限的资源鼓励人们进行无视个人的发展过程的恶性竞争,其结果只能带来大量人力与物力的浪费。从人的发展需要经历一个过程的角

---

① 老子:《老子》,孙雍长注译,花城出版社 1998 年版,第 65 页。
② 同上书,第 47 页。

度来看，无论是制度上的大跃进，还是体制上的大跃进都是不可取的。个人透支青春，试图一口吃个胖子，一夜成为精英，结局往往是成为无奈的幽灵。

总之，在现代社会，我们既需要顺时应变，主动追求发展，又要尊重事物的发展过程，如白岩松曾经采访过的一位部长所告诫的那样，"不要急"。这位部长说自己终身受用的一句话是自己上岗时一位老人的赠言——"不要急"。因为这位部长年轻气盛，很多事情只要落实不到位，理想不能很快变成现实，就着急，但慢慢终于明白，很多事情都有一个曲折反复的过程，非得有锲而不舍的耐心才成。其实许多事都是在我们过于急于求成的过程中走向异路的。"不要急"不是不思进取，不求发展，而是要在追求发展的过程中能够清醒地认识到，任何事物的发展都要经历一个过程，因此在积极追求进取的过程中也要能够耐得住原地踏步的寂寞。梦想着一夜暴富，一夜成名，最终只能走到理想的反面。"不要急"就是希望能够一步一个脚印地发展自我，脚踏实地地、稳打稳扎地推动着中国前进。①

三　具体分析联系和发展的诸环节，把握事物的原因、内容、本质、必然性

事物的联系和发展，事物发展的过程性，在本质上是内容与形式、现象与本质、必然性与偶然性、原因与结果、现实性与可能性诸环节总和的展开。因此，我们只有自觉地认识和利用直接关涉人类幸福的内在的、本质的、必然联系——人与自然、人与社会、人与自身的联系，才可能在纷繁复杂的社会生活现象中抓住本质，在现实地解决贯穿于人类生活的基本矛盾的过程中，通过把握原因塑造结果，使可能性变为现实。

内容和形式是揭示构成事物的要素和把这些要素组织起来的结构、表现方式的一对范畴。人与自然、人与社会、人与自身的矛盾构成了

---

① 参见白岩松《痛并快乐着》，华艺出版社2006年版，第9页。

贯穿人类社会和人生始终的基本矛盾，构成了决定人类社会和人生发展基本内容。但是，在不同文明的条件下，上述基本矛盾的组织形式是不同的。从人类社会历史发展来看，有原始社会、奴隶社会、封建社会、资本主义社会、社会主义社会的差别。同在现代社会，上述基本矛盾通过各具特色的民族国家的不同存在和发展模式呈现出来。同时，个体生命的多元生活方式则从更具体的角度展现了人们解决上述基本矛盾的具体形式。当然，无论是人类社会形态的更替、民族国家的发展、还是个体生活方式的选择，都应该根据内容选择形式，避免片面夸大形式，从而走向无视人与自然、人与社会、人与自身矛盾的辩证解决的现实性这一内容的形式主义。唯其如此，社会和国家才会有实实在在的进步，个体生命的福祉才可能得到实实在在的增加。

现象与本质是揭示事物外部的、个别的、片面的、多变的联系和内部的、一般的、共性的、稳定的联系的一对范畴。人们可以通过感官直接感知表现于外的现象，但是需要通过理性的思维才能把握深藏于内的本质。马克思主义哲学从关系的角度把握人和人类社会的本质，认为人的本质在其现实性上是社会关系的总和，实践是人的存在方式。同时，马克思主义哲学还揭示，反映人与自然关系的生产力，与反映人与人之间关系的生产关系的矛盾，构成了贯穿于人类社会始终的基本矛盾。因此，我们只有透过现象看本质，在复杂多样的联系中把握住人与自然、人与社会、人与自身关系这一决定人的生命本质、人生发展方向和人类社会发展的内在逻辑的本质关系，才能够在复杂多变的现象世界始终能够抓住人生和社会发展的本质，从而能动地把握住前行的方向。

必然性和偶然性，是揭示在事物的存在、发展和灭亡过程中，由根本矛盾所决定的合乎规律的、确定不移的趋势和由非根本矛盾和外部条件所引起的并非确定不移的趋势的一对范畴。在事物的发展过程中，必然性总是隐藏在偶然性之后，为偶然性开辟道路。在一定条件下，必然性和偶然性可以相互转化。在现代生活中，我们既要重视决定人生和人类社会发展趋势的人与自然、人与社会、人与自身的这一根本矛盾规律，也绝对不能忽视作为其具体表现形式的各种偶然因素的作用，既要善于从这些偶然因素中发现必然，又要充分利用这些偶然因素所赋予的生存和发展机遇。因此，我们既要反对片面夸大必然性决定作用的机械决定论、神学目的论和宿命论的观点，又要反对片面夸大偶然性作用的唯心主义非决定论的观点，在理性地认识和分析各种偶然因素的基础上，积极促进人与自然、人与社会、人与自身的矛盾的解决，顺应由矛盾规律所决定的事物发展方向，把握命运。

原因与结果是揭示事物引起与被引起关系的一对范畴。在事物的确定的关系中，因果关系是确定的，不能倒因为果；但是在事物的无限发展链条之中，因果关系又是可以相互转化的。自从人类产生以来，人与自然、人与社会、人与自身的矛盾就成为贯穿人类社会和人生始终的根本矛盾，人与自然、人与社会、人与自身的关系问题就成为决定具体个人幸福与否，决定人类社会文明走向的根本原因，因此它们被称为是决定人们安身立命的终极问题。人们只有自觉地认识和解决人与自然、人与社会、人与自身的矛盾，才能收获幸福之果。

现实性与可能性，分别指包含内在根据的、合乎必然性的存在和包含在现实事物中、预示着事物发展前途的种种趋势。没有现实就没有可能，反之亦然。因此，在现实生活中，我们需要能够立足现实展望未来，通过发挥主观能动性，注意分析事物发展的诸种可能，做最坏的打算，努力促进更好的可能得以实现。在主客二分的现代性背景下，我们应该看到，只有摆脱受制于工具理性和资本逻辑的生活方式，努力追求人与自然、人与社会、人与自身之间和谐关系的建构，才可能摆脱现代性危机。当然，在此历史语境下，主客二分的生活方式如同任何旧事物一样，仍然会在很长一段时间影响人们的价值选择，甚至由此置人类文明以万劫不复之地。对于这种坏的变化可能，我们只有心存警惕，充分发挥自觉能动性，引导人类文明，向促进人与自然、人与社会、人与自身的辩证和谐方向发展，才会拥有值得期待的未来。

总之，在人类对关涉人的整体性生命存在的本质需求有着相对明确的自我意识的现代社会,我们既具有了前所未有的发展机遇,又面临着必须通过发展来解决现代性危机的挑战。在此背景下,我们弃关涉人生和人类命运的原因、内容、本质、必然性——人与自然、人与社会、人与自身关系——这一终极问题于不顾,试图从那些与人的整体性的生命需求的满足无关的形式、现象、偶然性中寻求乐趣、寻找寄托、探寻出路,无异于将自己带进人生和人类社会发展的死胡同。相反,我们只有尊重人与自然、人与社会、人与自身的辩证统一规律,尊重人生和人类社会的发展过程,既积极追求发展,又不超越历史地苛求自己和社会,多一分等待,才可能创造更多的个人幸福,才可能更有力地推进中华民族的伟大复兴。唯其如此,我们才可以通过积极建构人与世界之间的有利于人的生存和发展的积极联系的每一个当下,感受到生命的意义和价值。"正是当下的瞬间……让我们与整个宇宙建立了联系。……生活在当下,意味着用仿佛初次亦是最后一次的方式看世界。因此,现在的每个时刻可以是一个幸福的时刻,无论是存在的愉悦,还是事情做得好的快乐。"[①]

第二节　学习对立统一规律,把握人生方向

对立统一规律揭示了普遍联系的世界之中根本联系是矛盾双方的联系。通过学习对立统一规律,具体分析贯穿于人生和人类社会的根本矛盾——人与自然、人与社会（人）、人与自身的矛盾——之间的既对立又统一的关系,我们能够通过在区分人与自然、人与社会（人）、人与自身的基础上把握二者的同一性,把握人生和人类社会发展的基本方向。

一　学习矛盾普遍性和特殊性的原理,参透现实,怀揣梦想

人生在世,不存在没有矛盾和问题的世外桃源,只存在解决矛盾

---

① ［法］皮埃尔·阿多:《作为生活方式的哲学》,姜丹丹译,上海译文出版社2014年版,第199页。

和问题的智慧。我们首先需要通过学习矛盾的普遍性和特殊性的辩证关系原理，既参透现实，又怀揣梦想，在具体解决内在于生活中的各种各样的矛盾的过程中，创造属于自己的幸福生活。

矛盾普遍性原理告诉我们，如同其他事物一样，我们每个人都处于矛盾之中，时时被矛盾所包围。在生活中所遇到的诸多问题，正是矛盾在我们生活中的具体体现。所以，没有矛盾、绝对和谐的世界是不存在的。"天下皆知美之为美，斯恶已；皆知善之为善，斯不善已。故有无相生，难易相成，长短相（较），高下相倾，音声相和，前后相随。"①因此，面对生活中层出不穷的问题的最好的方法，一定不是选择逃避和抱怨，而是能够积极面对。一方面，我们要参透现实，承认家家都有一本难念的经，对此我们不可能置身事外；看到承担不可能一下子就解决的矛盾所给人带来的痛苦，这是我们每个人的宿命。另一方面，我们又要怀揣梦想，因为这些矛盾和问题的解决是有规律可循的，我们可以在遵循这些规律的基础上解决问题，享受雨过天晴之后的和谐与幸福。

同时，由矛盾的特殊性所决定，具体事物所面对的矛盾又总是具体的、特殊的。首先，不同事物的矛盾有其不同的特点。与其他事物不同，对于人这一特殊的存在物来说，我们所面对和需要解决的根本矛盾是人与自然、人与社会、人与自身之间的矛盾。我们只有自觉地认识这些矛盾，形成自我意识，进而通过自由自觉的生活方式去解决这些矛盾，才能将自身从动物界之中提升出来，并通过自由自觉的生命活动来确证自我的自由个性。

其次，同一事物的不同发展阶段，矛盾也各不相同。就个人而言，在不同的年龄阶段，我们所遇到的烦恼、问题和矛盾是不同的。由此，孔子把自己的人生区分为三十而立、四十不惑、五十知天命、六十耳顺、七十从心所欲而不逾矩等不同的发展阶段。其实，我们也可以从

---

① 老子：《老子》，孙雍长注译，花城出版社1998年版，第3页。

人与自然、人与社会、人与自身的辩证关系的角度对孔子的人生阶段说做出现代诠释，从而理解我们人生发展可能经历的特殊过程。所谓三十而立可以理解为，一个人能在基本解决人与自然、人与社会的矛盾基础上满足自己的生存需求。四十不惑意味着，他能在解决了人与自然、人与社会的矛盾的基础上找到解决人与自身的矛盾的总体方向，从而更好地发展自己。五十知天命可以理解为，他具备了理论化系统化地解决人与自然、人与社会、人与自身矛盾的理性能力。六十耳顺则意味着，他不仅自己具有了全面地解决人与自然、人与社会、人与自身矛盾的理论体系，而且还能够兼容并包地理解其他多元价值理想，从而在精神领域获得自由。最后七十从心所欲而不逾矩可以被理解为，他可以在复杂多变的生活实践中很好地解决人与自然、社会、自身的矛盾，达到一种现实的自由状态。

　　最后，构成事物的不同的矛盾以及矛盾的不同方面也各有不同的性质、地位和作用，有根本矛盾和非根本矛盾，主要矛盾和次要矛盾，矛盾的主要方面和次要方面的区分。根据根本矛盾与非根本矛盾的区分，我们可以发现，贯穿于人生和人类社会的根本矛盾是人与自然、人与社会、人与自身的矛盾，也正是在此层面上，哲学家们把上述关系称为终极问题，人类总是在具体而现实地解决上述根本矛盾的过程中不断向前发展的，具体个人总是需要在内在地把握这些根本矛盾的基础上，才能更好地实现人生价值。依据主要矛盾和次要矛盾的区分，我们才可能更深刻地理解，在未经反思的日常生活中，为什么我们习以为常地把家庭、事业当成是生活重心，为了家庭和事业甚至不惜透支生命？然而，一旦身体因此亮起了红灯，我们才幡然醒悟，开始关注健康？这是因为在日常生活中，为了满足自己的生存需求，人们把人与社会、人与自然的矛盾当作必须解决的主要矛盾，而将人与自身的矛盾当成是次要矛盾。然而，一旦身体出现了问题，人与自身的矛盾就会上升成为主要矛盾，反映人与社会关系的主要矛盾反而变成了次要矛盾。"当健康成为生命中头等目标的时候，名与利，这些往日看来最重要的东西会忽然在你心中贬值。"然而，正如病床上的冰心老人告慰后来人的那样："生命是最重要的，有生命才会有一切。"①
人与自身、人与社会、人与自然的矛盾只有共同被看成是贯穿于人生
的主要矛盾，而不是被厚此薄彼时，我们的人生才可能因此更完满。
因此，我们不仅要努力学习专业知识，以追求更高效地解决人与自然、
人与社会矛盾；还要不断增强自己的人文修养，从而有能力在解决人
与自身矛盾的基础上更好地解决人与自然、人与社会的矛盾。此外，
根据矛盾的主要方面和次要方面的区分，我们可以发现，在不同的发
展阶段上，作为贯穿人类社会始终的人与自然、人与社会、人与自身
之间的矛盾的起作用的方式又是不同的。在前现代社会，人与自然、
社会、自身的原始的同一关系起着主导作用，是矛盾的主要方面。到
了现代社会，人与自然、社会、自身的斗争性又起了主导作用，是矛
盾的主要方面。在未来社会，人们又期待能够重新使人与自然、社会、
自身的同一性居于主导地位，成为矛盾的主要方面。

没有离开矛盾的普遍性的矛盾的特殊性，因此，我们只有立足于
贯穿特殊矛盾之中的普遍的一般的矛盾，才可能找到问题的解决的方
向。就人生和人类社会而言，我们只有使用矛盾分析法分析贯穿人类
社会和人生的根本矛盾——人与自然、人与社会、人与自身的矛盾，
分析我们日常生活之中的具体的矛盾，找到哪些属于由人与自然的矛
盾所引起的问题，哪些是由人与社会的矛盾所引起的问题，哪些是由
人与自身的矛盾所引起的问题，明确在解决这些矛盾时应该坚持怎样
的原则，才不至于在遇到问题时手足无措，才可能在困难时仍然心存
希望。正如诗人食指在 1968 年所写下的：

> 相信未来
> 当蜘蛛网无情地查封了我的炉台
> 当灰烬的余烟叹息着贫困的悲哀
> 我依然固执地铺平失望的灰烬

---

① 白岩松：《痛并快乐着》，华艺出版社 2006 年版，第 44 页。

用美丽的雪花写下：相信未来

当我的紫葡萄化为深秋的露水

当我的鲜花依偎在别人的情怀

我依然固执地用凝霜的枯藤

在凄凉的大地上写下：相信未来

我要用手指那涌向天边的排浪

我要用手掌那托起太阳的大海

摇曳着曙光那支温暖漂亮的笔杆

用孩子的笔体写下：相信未来①

　　我们之所以要相信未来，是因为我们知道，我们所面临的困境和问题，注定只是我们人生之中的一道独特的风景线。我们只有在伤心与绝望时仍然保持一分信念，才可能在矛盾之海中扬帆起航，才可能摆脱由人与自然、人与社会、人与自身的矛盾状态所带来的困惑和烦恼。应该相信，只要努力找到问题的症结所在，努力寻找成长的空间，我们就会向理想的未来不断迈进！

　　由于矛盾的普遍性总是寓于个性之中，也没有离开特殊性矛盾的普遍矛盾，因此，我们只有立足于具体的生活环境，具体地分析人与自然、人与社会、人与自身这一贯穿于人类社会和人生始终的根本矛盾有哪些具体的表现，尤其是在我们遇到困难和问题的时候，能够通过这一分析找到解决矛盾的方法，才可能在现实的不断发展中看到希望。应该认识到，当我们开始怀疑自己的生活的意义和价值的时候，一定是因为表现于生活中的人与自然、人与社会、人与自身关系的某一方面或某几方面不和谐了。因为，只有在人与自身不和谐了（身体不健康了，患抑郁症了……），人与社会不和谐了（失恋了，离婚了，失业了，不能学有所用了……），人与自然不和谐了（被雾霾等环境问题所困扰，觉得自己只是人类改造自然的机器上的一个可笑的小

---

① 食指：《诗探索·食指卷》，作家出版社 1998 年版，第 11 页。

丑……），人们才会追问活着有什么意义？在这种情况下，我们只有具体问题具体分析，在人与自身的关系不和谐时，能够看到真诚的尊重人的整体性生命存在，做力所能及的、心之所向的工作，才是当务之急。在人与社会关系不和谐时，能够认识到，人作为社会人，不能超历史地要求他人和社会，只能在尊重社会发展规律的前提下，在有限的条件下追求自己的生存需求和发展需求的满足，从而既脚踏实地，又积极进取。此外，当被人与自然之间的不和谐关系所困扰，甚至开始怀疑人类文明的时候，我们或许可以尝试自觉经营一种超越导致人与自然主客二分的现代性生活方式的新的生活方式，并在这种生活方式中体验人与自然之间的和谐关系所带来的巨大惊喜。

总之，"家家都有一本难念的经"，无论是中国特色的社会主义建设，还是我们个人的发展，无论是大家还是小家都会有自己的问题。我们只有在明确解决问题的大的方向的基础上，具体而现实地解决自己的具体问题，才能够不断创造"柳暗花明"的新境遇，谱写令人满意的文明的篇章。

二　学习矛盾同一性原理，确定人生坐标

矛盾是反映事物内部和事物之间对立统一关系的哲学范畴，同一性和斗争性是矛盾的两种基本属性，二者辩证统一，共同推动事物发展。我们要想更好地发展自己，首先就意味着要能够利用贯穿于人类社会和人生之中的基本矛盾——人与自然、人与社会、人与自身的矛盾中的同一性关系，来为自己的发展拓展空间。"天地所以能长且久者，以其不自生，故能长（生）。是以圣人后其身而身先，外其身而身存。非以其无私邪？故能成其私。"① 这里老子其实深刻地洞察到，我们只有效仿天地和圣人，尊重矛盾的同一性在事物发展中的作用，放弃自私自利的狭隘的立场，才可能像天地那样，并不为自身做任何事情，而是努力滋养万物，所以才可能长久；才可能如同圣人那样，

---

① 老子：《老子》，孙雍长注译，花城出版社 1998 年版，第 12 页。

把自身置之度外，为他人和万物考虑，从而实现自身的生命的意义和价值。

人与自然、人与社会、人与自身的同一性表现为，其一，人不是仅通过特定的生命活动确立自己的孤立的人，而是与自然、社会、人的整体生命存在相互依存的统一体；反之，人化自然、社会、人的生命存在也不能离开人的生命活动而存在。人与自然、社会、自身作为矛盾的双方而相互依存、互为存在的前提，共同构成了人类社会历史和个人人生的矛盾统一体。其二，人与自然、社会、生命自身的同一关系还表现为它们之间彼此贯通，相互影响，在一定条件下相互转化。人的生命活动向自然、社会、生命本身的转化表现为人通过自己的生命活动认识和改造自然，形成人化自然；通过自己的实践活动和生活方式改变着社会，形成人类社会、民族国家、个人的家庭等；通过改变思想和行为，来不断塑造自己的人格。反之，自然、社会、人的整体性生命存在也决定人的生命活动能力。一方水土养育一方人，自然条件是人的肌体、物质和精神食粮，构成了人们从事特定生命活动的条件。特定的社会历史背景是滋养特定的生命活动和生活方式的文化土壤，每一种生活方式中都承载着特定的社会历史文化的基因。一个人的价值取向、身体状况、生命潜能决定着他的思想观念、行为样式等具体的生命活动和生活方式。

由人与自然、社会、自身的矛盾同一性所决定，我们要想更好地发展自己，首先必须尊重自然、社会、生命自身这一物质前提，没有这些前提的存在和协调可持续发展，就不可能有我们所向往的生命活动的提升和完善；反之，没有人类日益发展的实践活动，也不会有尽显和谐之美的美丽世界和美丽中国，不会有我们所向往的和谐社会，不会有身心和谐，因此，我们在强调尊重自然、社会、人的整体性生命存在的同时，也必须以自觉尊重自身的生命活动的发展规律为前提。

其次，我们要想更好地发展自己，还必须自觉地从自然、社会、生命自身汲取有利于自己的生命活动完善的有利因素。其一，我们需要通过直接改造自然对象，获得满足自己的衣、食、住、行等生存需求的资源；通过认识自然规律，满足自己的求知欲，感受那种理性之美；通过在实践中利用自然规律，感受那种利用必然联系的自由；通过发现自然之美满足自己的审美需求；通过修身养性（禅修或从事极限运动），达致天人合一的人生境界。其二，我们需要通过从社会中汲取有利的因素更好地发展自己，需要通过利用父母为我们所提供的受教育的机会，充分利用学校的教育资源更好地发展自己；需要通过发展积极健康的恋情或组建和经营和谐的家庭来为自己的发展奠定基本的社会基础；需要在信息化的现代社会，通过充分利用电子信息资源，利用全人类为我们所提供的智慧成果和平台来更好地发展自己。其三，我们需要从自身的整体性生命存在中汲取有利于自身发展的因素。我们需要立足于自身整体性生命需求，做自己喜欢做的事情；利用自己的天赋，做自己擅长做的事情；尊重自己生命的客观有限性，做自己力所能及的事；建构积极向上的世界观、价值观，做有意义有价值的、能够充满激情去完成的事。总之，我们总是需要在自觉地从自然、社会、自身的整体性生命存在之中汲取有利因素，提高自己的生命活动能力，进而在此基础上改变自然、推进社会发展、完善自己的人格。

最后，应该注意，我们的发展不是没有方向的、随时可能陷入虚无主义危险的变化。作为人，我们的生命活动赖以提升的方向是由我们与之发生关系的自然、社会、整体性生命存在所决定的。自然对人的生命活动的方向的决定性作用表现在，认识和利用自然规律、欣赏自然之美、追求天人合一与自然融为一体的人生境界，是我们在解决人与自然的矛盾时所追求的终极价值目标。在解决人与社会的矛盾关系中，社会也决定着人的发展方向，对此马克思有着深刻的洞察，他指出：人的本质是社会关系的总和。一个人只有当其有能力利用社会资源更好地发展自己，从而成为对社会有用的人，他才会有存在的价值感；一个人越是能够充分地利用社会资源更好地发展自己，贡献给社会的越多，他就越会有成就感，越会觉得人生是完满的。雷锋、郭明义们之所以"热衷于"助人为乐，比尔·盖茨们之所以"愿意"把大部分财产都用来做慈善，巴菲特和芒格们之所以在退休的年龄还要

"乐此不疲"地工作，正是因为在人与社会关系上，他们实现了自己的终极价值——确证了自己的社会关系的本质，所以是幸福的。可以说，个人只有尊重社会的发展规律，更好地服务于社会，才可能生活得更幸福、更有价值和意义感。在人与自身的整体性生命存在的矛盾上，我们的整体性生命存在也决定着我们的活动的方向。我们的生命活动只有是与人的整体性的生命存在相契合的活动，反映了自己的内在的兴趣，符合自己的天赋，符合自己的成长速度，因而能够更好地满足自己的整体性生命需求，符合生命本身的发展规律，我们才可能通过这样的活动成就自己的事业，而不仅仅是谋生。反之，我们生命活动能力的最大限度地发挥——人的自由而全面发展又规定着自然、社会、人的生命整体性生命存在的发展方向。人化自然应该向更加有利于人的可持续的自由全面发展方向发展，社会应向有利于每个人的自由全面发展的共产主义社会演进，我们的生命存在也应该向更能使自己的生命潜能得到最大限度发挥的方向发展。

正是在上述意义上，老子借助于赞扬水，表达了矛盾的同一性在事物发展过程中的作用，鼓励人们通过学习水，摆脱自私的存在状态，以自觉建构人与自然、社会、自身的统一性。他说："上善若水，水善利万物而不争，处众人之所恶，故几于道。……夫唯不争，故无尤。"[①]水善于给万物以好处，自觉追求与万物的同一性，却不争取自身的利益，甚至愿意待在别人不愿意待的地方，因此接近大道，从而也不会有什么过错。老子还指出，"天下莫柔弱于水，而攻坚强者莫之能胜，以其无以易之"[②]。比什么都柔弱的水之所以可以攻打坚强的东西，从而不可战胜，其根本原因就在于，它具有通过改变自己来适应万物的水性。处于人与世界的关系中的人显然像水一样柔弱，因此，人们要想更好地满足自己的整体性生命需求，在具体的生命活动中，也应该学习水的智慧，首先学会自觉尊重自然、社会、人的整体性生命存在自身的发展规律，适应万物，才可能以柔弱胜刚强，安身立命

---

① 老子:《老子》,孙雍长注译,花城出版社 1998 年版,第 13 页。
② 同上书,第 156 页。

于世。

无独有偶，孔子通过强调以礼制天地，强调矛盾的同一性占据主导地位的和谐的重要作用。子曰："乐者，天地之和也。礼者，天地之序也。和，故百物皆化；序，故群物皆别。乐由天作，礼以地制。过制则乱，过作则暴。明于天地，然后能兴礼乐也。……故圣人作乐以应天，制礼以配地。"① 圣人作乐以应自然之天，制礼以配地（人们的生活）。乐表示自然的和谐，礼代表社会的秩序。因为和谐，所以万物化生，因为有秩序，所以万物表现出品级。乐由自然而来，礼由人事而作。礼如果逾越了秩序必然带来混乱，乐如果不和谐则暴虐。因此，只有顺应自然的和谐及人事的秩序之需，才能够创制反映这种内在对应关系的礼乐来。孔子认为，创制礼乐的目标就是为了契合自然的和谐，社会的秩序，建构人与自然、人与社会之间的和谐关系。不能离开人与自然、人与社会、人与自身的和谐关系建构这一终极价值目标来理解礼乐等人事活动。人与自然、人与社会之间的同一性决定了创制礼乐活动的发展方向。

总之，正如著名的游泳运动员蒋丞稷所感悟到的，体育不仅仅是一种竞赛，而"是一个民族、一种气势也是一个人的较量，它不光是肌肉、不光是体能，它是整个人的体现"②。我们无论从事什么样具体的理论和实践活动，只有立足于人与自然、社会、自身的同一性这一基本维度，把自己看成是处于与自然、社会、自身的整体性存在关系之中具体的人，立足于自然、社会、自身的整体性生命存在这一物质前提，从自然、社会、自身之中不断汲取使自己的生命活动更加完善的资源，并且自觉把握由自然、社会、人的整体性生命存在所规定的人生发展方向，才可能更好更全面地发展自己，实现自己的人生价值。在人与自然、人与社会、人与自身的斗争性日益凸显的现代社会，能够从人与自然、人与社会、人与自身的对立中把握同一，明确人生的方向，找到人生的坐标，对我们来说，具有重要的现实意义。

---

① 戴圣：《礼记》，张延成、董守志编著，金盾出版社 2010 年版，第 377—378 页。
② 白岩松：《痛并快乐着》，华艺出版社 2006 年版，第 271 页。

三　学习矛盾的斗争性原理，迎击生活中的挑战

一个人要想更好地发展自己，还需要正视贯穿于人类社会和人生之中的根本矛盾——人与自然、人与社会、人与自身矛盾中的斗争性关系，主动迎击作为这些矛盾的具体表现的现实生活之中的各种挑战。

矛盾的斗争性是指矛盾的对立面之间相互排斥、相互分离的性质和趋势。在人与自然、社会、自身矛盾的斗争性占据主导地位的现代性背景下，我们对反映上述三对矛盾的斗争性的现象似乎并不陌生。在人与自然的关系上，人们为了满足自己无度的欲求，无视自然的发展规律，结果导致了自然对人的报复。环境危机、生态问题、能源危机无不反映了自然对于欲壑难填的人类生活方式的排斥和否定。在人与社会的关系上，社会不公、贫富分化反映了社会对一些处于弱势地位的人的存在和发展的否定与排斥，使这些人失去了公平的受教育机会，发展机会，甚至失去了生存的权利。由此，它也造成的个人对社会的不满、抱怨，甚至以极端的方式报复社会，或游离于社会之外，这些都是个人否定、排斥、疏离社会的表现。人与自身矛盾的斗争性在现代社会也以各种各样的典型形式表现出来。比如，快节奏的现代生活已经严重地威胁到了人们的身心健康。失眠、抑郁、亚健康、过劳死等问题正是现代人的快节奏生活方式对人的客观整体性生命诉求的漠视和否定的结果。反之，受到威胁和损害的人的整体性生命存在，又通过使人们失去从自己所从事的生命活动、消费活动中感受到乐趣的能力，深陷意义危机，对漠视自身的现代生活方式进行讽刺、抗议和否定。

可以说，人与世界之间的矛盾的斗争性的盲目作用，必然造成人与自然、人与社会、人与自身的分裂，阻碍人的发展和社会的进步。然而，人与世界之间的矛盾的斗争性并不必然阻碍人的发展和社会的进步。当我们能够自觉认识和利用人与自然、人与社会、人与自身的矛盾的斗争性所可能发挥的积极作用，反而能够更好地发展自己，推动社会进步。

　　矛盾的斗争性在事物发展中的作用首先表现在，它促进矛盾双方力量对比发生变化，此消彼长，为事物发生向对立面转变的质变创造条件。在人类社会和人生之中，矛盾的斗争性在促进自然变化、人类社会发展和人的发展中的决定性作用，主要通过人与自然、人与社会、人与自身之间的斗争，引起人的生命活动与自然、社会、人的整体性生命存在之间的此消彼长的变化表现出来。在人与自然的关系上，在前现代社会，人的活动更多地受自然的盲目必然性的统治，在人与自然斗争过程中，自然的力量居于主导地位，人的力量缓慢发展。到了肇始于资本主义的现代社会，人类的工具理性活动能力不断增强，在认识和改造自然方面取得了前所未有的巨大成就，人类的主体能力战胜了盲目的自然必然性的统治。现代性的生态危机、环境危机、能源危机等再一次向人们昭示，人类只有尊重和利用自然规律，才能取得对自然的真正的胜利——一种能够给人们带来可持续的发展的福祉的胜利，因此，在未来社会，自然规律应该成为决定人们的认识和行动的最终尺度。这样，自然规律又在人与自然的斗争之中取了主导地位。人与自然处于和谐发展的关系之中。在人与社会的关系上，在前现代社会，以人与人之间的依赖关系为基础的社会居于主导地位，马克思将其称为以人的依赖性为基础的社会。到了现代社会，随着商品经济的发展，人的以物的依赖性为基础的独立性不断发展，强调人的个体性的个人主义和自由主义思潮大行其道。在超越资本逻辑统治的未来的共产主义社会，充分彰显人的"社会关系"本质，每个人的自由发展为一切人的自由发展创造条件的自由个性将得到充分发展。社会关系发展成为决定人的个性的最终力量。人与社会处于和谐发展状态。在人与自身的关系上，矛盾的斗争性的作用表现在，最初人的自然生命存在状态居于主导地位，人的生命活动处于不发展的自然状态；后来，人开始通过能动的生命活动追求功利，这时，人的工具理性的生命活动居于主导地位，处于工具理性统治的阶段；最后，人的整体性生命需求的满足又上升成为决定人的活动的终极价值，人们处于与自身和谐统一的自我实现的状态。可以说，自然界、人类社会、人自身正是在人与自然、人与社会、人与自身之间的此消彼长的斗争中不断向前发展的。

矛盾的斗争性在事物发展之中的作用还表现为促进一种矛盾统一体向另一种矛盾统一体过渡。如前所述，人与自然、社会、自身的斗争促进人类文明发展已经历了两个阶段，现在正向第三个阶段迈进。最初，人类受制于盲目的自然、社会历史、生命规律的支配；后来，随着启蒙运动的兴起，科学技术的进步，工业革命的到来，商品经济的发展，人类的工具理性仿佛战胜了自然、社会、人的整体性生命存在，取得中心的地位；然而，由于自然、社会、生命本身的规律是不可违背的，因此，伴随着现代性的一路凯歌，人们也不得不承受因为违背自然、社会、生命规律而产生的一系列的问题，这促使人类在现代社会又站到了向新的文明形态迈进的关节点上。人们对这一新的文明形态的憧憬就是，摆脱那种人类中心主义的存在方式，建立人与自然、人与社会、人与自身之间的和谐。人类文明的发展正是在人的以认识和实践为基础的生命活动与自然、社会、人的整体性生命存在的此消彼长的矛盾斗争过程中，新的人与自然、人与社会、人与自身的矛盾取代旧的人与自然、人与自身、人与自身的矛盾的过程。在人类文明发展的不同阶段，人与自然、社会、自身的矛盾呈现出不同的形态。这些由矛盾的斗争性所决定的矛盾同一体的更替，使人类文明发展呈现不同的发展阶段。自然界、人类社会、人本身正是在上述贯穿人类社会和人生始终的人与自然、人与社会、人与自身的此消彼长的斗争中发生质变的。人类文明的发展本质就是贯穿于人类社会的基本矛盾——人与自然、人与社会、人与自身不断由旧的矛盾统一体向新的矛盾统一体的转化的过程。当然，这种新旧矛盾统一体的转化是一个漫长的历史过程，甚至要经历几百年、上千年，但是发展的道路是清晰的。我们只有尊重矛盾的斗争性在推动事物发展过程中发挥作用的规律，在新的时代背景下，坚定共产主义信仰，顺势而为，才可能成为新时代的弄潮儿和社会历史发展的积极推动者。

总之，由于人总是处于人与自然、人与社会、人与自身的矛盾关系之中具体的人，上述的矛盾的斗争性既构成了我们必须面对的生活挑战，也构成了促进人类文明演进的内在逻辑。因此，在面对种种生活挑战和困境时，我们只有具体分析并把握这些基本矛盾，并自觉地利用和推进矛盾双方力量对比的变化，才能避免在生活困境中茫然困惑，找到解决问题的现实路径。也是在此意义上，老子说，"受国之垢，是谓社稷主；受国不祥，是为天下王"①。只有能够承担国家耻辱和噩运的人，即能够更好地面对矛盾的斗争性对生活的挑战的人，才可能成为天下的君王。在现代社会，当务之急就是，要认识到在现代性的背景下，我们只有积极发展自己的主体能力，才可能在具体地处理人与自然、人与社会、人与自身的关系之中把握更多的主动权。同时又应该认识到，现代性批判已经吹响了人类向超越工具理性的统治的未来进军的号角。因此，我们不能满足于主体理性能力的增强，更要把目光转向必须被尊重的自然规律、社会规律和人的整体性的生命存在，以推动人与自然、社会、自身的关系由强调人类中心地位和主体性的旧的矛盾统一体，向未来的尊重自然、社会规律、人的整体性生命存在的新的矛盾统一体转变，建构人与自然、人与社会、人与自身的和谐关系。这也是共产主义运动的本质内涵。

四　学习矛盾同一性和斗争性辩证关系原理，坚定人生航向

在马克思主义哲学看来，矛盾同一性和斗争性是相互连结、相辅相成的，没有斗争性就没有同一性，反之亦然。一方面，同一性总是处于此消彼长的斗争之中的矛盾双方的同一性。矛盾双方正是在竞长争高的斗争过程中不断从对方汲取有利于自己发展的有利因素，不断向对方转化的。如前所述，自然、人类社会、人的整体性生命存在总是在人与自然、人与社会、人与自身的此消彼长的矛盾斗争过程中不断发展自身的。另一方面，斗争性寓于同一性之中，没有同一性也没有斗争性。如果人的实践活动与自然、社会、人的整体性生命存在不

---

① 老子：《老子》，孙雍长注译，花城出版社1998年版，第156页。

是处于世界的普遍联系的大网之中,人与自然、人与社会、人与自身之间没有交集,没有同一性,就不会有人为了满足自身的包括生存需求和发展需求在内的整体性生命需求,去从事改造自然、建设社会、发挥自己内在的生命潜能的生命活动,也就不会有人与自然、人与社会、人与自身之间改造与被改造,利用与被利用的斗争。同样,如果没有自然、社会、人的生命自身为人的实践所规定的方向,人与自然、人与社会、人与自身的斗争就会变成了毁灭人类存在的盲目的斗争。因此,只有尊重人与自然、人与社会、人与自身之间的同一性,上述基本矛盾之间的斗争性才会成为推动人类文明发展和每个人幸福的创造的不竭动力。

矛盾的同一性和斗争性在事物发展过程中是相互结合共同发生作用的。但在不同条件下,二者所处的地位会有所不同。在一定条件下,矛盾的斗争性可能处于主要的方面,而在另外的条件下,矛盾的同一性可能处于主要的方面。比如,在前现代的社会生活中,矛盾的同一性就居于主导地位。在人与自然的关系中,人们改造自然的能力有限,基本上处于靠天吃饭的状态,人类受制于盲目的自然必然性统治;在人与社会关系上,个人依附于社会等级秩序,与社会具有直接的统一性;在人与自身的关系上,人们多为衣食之需而奔波,人的活动与人的生存需求具有直接的统一性。在前现代社会,人与自然、社会、自身处于同一性居于主导地位的原始和谐状态。到了现代社会,矛盾的斗争性又居于主导地位,人们的生活主要表现为主客二分。在人与自然的关系上,人类改造自然的能力不断增强,社会生产力获得了巨大的发展,同时,人类也因为违背自然规律而遭到了自然的报复。生态问题、环境危机、能源问题等反映了人与自然之间激烈的矛盾冲突。在人与社会的关系上,受制于资本逻辑的机器体系、科层管理仿佛一头巨大的怪兽不断压缩着人们自由呼吸的空间。一方面,为了过上更好的物质生活,更成功,人们被卷入快节奏的由"忙"到"盲"的生存状态之中;另一方面,人们又对这种生活方式充满着怀疑、不满甚至否定。这都反映了人与社会之间的竞相争长的斗争性。至于与此相伴生的贫富分化和社会不公，使人与社会之间的斗争性更加明朗化。由上述的人与自然、人与社会关系的斗争性所决定，在现代社会，人与自身之间的斗争性也是有目共睹。一方面，人们有选择自己所从事的实践活动的自由，并且可能在特定的领域获得专业的发展；另一方面，这种发展往往是一种无视人的整体性生命需求的把人当成追求外在目标的工具的发展，这使人们怀疑自己活动的意义。消费主义的生活方式，一则使人们的欲求不断得到满足，二则又创造出难填的欲壑，从而使人们迷失在消费主义之中。对于现代人来说，无论是从事创造价值的实践活动，还是进行自我满足的消费活动，都存在着与自身的整体性的生命存在相互疏离的问题。现代性条件下的意义危机正是人与自身的斗争性居于主导地位所带来的消极后果。由上可见，在现代社会，人与自然、人与社会、人与自身的矛盾的斗争性固然在促进自然、社会、人的发展方面所起的作用不可抹杀，但是它所滋生的问题也是显而易见，必须被克服的。因此，人们在反思现代性的问题的基础上，只有积极推进人与自然、人与社会、人与自身的同一性在事物发展中的作用重新凸显，一如共产主义信仰所努力倡导的那样，人类文明才可能在经历现代性危机之后，重塑辉煌。

正是依据对现代人类社会发展趋势的洞见，我们提出了建构社会主义和谐社会的构想。这种和谐是矛盾的一种特殊的表现形式，体现了矛盾双方的相互依存、相互促进、共同发展的关系。它在本质上是在人与自然、人与社会、人与自身的斗争性居于主导地位的现代社会，希望通过促进矛盾的同一性发挥作用，来矫治由于片面强调矛盾的斗争性所带来的现代性问题。因此，这种和谐并不否定矛盾的斗争性，而是希望在承认矛盾斗争在事物发展过程中的积极作用的前提下，促进人与自然、人与社会、人与自身的矛盾的解决，促进作为这些矛盾的具体体现的各种社会问题的解决。虽然由事物的差异、个性所决定，斗争性是绝对的、无条件的，同一性是相对的、有条件的。但是，在过于张扬贯穿于人类社会和人生始终的根本矛盾的斗争性的作用的现代社会，建立人与自然、人与社会、人与自身的新的同一性不仅是当务之急，而且反映了现代社会人类文明的发展方向。因此，对于具体个人来说，我们只有具有这种理论自觉和实践的勇气，才可能在实现个人梦想的同时助推中国梦的实现。

由于在现代社会，我们追求建构人与自然、人与社会、人与自身的和谐关系，在本质上是追求扬弃人与自然、人与社会、人与自身的斗争性居于主导地位的现代性存在状态。因此，我们要在承认由这种斗争性所塑造的具有主体理性活动能力的人、高度人化的自然、获得了巨大发展了的人类社会客观存在的前提下，推进人与自然、人与社会、人与自身之间的和谐关系的建构。在现代社会，人与自然、人与社会、人与自身的斗争关系，上升为矛盾的主要方面，因此，要解决现代性问题，就必须抓住人这一矛盾的主要方面。这意味着，人类对新的文明的憧憬必须建立在对超越主体性的人的存在状态的肯定的基础之上，马克思的人的自由全面发展思想即反映了这种超越性的诉求。与工具理性的人不同，自由而全面的发展的人是一种自觉追求人的整体性生命需求的满足的人，是自由个性得到实现的人。因此，在新的时代背景下，我们只有承认与人的整体性生命存在相统一的自由个性，从而既不奉"以物的依赖性为基础的人的独立性"（自由主义所宣扬的个体性）这种生命存在状态为圭臬，又避免因为反对自由主义的个体性而因噎废食，否定与人的整体性生命存在相统一的自由个性，才可能既继承现代性所确立的斗争性的成果，把人始终当成有尊严的人来看待，同时，又能够超越它的局限性，敬畏人的整体性生命存在，因而敬畏决定人的整体性生命需求之满足的人与自然、人与社会之间的和谐关系的建构。

对于现代社会而言，只有摆脱自由主义的个体性的束缚，真正以人为本，才能不仅因为真正关注人们的生存需求而得民心，而且还会因为为人们的发展需求的满足，整体性生命的和谐的实现和幸福的获得创造条件，从而代表了人类文明的发展方向而得天下。对于我们每个人来说，只有尊重生命，热爱生命，关注生命成长，挖掘生命潜能，追求生命和谐，而不是为自私自利地占有而不惜把整体性的生命存在当成手段，从而真正懂得敬畏自然、服务社会的意义，才可能真正实现个人梦想，创造现实的幸福。《论语·子路》记载，孔子说："君子和而不同，小人同而不和。"① 《国语·郑语》载："和实生物，同则不继。"② 无论是社会，还是个人，只有在承认自己与对立面的差异和斗争的前提下，积极促进建立在矛盾斗争性基础上的矛盾的同一性的建构，才会有新的发展的平台；促进和谐关系的建构，才可能生生不息。尤其在矛盾的斗争性居于主导地位的现代文明社会，在承认斗争性的绝对作用的前提下，推进同一性在事物发展之中积极作用的发挥，既关系到人类文明的前途，更关系个人的生命尊严，具有重要的现实意义。因为人类不能与自然和谐共处的文明是不可持续的文明，是没有希望的；不能通过实践活动与自身和谐共处的生命是没有尊严的，失去了意义感的人生是不值得过的人生。

第三节　学习质量互变规律，拓展生命宽度

质量互变规律揭示了事物发展的状态，无论是个人人生境界的提升，还是社会的发展，都要经历一个从量变到质变的发展过程，我们只有在正确的人生方向和社会发展方向上，自觉地进行量的积累，才可能最后收获生命的芬芳。

一　学习质、量、度原理，拓展生命宽度

世界是普遍联系和不断发展变化的物质世界，不断发展变化的具体事物都具有质和量两种规定性。质是一事物区别于其他事物的内在的规定性。量是事物的可以用数量表示的规定性。质与量的统一就是度，度是事物保持质的稳定性的数量界限。事物是质和量的

---

① 孔丘：《论语》，孙健筠、杨林译注，吉林人民出版社 2005 年版，第 164 页。
② 左丘明：《国语》，焦杰校点，辽宁教育出版社 1997 年版，第 119 页。

统一，是处于一定的度的范围内的具体的事物。超出度的范围，一事物就会转化成为他事物。利用质、量、度的原理来分析人类社会和人生的发展状态，有利于我们进一步把握时代的发展脉络，探索人生道路。

对于人类社会来说，贯穿于人类社会的人与自然、人与社会、人与自身的矛盾，决定人类社会发展的不同阶段，决定着人类文明的质。前现代社会，人与自然、社会、自身处于原始和谐状态。在现代社会，人与自然、社会、自身的斗争性居于主导地位。在未来的共产主义社会，我们可以期待在自我意识觉醒的基础上，立足于人的有生存需求和发展需求的整体性生命存在，重建人与自然、人与社会、人与自身的和谐关系。上述的同一社会发展阶段内部存在着发展程度的差异，具有量的规定性。前现代社会，人类社会又经历了由原始社会，向奴隶社会、封建社会的发展过程。在现代社会，内部又存在着资本主义社会和社会主义社会的差别。在现代社会，无论是资本主义社会，还是社会主义社会，只有当它们能够打破人与自然、人与社会、人与自身的斗争性居于主导地位的存在状态这一人类社会发展的度，建构人与自然、人与社会、人与自身的和谐关系，才能推动人类社会向新的文明形态演进。这无论是对资本主义国家来说，还是对社会主义国家来说，都既意味着机遇，又充满了挑战。只有那些能够抓住历史机遇，采取现实措施促进人与自然、人与社会、人与自身的和谐关系建构的民族，才能在未来把握更大的主动权。为此，我们应该增强民族自信和团结，万众一心，众志成城，推动和谐社会建设，共同推进中华民族的伟大复兴。

对于具体个人这一特殊事物来说，决定其人之为人的根本矛盾也是人与自然、人与社会、人与自身的矛盾。这三对基本矛盾的不同发展状态，决定着一个人是什么样的人，决定一个人的质。在人与自然、社会、自身的关系处于原始和谐状态时，人们大致处于冯友兰先生所说的自然境界；在人与自然、社会、自身的关系处于改造与被改造、利用与被利用的矛盾斗争性居于主导地位的冲突状态时，人大致处于冯友兰先生所说的功利境界；当人们能够扬弃人与自然、社会、自身之间斗争性居于主导地位的存在状态，重建人与自然、社会、自身的辩证和谐关系时，人生境界便大致上升到冯先生意义上的道德境界和天地境界。由这三种矛盾所决定的人的同一存在状态之中，又存在发展程度的差别，这就是决定一个人存在状态的量。与人类社会的发展一样，个人的人生境界的提升不会是一蹴而就，而需要经历量的积累。当一个人在上述矛盾关系之中不断发展，最后打破了原有的关系模式，他就来到了从一个发展阶段向另一个发展阶段转化的关节点上，这个关节点就是决定一个人的人生境界提升的度。

处于更高的人生境界的人，只有当他能够在为人处世上始终能够以更高的"度"来要求自己，才可能使自己人生的自由幸福之梦梦想成真。在人生之中，把握"度"具有重要意义。老子说："是以圣人方而不割，直而不肆，光而不耀，廉而不刿。"① 圣人之所以能够成为圣人，就在于他始终能够把握与人相处的度。他们讲方正原则，却不伤害他人；说话直截了当，却不放肆；智慧可能会光芒照人，却不炫耀自身；讲求清廉严肃，却不刺痛别人。老子还告诫人们，"持而盈之，不如其已；揣而棁之，不可长保。金玉满堂，莫之能守；富贵而骄，自遗其咎。功遂身退，天之道［载］"②。与其争得个盆满钵盈，不如就此放下。因为锋芒毕露、咄咄逼人的人不可长久保持锐气。金玉满堂，很难守住。如果要是因为富贵而骄纵，乃至飞扬跋扈，那就更是找不自在了。所以事情做成功之时，正是一个人急流勇退的时候，这才合乎大道。用马克思主义哲学原理来分析就是，一个人取得成功的时候，正是他通过解决人与自然、人与社会、人与自身的矛盾使自己的能动性得到最好的发挥的时候，在这种情况下，他只有做到胜不骄，不恃才傲物，在自然、社会、自身的整体性生命存在面前保持必要的谦卑，把握使自己的生命得到可持续发展的度，才可能更好地保全自己，实现生命的意义和价值。

---

① 老子：《老子》，孙雍长注译，花城出版社 1998 年版，第 116 页。

② 同上书，第 15 页。

在现代社会,通过学习质、量、度原理,具体地分析人类社会和人生的质、量、度,有利于我们在诸多矛盾之中抓住主要矛盾,把握住决定人生和人类社会发展的根本矛盾,看清社会发展的风向标,把握住人生发展的大方向,把握命运,在助推中国梦的实现过程中实现小我的个人梦想。

一方面,通过洞察时代的质,我们可以认识到人与自然、人与社会、人与自身的斗争性居于主导地位是我们必须面对和接受的社会现实。同时,通过认识社会发展的度,可以发现,我们正处在推进人类社会重新建构人与自然、人与社会、人与自身的同一性的新的历史关节点上,只有超越这一时代发展的度,我们才可能迎来人类新的文明的曙光。通过把握社会发展的量,我们会明确,现代社会的发展不会一蹴而就,而是要经历一个量的积累过程,因此,在任何的社会历史语境下,我们都不能搞理想主义,幻想社会发展可以毕其功于一役。而应该清醒地认识到,"无欲速,无见小利。欲速则不达,见小利则大事不成"①。利用质、量、度的原理来分析社会发展,有利于我们在仿佛迷失了自我的现代性社会仍然能够找到前行的方向。

另一方面,通过追寻生命之真谛,把握人生之质,把握人与自然、人与社会、人与自身和谐关系这一终极目标,形成马克思主义的人生观,我们会发现,那些曾经让我们不快乐的恶性竞争,仅仅是现代社会的矛盾斗争性的消极影响在我们日常生活之中的一种表现,是既不利于人与自然、人与社会之间的和谐关系的建构,最终也不利于我们内在的生命和谐的无谓之争。我们与其在这样的事情上付出那么多的心血和智力,还不如将精力用在自己的兴趣的追寻和发展上,将注意力转移到能够好地服务社会的能力的培养上。通过分析和把握人生境界提升之度,我们可以发现自己所能开启的人生之旅的坐标,自觉摆脱那种至多让人获得一点眼前小利的随波逐流的存在状态,不断超越

---

① 孔丘:《论语》,孙健筠、杨林译注,吉林人民出版社 2005 年版,第 160 页。

自我，更全面地发展自己。通过把握人生之中的量，有利于我们在"静态"的日常生活中有"量"感，既积极进取，又不急于求成，理性而健康地成长。简言之，具体分析人生的质、量、度，有利于在正确的方向上追求发展，并且把握住自己生命长成的速度和尺度，经营无悔的人生。

总之，只有通过在社会生活中活学活用质、量、度的原理，洞察时代和人生之质、量、度，把握时代发展的风向标，养治国、平天下之志；感悟人生的大智慧，努力拓展生命的宽度，我们才会与更好的时代、更加质感的生命如期而遇！我们的社会才会因此而更加值得期待！我们的人生才会因此而更加精彩！

二　区分量变与质变，顺时应变

事物的发展并非一马平川，而是有量变和质变的区分。区分事物发展过程中的量变和质变，有利于我们在事物发生量变的时候，能够充满信心；在事物发生质变的时候，又能够积极把握机遇。从人类社会和人生发展的角度来说，情况更是如此。

量变是指事物的数量的增减和组成要素排列次序的变动，是事物保持质的相对稳定性的不显著的变化，体现了事物发展过程的连续性。从贯穿人类社会和人生的基本矛盾——人与自然、人与社会、人与自身关系的不同发展阶段来看，人与自然、人与社会、人与自身处于原始和谐的前现代社会的几千年，人类社会的发展可以说基本上都处于这样的量变的过程。在此过程中人类适应自然、顺从社会、满足于谋生的自然存在状态。在现代社会，人与自然、人与社会、人与自身处于分裂状态，在人类有能力重新建构人与自然、人与社会、人与自身的和谐关系之前，也是基本上处于量变阶段。在这个量变阶段，人类改造自然、利用社会关系、挖掘自身的内在生命潜能的能力不断增强，逐渐地威胁自然、社会、生命自身的可持续发展。这时人类便来到了在新的历史条件下重新建构人与自然、人与社会、人与自身的和谐关系的关节点上。

　　对于个人来说,在不同的人生阶段都会经历这样一个量变的过程。在童年时期,我们基本上处于人与自然、人与社会、人与自身原始和谐的存在状态,表现为衣食无忧,尽享父慈母爱,可以欢天喜地地尽情玩耍。可以说,在为我们所留恋的童年阶段的十年左右时间里,伴着自然生命不断成长的,是我们文化生命在这人生最初阶段的量变。在经历了快乐的童年之后,我们便来到青少年时期。这个时期,我们通过叛逆的青春完成了自己的人生转折。叛逆的青春期,对我们来说,既意味着自然的心理转折,也标识自我意识的觉醒。此时,人与自然、人与社会、人与自身的原始和谐关系开始被打破,于是,我们的人生来到人与自然、人与社会、人与自身的主客二分的新阶段。在此阶段,我们会很矫情地伤春悲秋,会有意地忤逆智者的美意,会怀疑乖乖做事的自己,会为张扬的个性摇旗呐喊……在这个阶段,如果我们能够学思并用,不断提升自己的人文素养,积极建构一种符合时代特点的积极向上的价值观,就会顺利地度过青春期,完成向更高的人生境界提升的量的积累,最终有能力重新建构人与自然、人与社会、人与自身的和谐关系,形成有利于我们安身立命于世的价值观和生活方式。否则,我们的一生可能因此而始终滞留于人与自然、人与社会、人与自身的主客二分状态,或退回到人与自然、人与社会、人与自身的原始和谐之境。或许,在这种状态下,我们仍然可以通过努力获得成功,或通过调整心态收获原始的快乐,却终究无法在终极价值领域摆脱碌碌而无为的宿命。

　　所谓的质变,是指事物性质的根本变化,是事物由一种质态向另一种质态的飞跃,体现了事物渐进过程和连续性的中断。就只有从人与自然、人与社会、人与自身的辩证关系中才能把握住的人类社会和人生而言,所谓的质变就是指,由上述基本矛盾的内在的斗争性和同一性所决定的人类社会和人生的不同发展阶段之间的转换。就人类社会而言,由人与自然、人与社会、人与自身的同一性居于主导地位的前现代社会向人与自然、人与社会、人与自身的斗争性居于主导地位的现代社会转变,是人类文明发展史上的一次质变;由人与自然、人与社会、人与自身之间的斗争性居于主导地位的现代社会向使人与自然、人与社会、人与自身的同一性重新居于主导地位的共产主义社会转变，是我们所期待人类文明发展的新的质变。

对于个人的人生而言，经由个人与自然、社会、生命自身的矛盾的同一性居于主导地位的快乐的童年向个人与自然、社会、自身之间的矛盾的斗争性居于主导地位的叛逆的青少年时期的转变，是人生的一次蜕变。在价值多元，教育更加民主的现代社会，孩子的意愿越来越得到更多的尊重，完成这一层质变并不难。难的是，在经历了生活的风雨洗礼之后，我们能由片面强调自我的主客二分的存在状态，向建立在自我意识觉醒基础上的主客和谐统一的人生状态转变。只有经历了这一层蜕变，我们才会真正进入生命的不惑之年，获得精神自由和从心所欲而不逾矩的生活实践自由，达到冯友兰先生所说的道德境界和天地境界。

总之，无论是人类社会，还是我们人生的发展都要经历量变与质变的过程。就社会发展而言，我们的文明现在处于需要重新建构人与自然、人与社会、人与自身的和谐关系的关节点上，在这一新的历史时期，我们在进行价值选择时，只有自觉追求建构人与自然、人与社会、人与自身的和谐关系，才能成为推动社会历史发展的弄潮儿。同时，我们只有把这种价值选择与我们人生境界的提升结合起来，一方面肯定追求自由和个性的自我意识的觉醒，对于我们成长的积极意义，看到"我的青春我做主"的魄力所在，努力提升自己的独立思考和价值理性能力；同时，又要看到，片面强调自我，混淆与自然、社会、整体性生命存在和谐统一的"自由个性"和与自然、社会、人的整体性生命相疏离的"个体性"，不仅会使自己深陷失道寡助的"生命不能承受之轻"的虚无主义之中，而且还会"助"现代性危机之"纣"为"虐"，加剧各种全球性问题，从而顺时应变，自觉超越强化主客二分的受制于资本逻辑的功利主义价值观，自觉认同代表人类文明发展方向的公正、平等、和谐、友善等价值观，现实地推进人与自然、人与社会、人与自身的和谐关系的建构，才可能在新的时代背景下，乘风破浪，英雄有用武之地。

三　学习量变与质变的辩证关系原理，邂逅最好、最幸运的自己

无论是人类社会，还是我们个人的人生，都不是一成不变的，而是要经历量变与质变的变化发展过程。同任何事物一样，人类社会和人生都要经历一个由量变到质变的变化过程，因此，无论是经营人生，还是推动社会发展，都只有自觉尊重量变与质变的辩证关系的原理，才可能达到预期的目标。

第一，量变是质变的必要准备，没有量变的积累就不会有质变的飞跃。在人与自然、社会、自身的矛盾的斗争性居于主导地位的现代社会，如果我们不能在汲取人与自然、社会、自身的斗争性所张扬的人类主体性成果的基础上，明确重新建构人与自然、人与社会、人与自身和谐关系的共产主义的发展方向，顺应新一轮为了解决人与自然（建设生态文明）、人与社会（建设社会公正）、人与自身（追求自由全面发展）的矛盾而制定的改革的方向，不从自我做起，从现在做起，真正做到爱岗、敬业、诚信、友善，就不会有中华民族的伟大复兴。因为在社会的发展过程中，如果没有自下而上的万众一心的量的积累，就不会有推进我们的文明向更高的文明形态演进的质的飞跃。相反，我们只有有决心、有信心，万众一心，充分利用我们的祖先所积累起来的宝贵的理论资源，积极为推进人类文明向更高形态演进进行量的积累，才会创造中华民族的伟大复兴的文明的奇迹。

对于个人的人生来说也是如此。我们只有始终在个人与自然、社会、自身辩证关系之中积极追求发展，相信我们在经历了童年的人与自然、人与社会、人与自身的原始和谐关系的滋养，经历了自我意识萌生的青少年时期人与自然、人与社会、人与自身的分裂的洗礼之后，一定会形成日益健全的价值理性，人生境界也一定会向新的阶段不断提升。只是应该明白，这一过程也不是一蹴而就的，而是会经历一个由量变到质变的变化过程。在我们还没有真正成熟起来之前，大量的阅读、理性的思考、积极的践行，都是在为我们走向更加成熟的人生

阶段做量的积累。老子说:"合抱之木,生于毫末;九层之台,起于累土;千里之行,始于足下。"① 孔子说:"君子之道,辟如行远必自迩,辟如登高必自卑。"② 没有那种建立在自我意识的觉醒的基础上的积极探索和量的积量,我们就不会形成一种重建人与自然、社会、自身的和谐关系的内在冲动和勇气。因此,在每一人生阶段,我们只有积极利用人与自然、人与社会、人与自身的同一性或斗争性来更好地发展自己,注重量的积累,才会有质的飞跃。

第二,质变是量变的必然结果,量变达到一定程度一定会发生质变。从人类社会的发展来看,现代西方文明在人类文明的发展经历了人与自然、人与社会、人与自身的原始和谐状态之后,率先把握住了人类文明的发展方向,通过启蒙运动促进人类工具理性的觉醒,从而带来了科技的进步,在经历了几百年的量变之后,最终创造了生产力获得巨大发展的资本主义文明,在人类文明的发展中掌握了主动权。然而,片面强调人类工具理性能力的资本主义文明的积弊已经日益凸显。在这种社会背景下,我们亟须在汲取导致人与自然、人与社会、人与自身的斗争性居于主导地位的文明成果的基础上,积极推动人类文明向重建人与自然、人与社会、人与自身的和谐的文明方向发展。只要每个人都能从我做起,从现在做起,在这个方向上做日积月累的努力,经过几代人的努力,我们的民族就会变成值得期待的实现文明复兴的伟大民族。因为量变达到一定程度一定会发生质变。只是在量的积累的过程中,我们对此要有信心,要对以建构人与自然、人与社会、人与自身的和谐为目标的共产主义社会充满内在的认同和信仰。

就个人的人生而言,情况也是如此。在我们还没有形成能够给自己带来更大福祉的人生境界之前,积极进行量的积累,首先在追求健全的自我意识的形成的方向上,持之以恒地进行量的积累,相信有一天,我们终会形成对人生、社会中的诸多问题的独到而理性的见解,并因此而陡增实践的勇气和智慧。因为量变积累达到一定程度一定会

① 老子:《老子》,孙雍长注译,花城出版社1998年版,第127页。
② 子思:《中庸》,杨洪、王刚注译,甘肃民族出版社1997年版,第28页。

发生质变。当然,当我们做事虽然已经很有主见,但在总体上仍然受反映人与自然、社会、自身之间的主客二分关系的功利主义价值观的引导时,就需要进一步将建构人与自然、人与社会、人与自身的和谐关系作为自己的信仰的目标,按照这一目标要求自己,积极地培养共产主义的文化人格。这样日复一日,我们一定会因为积累起了足够的生活阅历、理性能力、实践能力,从而由内而外地认同这种价值观,并能够在这一价值观所形成的人生智慧的引导下,过得更加幸福和自由。因为量变达到一定程度一定会发生质变。人生境界的提升尤其如此。正如孔子所言:"博学之,审问之,慎思之,明辨之,笃行之。有弗学,学之弗能,弗措也。有弗问,问之弗知,弗措也。有弗思,思之弗得,弗措也。有弗辨,辨之弗明,弗措也。有弗行,行之弗笃,弗措也。人一能之,己百之;人十能之,己千之。果能此道矣,虽愚必明,虽柔必强。"① 一个人无论是学习、求教,还是思考和行动,只要寻根究底,持之以恒,就一定会实现由量变到质变的飞跃,由柔弱变坚强。

第三,量变与质变是相互渗透的。一方面在总的量变过程中有阶段性和局部性的部分质变。从人类社会发展来看,在人与自然、人与社会、人与自身关系处于原始和谐状态的前现代社会,人类社会的发展也经历了原始社会、奴隶社会、封建社会几个发展阶段,这些都是人与自然、人与社会、人与自身之间处于原始和谐状态这一总的量变过程中的部分质变。同样,在人与自然、人与社会、人与自身的矛盾斗争性居于主导地位的现代社会,又存在着资本主义社会和社会主义社会的差别,这也可以看作同属于现代文明的总的量变过程中的部分质变。

从个人的人生来说,在个人与自然、社会、自身的斗争性居于主导地位的青少年时期,我们也会经历一个由不成熟到成熟的发展过程,15 岁的你和 20 岁的你对一些问题的看法肯定不一样。但只要是正向

---

① 子思:《中庸》,杨洪、王刚注译,甘肃民族出版社 1997 年版,第 50—51 页。

的、成长的，我们对许多问题的看法和解决问题的方式肯定也是日趋成熟的。当我们能够不仅仅从所遇到的问题中看到挑战，而且越来越能享受解决问题的乐趣的时候，尽管我们还不能完全应对生活之中的所有问题，但是，这种渗透于我们生活之中的人与自身、人与自然、人与社会的同一性所带给我们的生命的乐趣，这种渗透于我们人生境界提升过程中的总的量变过程中的部分质变，还是让我们能够有机会一睹那种更高的人生境界的魅力所在。或者说，人们之所以会形成各种各样的有关人生理想的说教，并不是空穴来风，因为哲人智者们总是能够从那些渗透于日常生活的量变过程之中的部分质变所能带来的福祉之中，发现诸多生命的意义和人生幸福的秘密。随着人类社会的发展和我们人生境界的提升，这些曾经仅仅以偶然性的方式（部分质变的方式）为自己开辟道路的人类的智慧的生存方式，终究会成为人们生活的现实。

另一方面，在质变的过程中也有旧质在量上的收缩和新质在量上的扩张。就我们所处的时代来说，在片面强调人与自然、人与社会、人与自身的斗争性的现代性危机已经威胁到人类生存的历史背景下，我们只有自觉推进人类社会向重构人与自然、社会、自身的和谐方向发展，才会在新的人类文明的发展中把握主动权。可以说，我们正处在由强调人与自然、社会、自身主客二分的文明形态向重建人与自然、社会、自身和谐的新的文明形态发展的关节点上。在此时代背景下，在价值选择上，当我们积极促使反映人与自然、社会、自身的斗争性的包括抽象的自由主义、功利主义、精致的利己主义等价值观在量上不断收缩，同时自觉推动反映人与自然、社会、自身的同一性居主导地位的追求社会公正的集体主义、社会主义等价值观更多地成为人们的价值选择，促进新的生活方式在量上不断扩张，其实是自觉地顺应受制于主客二分的旧的文明形态向追求主客和谐统一的新文明形态演进的总的质变过程的量的变化趋向所做出的积极的价值选择。

总之，无论是人类社会，还是人的发展变化都要经历一个由量变到质变，在新质的基础上，事物又会开始新的量变发展过程，如此循环往复，反映着质量互变规律。如同其他任何事物一样，人类社会和人的生命本身的发展都是渐进性和飞跃性的统一。我们唯有在社会和人生的发展处于渐进的量变过程时，对其有充分的尊重，在发生质变时，在多元的价值选择中能够把握正确的方向，才可能邂逅最好的、幸运的自己。否则，要么欲速则不达，要么因为不能及时促进事物发展质变而坐失良机。

第四节　学习否定之否定规律,坚定人生信念和社会理想

否定之否定规律揭示了事物发展的道路，因此，我们只有在追求个人发展和社会发展的过程中，既看到发展的道路是曲折的，又看到前途是光明的，以坚定的人生信念和社会理想为自己导航，才可能在具体的生活中，无论是身处顺境，还是身处逆境，都不迷失自我。

一　具体分析肯定因素和否定因素，在发展中追求"永恒"的幸福

否定之否定规律揭示，任何事物内部都存在着肯定因素和否定因素。其中，肯定因素是维持事物存在的因素。事物的存在依赖于肯定因素来维持。否定因素是促成现存事物灭亡，使其不断向新的阶段发展变化的因素。没有肯定因素，事物就不能存在。没有否定因素，事物就不能发展。只有在肯定因素和否定因素的共同作用下，事物才可能既存在又发展。事物的发展呈现出由肯定到否定再到否定之否定的辩证发展过程。

由于矛盾是决定事物发展的根本动力，因此，决定事物存在的肯定因素，与作为事物存在和发展前提的矛盾同一性具有内在的一致性；决定事物发展的否定因素，与作为决定事物发展变化的矛盾的斗争性具有内在的一致性。从事物发展变化原因的角度来看，矛盾的同一性和斗争性共同推进事物发展变化，矛盾的同一性和斗争性是我们揭示

事物发展变化的原因的哲学范畴。从事物发展变化的道路的角度来看，我们说事物在肯定因素和否定因素的共同作用下，呈波浪式前进和螺旋式上升的发展趋势。矛盾的同一性和斗争性，肯定因素和否定因素分别从不同侧面揭示了事物的发展规律。我们只有既看到二者的区别，又看到二者的联系，才可能全面理解事物的发展，也更加深刻地理解否定之否定规律。

从矛盾的同一性和斗争性的角度来理解肯定因素和否定因素在事物发展过程中的作用，我们可以发现，在发展过程中的第一次否定，反映了事物内部矛盾的斗争性居于主导地位的存在状态；然而，发展过程中的第二次否定，即对第一次否定的否定，则是反映了矛盾的同一性居于主导地位的存在状态，但是，这种矛盾的同一性居于主导地位的存在状态既是对矛盾斗争性居于主导地位时可能导致无视事物存在基础的片面性的扬弃，同时也是对可能否定事物发展的、原始的矛盾同一性居于主导地位的肯定存在状态的扬弃，是将矛盾的同一性所肯定的事物的存在和矛盾的斗争性所张扬了的事物的发展同时包含于自身之内的存在状态，这是事物发展的一个周期的完成。

人类社会和人生的存在和发展道路也是由存在于它们之中的人与自然、人与社会、人与自身的根本矛盾所形成的肯定因素和否定因素共同作用所决定的。

从人类社会来看，决定人类社会存在的肯定因素是人与自然、人与社会、人与自身之间的同一关系，没有上述三个层面的同一关系，就不会有人类社会可持续的存在和发展。同时，由于人类社会也是一个由低级向高级的发展过程，促进人类社会由低级向高级发展的否定因素是人与自然、人与社会、人与自身之间的斗争。近代启蒙运动以来，人与自然、人与社会、人与自身的斗争性在社会发展中的决定性作用得到了充分的显现。正是由于人与自然、人与社会、人与自身的斗争性在推动事物发展之中起着积极作用，资本主义社会才会在一百年所创造的财富相当于以往所有世纪人类所创造的财富总和。但是，作为人类历史发展过程之中的第一次否定，它的片面性也是显而易见的。因为片面强调斗争性在事物发展中的作用，结果导致了自然环境的破坏，社会不公的凸显，意义危机的涌动，等等。这些无疑都在根本上威胁着人类社会的存在和可持续发展。在这种情况下，人类社会又来到了对受制于资本逻辑的现代性存在状态进行再一次否定的历史的关节点上。通过这一次否定之否定，我们需要在新的基础上重新促使人与自然、人与社会、人与自身的同一性发挥作用。这种否定之否定，既是对第一次否定的否定，是使人类社会从第一次否定所带来的发展状态向更高级的社会形态演进，又因为在根本上肯定了人与自然、人与社会、人与自身的同一性在事物发展中的作用，因此与人类社会发展的肯定阶段的原始和谐具有某些相似之处，仿佛是向出发点的回归。但是，它因为在根本上是需要把人类社会在第一次否定阶段所取得的成果包含于自身之内的回归，是将人们通过第一次否定所形成的解决人们的生存问题的能力包含于自身之内的回归，因此代表着人类文明的更高的发展阶段。马克思主义的共产主义理想就是对这种人类文明新的发展阶段的科学预见。

同样，个人的人生道路也是由存在于其中的个人与自然、社会、自身的根本矛盾所决定的肯定因素和否定因素所决定的。最初我们的人生处于由人与自然、社会、自身的矛盾的同一性因素居于主导地位的肯定因素起决定性作用的阶段。在这种情况下，一般而言，我们对自然充满好奇，家庭这个小社会给予我们最大限度的庇护，我们有更多的时间和空间做自己喜欢的事。后来到了青春期，个人的自我意识开始觉醒，在多元价值的社会思潮的影响下，我们开始高扬个体性，热衷于以更加主观的眼光来看待、处理与自然的关系，有意无意地为了张扬个性而不惜忤逆社会主流价值观，为了追求实现个人理想可以无视客观生命发展规律，走向理想主义，等等。显然在这一阶段，个人与自然、社会、自身的斗争居于主导地位。这种斗争性，一方面有利于提升我们的主体理性能力和实践能力；另一方面任由它极端发展我们的主体性很容易受到来自自然、社会、生命自身这些对立面的报复和惩罚，不得不承受被社会边缘化的痛苦和身心健康方面的困扰……这种生活的烦恼和困顿其实是提醒我们要主动地否定这种分裂的存在状态，开始自觉建构人与自然、社会、自身的和谐关系。当然，追求建构这种新的和谐关系不是要我们无原则地屈从于现实，而是要在自我意识的觉醒的基础上，进一步增强自己现实地解决体现于自己人生之中的人与自然、社会、自身的矛盾的智慧，看到自然规律、社会历史规律、整体性生命规律是生活更幸福和更自由必须尊重的客观基础，我们只可能在它们所规定的范围内追求自由和幸福。只有尊重、认识和利用这些不以人的意志为转移的客观规律，我们才既能够从自然之中汲取生命的力量，又能够获得社会的认同，同时也使自己的身心更健康，才会因为有能力现实地推进人与自然、社会、自身的和谐关系的建构而过得更幸福。

利用否定之否定规律具体分析人类社会和人生，我们还可以发现，在不同的历史条件下，人们创造幸福的机遇其实是不同的。在现代社会，历史赋予我们的机遇在于，社会正处于需要建构人与自然、人与社会、人与自身的和谐关系的历史的关节点上。这使我们与那种把追求人与自然、社会、自身的斗争性作为主流价值的社会中的人比较起来，拥有了更多的建构个人与自然、社会、自身的和谐关系的合法性基础。当然，这首先是以我们能够自觉到人与自然、社会、自身矛盾关系的自我意识的觉醒为前提的。只有既积极追求自我意识的觉醒，又把自我意识的觉醒当成必须进行否定的我们生命发展的一个必经同时又必须被超越的阶段，同时，顺应历史发展的潮流而行，认同社会主义核心价值观，积极追求建构人与自然、人与社会、人与自身的和谐关系，将实现自身的生命和谐、塑造个人幸福与推动社会历史发展，为人类谋幸福结合起来，我们才可能在加速发展的现代社会，可持续地体认到人类"永恒"的追求——幸福的滋味。

二　学习辩证否定观，理性而健康地成长

辩证否定观认为，任何事物只有经过辩证的自我否定，才能够更好地发展自己。因此，人类社会和人生本身也应该是经历辩证的否定

而不断发展自己的过程。

第一，否定是事物的自我否定，是事物内部矛盾运动的结果。人类社会和人生的发展也是由其内在的根本矛盾——人与自然、人与社会、人与自身的矛盾的推动不断发展的过程。因此，我们只有抓住这些贯穿人类社会和人生之中的基本矛盾，在不断发展的特定的社会历史条件下探索解决这些通过日常生活之中的具体矛盾表现出来的问题的现实路径，才可能积极推动社会历史的发展，才可能主动地、可持续地发展自己，把握自己的命运。换言之，无论推动社会发展，还是把握人生的命运，我们都不应该将主要的希望和精力寄托于某种外在于其内在的根本矛盾的因素上。只有着眼于决定社会发展和人生发展的根本矛盾及其解决，才可能创造现世的幸福。我们能否把握社会发展和自己的命运，关键在于能否辩证否定自己，能否战胜自己。

从社会发展角度来看，在封建社会末期，正是因为经过启蒙运动促进人的主体理性的觉醒，从而对人与自然、人与社会、人与自身的原始和谐状态进行了内在否定，西方发达资本主义国家抓住了历史的机遇，领先于世界各大文明古国，率先引导人类文明走向新的发展阶段。中国正是通过改革开放，对传统的主客不分的传统社会存在模式进行了否定，从而取得举世瞩目的成就。主客分裂已经日益凸显的现代社会，则向人们提出了辩证否定主客二分的现代社会存在状态，向主客和谐统一的新社会发展的历史使命。在新的时代背景下，只有那些能够抓住历史所赋予的新机遇，通过辩证否定自身来挖掘新的发展契机的民族，才会成为人类文明未来发展的领航者。同样，就人生而言，对于那些尚处于人与自然、人与社会、人与自身的原始和谐关系的人们来说，只有通过不断学习，不断提升自己的主体能力，从而打破主客不分的原始和谐状态，才能更好地发展自己。相反，对于那些片面地追求张扬个性并因此已经身陷人与自然、人与社会、人与自身的分裂所带来的生命困境的人来说，只有辩证否定这一分裂的存在状态，才能更好地发展自己。总之，只有立足于事物的发展过程，对辩证否定作具体分析，我们才可能找到那种能够更好地促进社会和人生

发展的积极自我否定。这种合乎时宜的自我否定其实是对社会和人生
当下实际所在的发展阶段的否定。可以说，没有合乎时宜的自我否定，
就不会有发展，人类社会和个人都必须在对自己所处发展阶段有正确
认识基础上，进行积极的自我否定，才能突破原有的发展模式下所形
成的发展的壁垒，更好地发展自己。

　　第二，否定是事物发展的环节，只有通过否定，旧事物才能向新
事物转变。对于人类社会和人生来说，情况也是如此。人类社会要想
发展，依赖于自我否定，依赖于能够主动地超越该社会当时所处的发
展阶段。例如，对于中国来说，改革开放四十年之所以取得了举世瞩
目的成就，就是因为我们进行了经济体制改革，引进了市场经济这一
有利于人们的主体意识觉醒的经济形态，从而打破中国社会长期所处
的人与自然、人与社会、人与自身的原始和谐状态。在当代，片面强
调工具理性的社会经济发展已经使人与自然、人与社会、人与自身的
矛盾的斗争性的负面影响日益凸显，因此，我们只有适时调整社会经
济发展政策，毅然决然地否定粗放式的经济增长方式，促进社会经济
发展向有利于建构人与自然、人与社会、人与自身之间的和谐关系方
向发展，才可能抓住时代赋予我们的新的历史机遇，真正实现中华民
族的伟大复兴。

　　对于个人来说，我们要想更好地发展自己，也必须对自身所处的
人生阶段有一个相对明确的认识。如果我们尚未具备进行独立的理性
思考的能力，还没有形成一技之长，还在父母的羽翼下过着衣食无忧
的生活，还没有令自己感动的成长的经历，那说明我们基本上还处于
人与自然、人与社会、人与自身的原始和谐的关系中。在这一发展阶
段，青春的萌动虽然吹响了向更高的人生发展阶段行进的号角，但是
它显然还不足以支撑起一种更高的生命存在状态。此时，我们要想成
长，关键在于否定那种随波逐流的，甚至不思进取的存在方式，通过
努力培养自己的独立意识和理性思考的习惯，以支撑起一种人与自然、
人与社会、人与自身的矛盾的斗争性居于主导地位的生命存在状态。
相反，如果我们已经凡事有自己的独到的见解，甚至因此有些自命不

凡、愤青,有让自己感动的成长经历,具备基本的谋生能力,这说明我们来到了同样需要被否定的人与自然、人与社会、人与自身的分裂的人生阶段,在这个阶段,我们只有通过认同以建构人与自然、人与社会、人与自身的和谐关系为目标的价值观,才可能在追求个人发展和进步的过程中避免迷失方向,才可能在最终走向道德境界和天地境界,获得自由和幸福中确证自己的曾经的否定的意义。

第三,否定是新旧事物联系的环节,处于发展过程之中的新旧事物正是通过否定的环节而彼此联系起来。这种否定的实质是"扬弃",新事物既克服了旧事物之中的消极的因素,又保留了旧事物之中的积极的因素。辩证的否定观在根本上不同于那种肯定一切和否定一切的形而上学的否定观。

从人类社会和人生的发展来看,辩证否定在其发展过程中的扬弃作用主要表现在,贯穿于其中的基本矛盾:人与自然、人与社会、人与自身的矛盾的不同发展阶段之间的克服和继承的关系。概括来说,主要表现为人与自然、社会、自身的矛盾的斗争性居于主导地位的社会发展状态和人的发展状态,对处于人与自然、社会、自身的矛盾的统一性居于主导地位的原始和谐状态的扬弃,既肯定内在于人与自然、社会、自身矛盾的斗争性在事物发展中的决定性作用,又否定人与自然、社会、自身的原始统一——即自然、社会、自身对人的活动的单向度的统治——对人的发展束缚。同时,在人类社会和人生发展之中的扬弃还表现为,通过追求建构人与自然、社会、自身的辩证和谐关系,对人与自然、社会、自身的矛盾的斗争性居于主导地位的现代性分裂状态的扬弃,通过这种扬弃,既肯定了存在于人与自然、社会、自身的矛盾的斗争性因素——人的主体性发展——的积极意义,同时又否定其违背自然、社会、生命发展规律,追求片面发展的现代性趋势。可以说,正是通过辩证否定的过程,人类社会和人生才可能扬弃原有存在状态下的人与自然、人与社会、人与自身的矛盾关系,使人与世界的矛盾不断得到解决,实现对立面的统一。

总之,利用辩证否定观分析人类社会和人生的发展过程,我们可以发现，无论是人类社会，还是人生，都不能依靠外在因素的推动，而是需要通过内在地否定既定的社会发展阶段和人生发展阶段的人与自然、人与社会、人与自身的矛盾存在状态，通过扬弃既有的存在状态之中的消极因素，肯定其积极因素获得发展。

三　学习否定之否定规律，坚定人生信念和社会理想

否定之否定规律揭示，任何事物的发展都要经历从肯定到否定，再到否定之否定三个发展阶段。经过第一次否定，事物内部的矛盾得到初步解决，经过第二次否定，矛盾得到全面解决。事物的发展需要经历两次否定，三个阶段，形成一个周期。例如，人类社会的发展就要经过：人与自然、社会、自身处于原始和谐阶段的前现代社会，人与自然、社会、自身的矛盾斗争性居于主导地位的现代社会，人与自然、社会、自身的同一性重新居于主导地位的和谐的共产主义社会三个阶段。人生要经过个人与自然、社会、自身处于原始和谐的童年时期，个人与自然、社会、自身处于对立的青少年时期，个人与自然、社会、自身重新和谐的壮年老年时期等。尼采在《查拉图斯特拉如是说》中，也把人类精神发展分为三个阶段：听别人对自己说"你应该如何？"的骆驼阶段；自觉追问"我要如何？"的狮子阶段；拥有无限可能，把眼前的境遇看成全新开始的婴儿阶段。可以说，经过第二次否定，人类社会或人类精神基本上能够更好地解决人与自然、社会、自身的矛盾，个人能够更好地解决个人与自然、社会、自身的矛盾。人类社会和人生正是在这种辩证否定的过程中波浪式前进和螺旋式上升的。

否定之否定规律揭示，任何事物的发展都是前进性和曲折性的统一。所谓的前进性是指，经过辩证否定，事物发生质变，上升到新的发展阶段。曲折性是指，新事物战胜旧事物需要经历一个曲折的发展过程，有时会停顿，有时甚至会出现倒退。但是经过曲折，新事物终究将会战胜旧事物。事物的发展道路注定不是直线的，而是螺旋式上升。如前所述，人类社会和人生发展也是这样一种通过辩证否定为自

己开辟道路的波浪式前进的过程。无论是在人与自然、社会、自身的矛盾斗争居于主导地位的发展状态,对人与自然、社会、自身的原始和谐状态的否定,还是建立在人们对自然规律、社会规律、生命自身的规律的尊重、认识和利用基础上的人与自然、社会、自身的和谐状态,对人与自然、社会、自身的分裂状态的否定,都不是一帆风顺的。其中,从人类社会发展的角度来看,无论是曾经得到充分发展的现代性启蒙,还是我们应该积极开启的共产主义启蒙,都注定是充满曲折的过程。这也决定在现代社会,中国共产党所领导的伟大的中华民族的复兴之路必定充满艰险。但是,既然在发展的过程中,我们看清了前进的方向,就要坚信,虽然道路是曲折的,但前途一定是光明的。

就我们个人的人生来说,在价值多元的社会,无论是我们的自我意识的形成,理性思考能力的历练,还是健全的价值观的形成,追求人与自然、人与社会、人与自身的和谐关系的自由自觉的生活方式的建构,都会充满挑战,会有让我们彷徨、几近失去执着前行的信念的痛苦。在这种情况下,唯有看清方向,坚定信念,才可得到柳暗花明的回馈。比如,当我们想通过否定那种处于原始和谐的存在状态,通过坚定的努力使自己的理性能力充分发掘出来,但是在前进的过程中,努力的艰辛总会让我们有回到原始和谐的那种安逸的、按部就班的存在状态的冲动。同样,当我们想通过否定那种导致个人与自然、社会、自身分裂的功利主义的发展状态,追求人与自然、社会、自身的和谐关系的建构的时候,前进过程中出现的曾经期待的利益的减少与长远利益尚未得到充分彰显,也会使我们怀疑这种最终能够给我们带来更多的生命回报的存在方式的合理性,甚至想重新回到那种我们或许轻车熟路的功利主义的存在方式之中去。由此可见,在人生的道路选择上,只有通过否定之否定规律看清人生的前途的光明和道路的曲折,我们才可能在遭遇挫折时有所坚持,才可能在身处顺境时保持谦卑,才可能在不断提升自己的人生境界的过程中获得更多的幸福和自由。

总之,否定之否定规律揭示,任何事物的发展都要经历一个辩证发展的过程。运用否定之否定规律分析人类社会,我们会发现,人与世界的矛盾是贯穿于人类社会的基本矛盾，内在于这一基本矛盾之中的人与自然、人与社会、人与自身的矛盾又是决定人类社会发展和人生命运的根本矛盾。因此，我们只有尊重这三对根本矛盾的内在发展规律，自觉追求人与自然、人与社会、人与自身的和谐关系的建构，才可能安身立命于世。老子说："道生一，一生二，二生三，三生万物。万物负阴而抱阳，冲气以为和。"① 在马克思主义哲学看来，否定之否定规律就是决定人类社会发展和人生命运的大道。这一大道中因蕴含着人与世界这一对基本矛盾而生二。又由于人与世界这一基本矛盾包含人与自然、人与社会、人与自身三对根本矛盾，因此，可以看作二生三。人类社会及人生诸事基本上都可以从人与自然、人与社会、人与自身的辩证关系的角度得到解释，这自然可以看作三生万物了。当然，正如否定之否定规律所揭示的，无论是人类社会，还是我们个人的人生发展道路都不是一帆风顺的，都要经历波浪式前进和螺旋式上升的过程。在此过程中，我们只有看清发展方向，坚定人生信念和社会理想，自觉追求人与自然、人与社会、人与自身的辩证和谐关系的建构，不断克服前进过程中的困难，才可能在现实地推进社会发展的过程中不断提升自己的人生境界，实现自己人生价值。

---

① 老子：《老子》，孙雍长注译，花城出版社 1998 年版，第 85 页。

第四章

创造人与自然的和谐，
诗意地栖居在大地上

在人类尽尝造成人与世界的主客二分的现代性之苦的时代背景下，唯物辩证法的基本规律无疑为我们在新的时代背景下解决现代性问题指明了发展方向。如前所述，在人与自然的关系上，我们只有能在实践的基础上超越资本逻辑的统治，在尊重自然规律和充分发挥人的意识能动性的基础上建构人与自然之间的动态和谐，追寻诗意地栖居在大地上的现实路径，才可能获得安身立命于世的现实基础——可持续发展的生产力。

第一节　尊重自然规律

作为人类社会存在和发展基础的自然现象既有偶然的、转瞬即逝的方面，也有必然的、相对稳定的方面，内在于自然现象之中的这些固有的、本质的、必然的、稳定的联系，就是自然规律。

自然规律是自然现象之中的本质的联系，是自然事物成为自然事物的内在根据和本质方面。例如，万有引力揭示了宏观物体之间的本质联系，元素周期律揭示了元素的化学性质与原子序数之间的本质联系，等等。由于规律是自然事物的内在的根据和本质方面，我们可以通过认识自然规律，把决定自然现象之存在和发展变化的内在根据与那些只是外在的影响自然现象的存在和发展的因素区分开来，从而在利用自然事物的时候，能够抓住主要矛盾，使其更好更高效地满足人的整体性生命需求。

自然规律是自然现象之间必然如此、确定不移的趋势。"种瓜得瓜，种豆得豆。"人们只能尊重和利用自然规律，但是不能改变自然规律。由于内在于自然事物之中的自然规律使事物的发展呈现出确定不移的发展趋势，所以，人们可以通过认识和利用自然规律，来预见事物的发展方向，做到未雨绸缪，顺势而为，从而摆脱那种受盲目的自然必然性的统治或因为无视自然规律而遭到自然规律的惩罚的存在状态，获得自由。

自然规律是丰富多彩的自然现象之后的稳定的联系，它在条件具备的时候，就会重复出现，重复发挥作用。正是由于自然规律具有稳定性，所以，我们可以通过观察自然现象，将重复出现的自然现象与偶然的、转瞬即逝的自然现象区分开来，从而发现那些反复发挥作用的决定事物存在和发展的内在的、本质的联系，发现规律。同时，正是因为自然规律可以重复发挥作用，所以，我们可以通过认识规律，利用规律的重复性，顺势应变，更好地与自然事物和谐相处。

自然规律是客观的，它的存在不依赖于人们的意识为转移。不管人们喜欢与否，是否愿意，能否认识到它们的存在，它们都客观存在，并以一定的方式发挥作用。由自然规律的客观性所决定，我们只能够认识和利用自然规律，却不能创造和消灭自然规律。那种片面夸大人的能动性，蔑视自然规律的做法，至多能够在精神领域给人们带来某种幻想的满足，但在现实生活领域却会使人们遭受巨大的损失。自然规律的客观性决定人们的能动性的发挥，只有在敬畏和尊重自然规律的前提下才是可能的。

由于自然规律反映了事物内在的、本质的、必然的、稳定的联系，一方面，这使我们具有了与自然和谐相处的可能性，因为自然规律具有可重复的稳定性，我们能够认识和利用自然规律，从而能与自然和谐相处；另一方面，这也使我们具有了与自然和谐相处的必要性，由于自然规律具有不可违背的客观必然性，我们只有敬畏自然，在实践基础上自觉地认识和利用自然规律,按照自然规律办事,才可能增强促进生产力的可持续发展的能力,才可能可持续地为人的包括生存需求和发展需求在内的整体性生命需求的满足创造条件。

学习和把握自然规律的基本特点,自觉尊重自然规律,在中国进行经济结构升级的历史背景下,具有重要的现实意义。传统产业和高新产业的差别主要表现为技术水平的差别,表现为高新产业能够更自觉地认识和利用自然规律来服务于产品的生产,从而能够将在相关领域所可能遭受到的自然必然性的惩罚降到最低,能够更好地促进经济效益的提高。当然,人们在认识和利用自然规律为人们服务的过程中也可能因为片面地考虑某种经济效益和社会效益,而忽视了人作为自然生命体的内在的发展规律,从而可能遭受来自人的整体性生命存在的惩罚。例如,一些科学家和有识之士之所以极力反对转基因食品的推广,就是因为他们从人的自然整体性生命存在出发,认为转基因食品是人们打破了长期的自然演化,过度干预生命的产物,食用它们存在着巨大的、难以预料的风险。因此,在认识和利用自然规律的时候,我们不应仅仅看到人类的眼前利益,而且还需要着眼于人类的长远利益。可以说,人们认识和利用自然规律越全面,越是着眼于个体生命的整体性生命需求的满足,着眼于人类的可持续发展和幸福的实现,越是可能通过科学提升自己福祉而不是人为地制造灾难。在新的时代背景下,我们只有在实践的基础上更好地认识和利用自然规律,建构人与自然之间的整体性的关系,才可能在提高改造自然的经济效益的同时,提升自己在大自然中创造幸福的能力,从而使中国的经济改革顺利地通过深水区。

总之,作为人类生存基础的自然界,既充满着变幻莫测的现象,也存在固有的、本质的、必然的、稳定的、客观的可以被人们把握的规律。前者带给人类的是其只能在主观范围进行控制的灾难或福祉。后者则是人们只有通过尊重、认识和利用它们,才能使自己生活得更好的财富。如果人们也像对待偶然的自然现象一样来对待自然规律,其结果只能是要么屈从于盲目的自然必然性的统治,要么遭到自然规律的惩罚。无论前者还是后者都不利于人的整体性生命需求的满足，不利于人们在现实生活中实现自由。如果说，在认识能力有限的前现代性社会，人们只能通过在精神领域追求建立人与自然之间的和谐关系，来摆脱对受制于盲目的自然必然性的恐惧。那么，在科学获得了巨大的发展，人们对自然规律的认识已经取得了巨大成就的现代社会，人们要想获得幸福，就不能离开对自然规律的尊重。当然，由于物质自然界无边无垠，在迄今的历史条件下，我们对自然规律的认识总是有限的，因此，对自然仍然要心存敬畏。传统哲学追求在精神领域建构天人合一关系，对于在许多领域仍受盲目的自然必然性统治的现代人的审美需求的满足、心灵的安顿来说，仍然具有重要的现实意义。

第二节　充分发挥意识能动性

与有规律可循的自然界相对应的是有意识能动性的人，我们只有有能力充分发挥意识的能动性，而不是陷入被盲目的主观性所支配的陷阱，才可能更好地安身立命于世。充分地发挥人的意识的能动性，成为自己的意识能动性的主人，我们需要注意以下两个层面的问题。

一　尊重意识赖以产生的物质前提，呵护地球上最美丽的精神之花

马克思主义哲学认为，意识是物质世界长期发展的产物，是人脑的机能和属性，是物质世界的主观映像。因此，只有在尊重意识赖以产生的物质前提的基础上，才可能充分发挥意识的能动性。

首先，意识是自然界和人类社会长期发展的产物，在复杂的自然环境和社会环境中，人们为了满足自己生存需求而进行生产劳动，这为意识的产生和发展提供了客观的需要和可能。后来为了满足自己的包括发展需求在内的整体性的生命需求而进行其他各种生命活动，人们有了进一步丰富和发展自己的意识的需要。换言之，在复杂的自然环境和社会环境中，人们为了更好地满足自己的包括生存需求和发展

需求在内的整体性生命需求而从事各种实践活动，意识正是在此基础上而产生和发展起来的。复杂的环境构成人们锤炼意识能力的客观条件。因此，在现实生活中，我们可能遭遇到的各种困难和复杂的生活情境，既是挑战，也是意识得以发展的机遇。穷人的孩子早当家，说得正是这个道理。在充满风险的、快节奏的现代社会，我们只有立足于现实，积极发展自己的意识，才可能化风险为机遇，实现自己的人生价值。

同时，人们在劳动和交往的过程中所形成的语言也促进了意识的发展。正是因为看到了语言在促进人的意识的发展中的重要作用，波普甚至认为，在物质世界和精神世界之外还存在着一个语言世界。海德格尔说语言是存在之家。在现代西方，哲学家们甚至把语言看成比意识更基本的哲学范畴进行研究。在信息传播更加便捷的现代社会，语言符号对于人的意识和生活所产生的巨大的冲击已经不可避免。它们既能为人们更好地发展自己的意识能力提供机会，也会使人们在各种语言符号的轮番轰炸下，满足于平面化和碎片化的信息消费，丧失了进行深度思考和审美的动力和能力。在这种情况下，我们只有自觉利用语言与意识发展之间可能发生的良性互动关系，利用现代化的网络信息技术为人们所提供的诸如博客、微博、微信等各种交流平台，不断锻炼自己的意识能力，促进自己的认识能力、理论思维能力、审美情感、意志力等意识能力的提升，才能更好地发挥意识能动性，形成自由自觉的生活方式。

其次，意识是特殊的物质——人脑的机能和属性。其一，人脑的重量大大超过了其他高等动物的脑的重量，现代人的脑重量约为1500克，这远远超过了黑猩猩的约400克、大猩猩的约540克的脑重量。同时，人脑重量与身体的比例也远远超出其他动物。人的脑体比例为1:50，黑猩猩的为1:150，大猩猩的为1:500。重量大、脑体比重高的人脑是人们进行意识活动的物质基础。其二，重量大、脑体比例高的人脑的细胞也高度分化、组织严密，决定人的不同的意识能力的形成。其中大脑的左半球具有语言、抽象思维、数学计算和形成概念的能力，右半球具有图像感觉、几何空间、音乐感知等形象思维的能力。其三，复杂的、高度分化的大脑接受外部刺激时，会形成对具体的形象进行感性反映的第一信号系统和运用语言文字系统进行抽象概括的理性反映的第二信号系统，人的意识正是在第一信号系统和第二信号系统的基础上所进行的精神活动。

由上可见，一个人只有有一个健康的大脑，才可能进行正常的意识活动。只有人脑的巨大潜能被充分挖掘出来，人类的包括知、情、意在内的意识才可能得到充分的发展。然而，在生活节奏日益加快、诱惑日益增多的现代社会，为了赶上时代的步伐，追求成功，满足欲求，许多人不惜最大限度挤压保持身心健康所必需的睡眠和饮食时间。久而久之，不仅身体会亮红灯，大脑也会罢工。现代社会日益增多的包括抑郁在内的许多心理疾患的产生，其实都与现代人透支身心健康，使大脑不能正常工作，从而不能发展出完善的意识有直接关系。可以说，无论是活跃的思维能力的形成、健康的情感的培养，还是坚韧的意志能力的发展，都不是我们仅仅依靠主观努力就能实现的。任何的主观努力只有在大脑这一意识赖以产生的物质机体是健康的条件下，才可能取得更大的成效。那种漠视人的身心健康的主观努力所带来的只能是事与愿违的无奈。违背了大脑的发展规律去追求挖掘大脑的潜能，无异于缘木求鱼。只有通过有意识地建构一种有利于身心健康的生活方式，成功地将现代社会的压力转化成前进的动力，而不是任由其发展成为剥夺生命的杀手，我们才会拥有自己所期待的活跃的思维、生命的激情、快乐的心境和持之以恒的韧性，才会如愿以偿地实现生命的价值和幸福。

最后，意识是客观存在的主观映像。人类的意识虽然在形式上是主观的，需要借助于感觉、知觉、表象等感性形式和概念、判断、推理等理性形式表现出来，并且表现出个体的差异，不同的人，意识也不尽相同，但是，这些具有主观形式的意识的内容却是客观的。丰富多彩的生活世界是人们形成绚丽多姿的精神世界的源头活水，"艺术来源于生活"揭示的就是意识的内容是客观的。古人说要"行万里路,读万卷书",也是因为他们已经认识到,人生境界的提升离不开生活历练,离不开通过行万里路所积累起来的直接生活经验和读万卷书所获得的人类的间接的生活经验。现代人之所以更加"见多识广",精神生活更加丰富多彩,是因为随着网络信息技术的发展,人们可以"足不出户"就知道天下事。唾手可得的信息资源为人们的意识的发展提供了丰富的物质内容。正是因为有了来源于物质生活之中的物质内容,人们才可能在此基础上形成更深刻的理性认识,享受理性之美,发展出更丰富的想象力和创造力,培育出更健康的情感和审美能力,形成更坚韧的意志,养成更良好的习惯等。在信息化社会,日益丰富的物质生活为我们的意识的发展,精神家园的建构提供了前所未有的机遇。我们可以通过更加主动地汲取、加工、利用这些物质资源来更加充分地发展意识,提升人生境界,增强幸福指数。

总之,在科学技术日益发展的现代社会,随着现代人改造世界的物质实践能力的发展,对人脑的认识和利用能力加强,接触更加丰富的物质世界的机会增多,人们具备了形成更加丰富的意识,建构更加美好的精神家园的物质基础。然而,物质基础不会主动来满足人们需求。在具备了前所未有的历史机遇的条件下,我们只有充分地发挥意识的能动性,才可能在更好地满足自己的物质生存需求的基础上,更好地满足自己的精神发展需求。

二　全面发挥意识的能动作用,创造幸福生活

对于人类来说,无论是物质生存需求的满足,还是精神发展需求的满足,人与自身的和谐关系的建构,都离不开意识能动性的发挥,离不开人们通过有意识的生命活动来解决人与自然、人与社会、人与自身之间的矛盾,建构自由自觉的生活方式。

第一,意识活动具有创造性,人们只有充分利用意识活动的创造性,才能超越琐碎的、平面化的日常生活,创造幸福。意识活动的创造性表现在,人们既可以通过意识中的感觉、知觉、表象反映事物的现象,又可以通过概念、判断、推理把握事物的本质、规律,

还可以通过借助文字、符号等中介追溯过去，创造未来的理想世界等。当然，人们只有超越日常生活中的盲目性，自觉地为意识能动性发挥创造条件，勤于观察，积极思考，主动地呵护和培养想象力，才能既在专业领域积累丰富的感性材料，发现真理，创造性地拓展自己的专业发展图景；又在日常生活中积累丰富的感性经验，积极建构正确的价值观，创造性地描绘未来理想生活世界的蓝图。立足于人的有生存需求和发展需求的整体性生命存在，从理性和非理性的各个层面充分发挥意识的创造性的过程，正是人们通过自己创造性能力的发挥和创造性灵感的绽放来把握事物的发展规律，体认生命的乐趣和自由的过程。

第二，意识活动具有目的性和计划性，我们只有能动地利用意识的目的性和计划性，才可能更好地满足自己的整体性生命需求，获得幸福。人与动物的本质区别在于，人有意识，既能够通过具有创造性的意识反观自己的活动和生活，提出有关人生总体目标的世界观、人生观和价值观，并在此基础上进行价值选择和人生规划；又能够针对具体的活动，制订出具体的工作目标和计划。人们要想现实地解决贯穿于人生之中的个人与自然、社会、自身的矛盾，既需要建构在自我意识觉醒基础上的对终极目标的设定和人生的规划，也需要建立在工具理性的思考基础上的具体活动目标的制定和安排。正是在此意义上，苏格拉底说，未经反思的生活是不值得过的。可以说，由人的意识活动的目的性和计划性所决定，我们都有过上好生活的潜在的意识能力。但是，只有意识到这种能力，并且通过努力把这种意识活动的能力挖掘出来，在反思自己的整体生活和具体的活动的基础上确立正确的人生观，设定理性的具体活动目标，进而按部就班地工作和生活，我们才可能在具体的历史情境中社会历史地解决人与自然、人与社会、人与自身的矛盾，实现自己的人生理想，过上梦寐以求的幸福生活。

第三，意识活动具有激发、指导、促进人们改造客观世界的作用。人们能够通过发挥意识的这种能动作用，在将观念变为现实的过程中实现自我价值。人们既能够通过发挥意识的创造性、目的性和计划性形成健康的人生规划来指导实践,实现观念中存在的蓝图;又能够通过发挥意识的能动性,形成成功改造世界的信心和积极改造世界的激情与勇气,拥有克服改造世界之中遇到的困难的意志力,将观念之中的蓝图实现出来。同时,通过积极发挥人的意识活动的潜能,人们不仅拥有了在精神领域获得安身立命之感的能动性,还能够通过对自己改造世界的实践活动的激发、指导和促进,使实践活动呈现出不同于动物本能活动的特征,使实践活动不仅成为满足人们的基本的物质生存需求的方式,而且还成为与人的内在激情、信念、意志力、目标相统一的自我实现的活动。人们正是通过这种意识的激发、指导和促进实践活动来发展自己,并在此基础上更好地满足彼此的整体性生命需求。

第四,意识活动对人体的机能具有调控作用。意识活动不仅能够通过它的创造性、目的性、计划性及促进人们改造世界的作用来使人们更好地满足其包括生存需求和发展需求在内的整体性生命需求,使人们现实地安身立命于世,而且,意识活动还能够直接调节人体的生理机能。在日常生活中,当我们心情好的时候,食欲也会很旺盛,身体各个方面的状态都相对比较好,也容易长寿,甚至在得了重症之后也容易痊愈。相反,如中医所认为的,七情不畅会伤五脏,喜伤心,怒伤肝,悲伤肺,忧思伤脾,惊恐伤肾,等等。美国著名的医生大卫·霍金斯(David R. Hawkins)博士说:"很多人生病是因为没有爱,只有痛苦和沮丧,振动频率低于200,易得病。"[①] 其实,意识对人体的机能调节作用不仅仅局限于情,意识之中的知(认知)的发展状态也直接影响着人们的身心健康,美国哲学家埃里希·弗洛姆(Erich Fromm)曾经指出,"人需要一个定位坐标系,这种需要包含两

---

① 参见《科学惊人发现:很多人生病原来是因为没有爱》,2015 年 8 月 19 日,360doc. 个人图书馆(http: //www. so. com/link? m = axtMe2t32BxxFoD7fQj8w9zXMKleyTQrOglD0j1%2FkU uyt7liqLECuS5mHTQEX 6y%2Boj1V85yoT4VtoZAynQuRunXH399F6u%2BAoidGvUEvL7zmoAe51ZbH zbvskCum%2FDo6dUBk0VQ%3D%3D)。

个层次。第一个层次，也是比较基本的，是要有某个定位坐标系，且不管它是真实的还是虚假的。除非有这种主观上感到满意的定位坐标系，否则人无法精神健康地生活。第二个层次是，人需要以理性来接触现实，客观地把握世界。但是，发展理性的需要不及发展定位坐标系的需要急迫，因为对人来说，发展理性与他的幸福和宁静密切相关，而不是他的精神健康"①。这里弗洛姆所说的人们所需要的定位坐标系的第一个层次就是我们所说的信念、信仰、人生观、价值观，第二层次则大致相当于我们所说的人生规划。无论是前者，还是后者，都离不开人的理性认识能力的提升。没有建立在理性认识基础上的真诚的信仰和真心认同的价值观，人们会感觉迷茫、困惑，从而失去身心健康。没有理性的人生规划，人们很难获得可持续的幸福。相反，一些有坚定的信仰和人生智慧的思想家、哲学家、政治家，即使遇到了常人无法承受的人生的灾难，也能够泰然处之，保持身心健康，静候黑暗之后的黎明。我们可以通过哲学的学习，不断培养自己的理性能力，形成积极向上的人生信念，以沉着应对波涛汹涌的生活的洗礼。同样，同属于意识活动的组成部分的意志力也对人们的生理机能有着重要的调节作用。坚韧的意志力会使人们的身心潜能得到超乎想象的发挥。在一些让我们感动的励志故事中，看似弱小的生命之所以能够演绎出非凡的精彩，就是因为故事的主人公有着坚韧的意志力。综上可见，只有从知、情、意等各个层面上自觉地促进意识能动作用的发挥，我们才可能使自己的生命既绵长又丰满，因此而无憾此生。

总之，人的意识的能动作用是多层面的，而不像一些精致的利己主义者所奉行的生命准则那样，仿佛意识只能在决定是否正确的层面上发挥能动作用，而不能在决定人们是否幸福的价值信仰等层面发挥作用。在生活和工作中，我们只有全面理解和正确地发挥意识的能动作用，既充分发挥工具理性认识的能动作用，又充分发挥价值理性的能动作用，同时又不忘记意识之中的积极的情感和意志力的能动作用，

---

① ［美］埃里希·弗洛姆：《健全的社会》，孙凯祥译，上海译文出版社 2011 年版，第 52 页。

才能够既以更加快捷的方式达到目标, 又能够始终保持正确的前行方向, 同时还能够在正确的方向上做到不畏艰险、持之以恒。唯其如此, 我们才可能在既定的生存情境之中, 使自己的生命的小宇宙的能量充分爆发, "精神四达并流, 无所不及, 上际于天, 下蟠于地, 化育万物, 不可为象, 其名为同帝。纯素之道, 唯神是守。守而勿失, 与神为一。一之精通, 合于天伦"①。只有精神才能够发现规律, 发现大道; 我们只有那种尊重客观规律与所谓大道相一致的精神, 充分地发挥意识能动性, 才能如同上帝一样, 化育万物, 把握住自己的命运, 生活得更好。

第三节　建构人与自然的和谐关系

通过唯物辩证法的学习, 我们知道, 只有超越受制于资本逻辑的人与自然的主客二分的存在状态, 通过以人的整体性生命需求的满足为目标的实践活动, 解决由人与自然的不和谐的关系所造成的环境危机、能源问题, 重新建构人与自然和谐同一的新世界, 以使我们所生活的地球家园更美丽, 才能使"诗意的栖居在大地上"不仅仅是一种无奈的乡愿。

首先, 在实践过程中, 立足于物质对意识的决定性作用这一唯物主义前提, 充分而全面地发挥意识能动性, 在情感上敬畏自然, 真诚地尊重自然规律, 是人们建构人与自然之间的和谐关系的基础。历史上许多作家、思想家通过他们的作品表达了人们在敬畏自然的基础上建构人与自然之间和谐关系的可能性。拉宾德拉纳特·泰戈尔《园丁集》里的一首美妙的小诗就表达了这种诗意的期待。

> 黄绿的稻田上掠过秋云的阴影, 后面是狂追的太阳。
> 蜜蜂被光明所陶醉, 忘了吸蜜, 只痴呆地飞翔嗡唱。

---

① 庄周:《庄子》, 方勇译注, 中华书局 2010 年版, 第 247—248 页。

河里岛上的鸭群，无缘无故地欢乐地吵闹。

我们都不回家吧，兄弟们，今天早晨我们都不去工作。

让我们以狂风暴雨之势占领青天，让我们飞奔着抢夺空间吧。

笑声飘浮在空气上，像洪水上的泡沫。

弟兄们，让我们把清晨浪费在无用的歌曲上面吧。①

无独有偶，亨利·戴维·梭罗（Henry David Thoreau）说，"有一次，我在园子里锄地，一只麻雀停落到我肩上，待了一会儿，这一刻，我觉得这比佩戴任何的肩章都光荣"②。其实，只有当我们自觉地敬畏自然，努力培育审美的目光，才会在可持续地得到大自然的物质馈赠的同时，收获丰富多彩的精神食粮，我们的生活才会因此而更加绚丽多彩！因为"一个自然爱好者，他外在的知觉和内心的感触是和谐的，甚至在他成年以后，依然拥有一颗童心。在他看来，与天地的接触，是日常生活中不可分割的一部分，只要身处大自然中，不管生活中遭遇多大的悲痛，内心总会产生巨大的快乐。……自然赋予我们的不仅仅是阳光、夏日、四季的变换，她每时每刻都在给予我们快乐与欣喜"③。

其次，在实践基础上努力认识和把握自然规律，是在现代社会建构人与自然之间新的和谐关系基本条件。与自然科学不发达，人们在很大程度上受制于自然的盲目必然性，只能通过把敬畏自然转化成为对自然的盲目崇拜和顺从来建构人与自然之间的原始和谐关系不同，在科学技术获得了巨大发展的现代社会，人们只有在更加充分地认识和把握自然规律的基础上，把对自然的敬畏与对自然规律的尊重结合起来，放弃在启蒙现代性条件下发展起来的人类中心主义的立场，才

---

① ［印度］拉宾德拉纳特·泰戈尔：《园丁集》，冰心译，山东文艺出版社 2011 年版，第 205 页。

② ［美］亨利·戴维·梭罗：《瓦尔登湖》，穆秋月译，中国华侨出版社 2013 年版，第 225 页。

③ ［美］拉尔夫·瓦尔多·爱默生：《生命》，转引自《美丽英文全集 散文卷》，方雪梅编译，哈尔滨出版社 2009 年版，第 131 页。

可能在更加充分地利用自然规律的基础上重新建构人与自然之间的现代和谐关系。这种建立在人对自然规律自觉认识基础上的人与自然之间的和谐关系,既表现为人们可以通过认识自然而享受理性之美,也表现为人们因为拥有了可以更好地解决人与自然之间的矛盾的理性能力而在精神领域感受到更大的自由。我们因为拥有了认识自然规律的能力,从而能够摆脱盲目的自然必然性统治所带来的惶恐与无奈,因为具有了与自然和谐相处的主观能力而自信地与自然和谐相处。

再次,在实践的基础上进一步利用自然规律,是人们在现代社会建构人与自然之间的和谐关系的基本途径。人的意识是一种精神力量,其在知、情、意等方面所发挥的能动作用,只有通过人们现实地解决人与自然之间矛盾的实践活动,才可能成为建构人与自然之间和谐关系的现实力量。人们只有在实践中才能够利用自然规律,才能使自然界可持续地满足自己的包括生存需求和发展需求在内的整体性生命需求。没有尊重自然规律的实践活动,人们在意识领域有再美好的愿望、认识再多的规律、有再好的计划也不能实现。

再次,人们总是需要在特定的社会历史情境所提供的物质条件下从事实践活动,需要利用一定的物质手段来认识和利用自然规律,发挥人的主观能动性,建构人与自然之间的和谐关系。一些建构人与自然之间的和谐关系的美好愿望之所以难以实现,在很大程度上也受制于当时的物质条件和物质手段。不能离开特定的物质条件和物质手段为人们所提供的建构人与自然之间的和谐关系的条件,来追求人的能动作用的发挥,否则,只能事与愿违。同时,我们又应该充分发挥能动性,利用已有的物质条件和物质手段,积极推进人与自然之间的和谐关系的建构。唯其如此,才能避免将现有的物质条件和物质手段应用到进一步扩大人与自然之间的分裂,进一步强化现代性危机的方向上来,从而摆脱现代性对自然和人类福祉所造成双重伤害,获得幸福。在利用既有的物质条件和物质手段来建构人与自然之间的和谐关系的问题上,如逆水行舟,不进则退。自现代以来,人类所创造的丰富的物质条件和物质手段,如果不是被重新用来作为建构人与自然之间的和谐关系的手段，而是任由其成为满足人的非理性的欲求的手段，我们不仅不能诗意地栖居在大地上，而且，还可能最终被剥夺栖居在大地上的权利。离开了利用既定的社会历史情境之中的物质条件和物质手段来建构人与自然之间和谐关系的能动性，那种仅仅试图在精神领域建构人与自然和谐关系的努力只能不断拉大理想与现实的距离，而无益于改变现实。在人与自然之间的分裂已经严重威胁到人类生存的历史条件下，对我们来说，当务之急就是利用既有物质条件和物质手段现实地推进人与自然之间的和谐关系的建构。

最后，敬畏自然、认识和利用自然规律、自觉利用既有的物质条件和物质手段促进人与自然之间的和谐关系的建构，在客观上构成了超越现代性生活方式的共产主义生活方式的基本内涵。不能离开人们的具体的现实生活来抽象地理解人与自然的关系，人与自然对立统一关系总是通过人们具体的生活得以产生和发展。反之，人们特定生活方式在根本上也与特定历史条件下的人与自然之间的特定关系紧密相连。在人与自然分裂的现代社会，我们只有通过确立一种以建构人与自然之间的和谐关系为基本的价值目标的生活方式，才能通过以建构人与自然之间的和谐关系为价值取向的生产和消费活动，来现实地促进人与自然之间的和谐关系的建构。建构人与自然之间的和谐关系不在我们的生活之中，就在我们的生活之外。敬畏自然、尊重自然规律、利用我们所能利用的物质条件和物质手段来促进生态平衡、美丽中国、美丽世界建设，使自己的消费不为导致环境问题、生态危机、窥视我们的无度欲望的资本的非理性发挥推波助澜，不仅关涉我们所赖以生存的自然，也和我们的幸福息息相关。被资本所激发起来的永远得不到满足的欲望，使我们总是在比较中不断与幸福失之交臂；理性的觉醒使我们不可能仅仅通过无视理性来获得知足常乐式的满足。用建构在对自然的敬畏和尊重基础上的价值理性来超越建立在人对自然的片面剥夺基础上的工具理性，用追求人与自然之间的和谐关系之建构所带来的满足，来超越由人与自然之间的分裂所带来迷失，我们才可能新的历史条件下诗意地栖居在大地上，获得幸福。

有规律的大自然和有能动性的人类之间作为矛盾的两个方面,既对立又同一。在现代社会,由于人的包括意识能动性在内的能动性被片面发挥,人们对自然失去了敬畏之心,为了满足资本增殖的需求和无节制的欲求,不惜违背自然规律。这既造成人与自然的分裂,也带来了人们对自然进行进一步改造的物质条件和物质手段。在新的时代背景下,人们只有在以实践为基础的生活中全面发挥意识能动性,敬畏自然,尊重自然规律,利用已经创造出来的物质条件和物质手段,来促进人与自然之间和谐关系的建构,合理消费,才能通过这种自由自觉建构人与自然之间和谐关系的生活方式获得满足,体验崇高,走向自由。因为"自由不在于幻想中摆脱自然规律而独立,而在于认识这些规律,从而能够有计划地使自然规律为一定的目的服务……自由就在于根据对自然界的必然性的认识来支配我们自己和外部自然"[1]。人们总是需要通过敬畏、认识和利用自然规律的实践,来摆脱人与自然分裂的现代性的存在状态,在与自然和谐相处的过程中,找到满足自身的整体性生命需求,获得自由的实践空间。

敬畏自然不仅能够使人们生活得更自由,而且还能够摆脱对死亡的恐惧。庄子说:"人之生,气之聚也;聚则为生,散则为死。若死生为徒,吾又何患!"[2] 人出生是自然之气的聚合,死亡是气的分散,生与死都是同类,我又有什么好担心的呢? 庄子自己临终时,弟子欲厚葬他,他却说:"吾以天地为棺椁,以日月为连璧,星辰为珠玑,万物为赍送。吾葬具岂不备邪! 何以加此!"[3] 香港中文大学的学者陈特先生在身患癌症,面临死亡的考验的时候,正是通过像庄子那样,从自然与宇宙整体的角度来思考死亡,从而超越了对死亡的恐惧的。他说:"一旦想通,我之前的抱怨遂不翼而飞。这是一个很美、很舒服的心境。世界始终如一,而我生于其中,顺其道而行。我和宇宙,合而为一。因此,我不再同意存在主义将死亡谈得那么孤独可怕。我

---

[1] 《马克思恩格斯文集》第 9 卷,人民出版社 2009 年版,第 120 页。
[2] 庄周:《庄子》,方勇译注,中华书局 2010 年版,第 359 页。
[3] 同上书,第 564 页。

开始觉得，死亡没什么可怕，因为一个人的死，成全了其他东西的生。"①

　　总之，我们只有敬畏和尊重自然，自觉建构人与自然之间的和谐关系，才可能既使活着的生命更加有意义有价值，又使即将走向死亡的生命摆脱恐惧，自觉顺应自然规律，坦然接受和面对死亡，使包括生死在内的整个人生得到全面的安顿。同时，中国民族的伟大复兴也离不开人与自然之间的和谐关系的建构，"走向生态文明新时代，建设美丽中国，是实现中华民族伟大复兴的中国梦的重要内容"②。总之，正如马克思所说，"作为完成了的自然主义＝人道主义，而作为完成了的人道主义＝自然主义"③，建构人与自然之间的辩证和谐关系，既有利于人的生命的安顿，又有利于人类文明的可持续发展。

---

① 周保松：《走进生命的学问》，生活·读书·新知三联书店 2012 年版，第 53 页。
② 《习近平谈治国理政》，外文出版社 2014 年版，第 211 页。
③ 《马克思恩格斯全集》第 3 卷，人民出版社 2002 年版，第 297 页。

第五章

创造人与社会历史的和谐，
珍视生活中的机遇与挑战

　　人总是处于社会历史之中的人，因此，不能离开特定的社会历史条件，尤其是不能离开有规律的社会历史，来抽象地谈论人的包括生存需求和发展需求在内的整体性生命需求的满足。具体的、有着包括生存需求和发展需求在内的整体性生命需求的个人，只有在充分尊重社会历史发展规律的基础上发挥自己的主观能动性，积极地参与到通过社会革命、改革、科技革命等形式表现出来的人们的社会历史性的实践的大潮中，才能够现实地安身立命于世。因为"我们建立了社会——社会就是我们，世界就是我们。世界并不是和我们不一样的东西。我们是世界、社会、文化、宗教——我们居住其间的这个环境所造就的结果"①。

第一节　尊重社会历史发展规律

　　历史唯物主义是关于人类社会发展一般规律的科学，它揭示了人们满足其包括生存需求和发展需求在内的整体性生命需求的以实践为基础的具体生活方式的内在逻辑。人们只有自觉认识和尊重社会历史发展的客观规律，才可能形成自由自觉的生活方式，社会历史性地

---

　　① ［印度］克里希那穆提：《爱的觉醒》，胡因梦等译，深圳报业集团出版社 2006 年版，第 224 页。

满足彼此包括生存需求和发展需求在内的整体性生命需求，在现代社会，才可能摆脱受制于资本逻辑的异化的生活方式的统治，安身立命于世。

一　学习社会存在和社会意识辩证关系原理，在时代之中酝酿思想，在思想中把握时代

社会领域的基本问题是社会存在与社会意识的关系问题，社会存在与社会意识的关系问题，是社会历史观的基本问题。正确认识这一问题既是解决其他社会历史观问题的基础和前提，也是人们明晰以实践为基础的具体的生活方式的内在辩证逻辑的基础，是人们形成以正确的历史观、生命观、价值观为指导的自由自觉的生活方式，来满足彼此的包括生存需求和发展需求在内的整体性生命需求的关键。

（一）明晰两种根本对立的历史观，辨明两种对立的生活方式

在对待社会历史发展及其规律问题上，历来存在着两种根本对立的观点：一种是唯物史观，另一种是唯心史观。在马克思主义产生之前，一直占统治地位的唯心史观认为社会意识决定社会存在，根本否定社会历史发展的客观规律，将社会历史看成精神发展史。造成这种情况的原因是，思想家们不是立足于有着包括生存需求和发展需求的具体个人（既包括作为人民群众的具体个人，也包括作为历史人物的具体个人），来考察人们活动的动机，从而无法发现决定人的活动的根本性物质动因和经济根源，而是仅仅考察人们活动的思想动机，并且用英雄人物的思想动机来取代人民群众的思想动机，从而既无法发现决定社会历史发展的客观规律，也否定了人民群众在社会历史发展过程中的决定性作用。相应地，他们往往空谈价值观、人生观等思想观念在人们生活之中的支配性作用，但是，由于他们所理解的历史观、人生观、价值观不是对人们群众在特定的物质性社会历史条件下从事具体的满足其整体性生命需求的实践活动的理论总结，不是对在根本上由特定的经济基础所决定的思想动机的理论自觉，因而无法为人民群众通过自由自觉的生活方式现实地安身立命于世提供理论指导。人民群众无法通过唯心史观所提供的理论资源找到自己在社会历史之中的位置，只能期待通过宗教的幻想而安身立命。

与之不同，马克思、恩格斯从具体个人出发，发现具体的个人为了满足其包括生存需求和发展需求在内的整体性生命需求，必须从事以物质生产实践活动为基础的具体的实践活动，进而才能在此基础上创造历史，因此，只有立足于物质生产实践才能揭开历史之谜。正是立足于物质生产实践，马克思主义哲学揭示了社会历史的客观性。其一，物质资料生产实践决定人类社会的存在。人们正是通过物质生产实践使物质世界分化为自然界与人类社会，创造着以自然为物质前提的人类社会。同时，人类社会的发展只有以自觉尊重自然规律的实践为前提，才是可以持续的。其二，物质资料的生产实践决定内在于人类社会之中的客观关系。其中，内在于物质资料生产实践之中的生产力是人类改造自然的物质力量，反映了人与自然之间的物质关系；生产关系是在物质生产过程中形成的不以人的意志为转移的人与人之间的关系。反映人与自然之间的物质关系的生产力决定着反映人与人之间的物质关系的生产关系。物质生产关系又决定着人与人之间的政治关系和思想文化关系。内在地包含着物质性的生产力和生产关系这对基本矛盾的物质资料的生产实践是人类其他一切活动的前提，决定着社会政治实践、科学文化实践，物质性的经济生活制约着政治生活和精神生活，决定着社会的结构、性质和面貌。其三，内在于物质生产实践之中的生产力与生产关系之间的矛盾运动是社会发展的根本动力，物质生产实践又与由其所决定的政治实践和科学文化实践一起，构成了人们自己创造自己历史的物质中介，社会历史的发展不过是人的实践活动在时空中的展开的过程。物质实践决定着人类社会形态由低级向高级的更替和发展。

在马克思主义哲学看来，客观存在的物质生产实践决定人类社会历史的发展遵循着不以人的意志为转移的客观规律，社会存在决定社会意识。"人们在自己生活的社会生产中发生一定的、必然的、不以他们的意志为转移的关系，即同他们的物质生产力的一定发展阶段相适合的生产关系。这些生产关系的总和构成社会的经济结构，即有法律的和政治的上层建筑竖立其上并有一定的社会意识形式与之相适应的现实基础。物质生活的生产方式制约着整个社会生活、政治生活和精神生活的过程。不是人们的意识决定人们的存在，相反，是人们的社会存在决定人们的意识。社会的物质生产力发展到一定阶段，便同它们一直在其中运动的现存生产关系或财产关系（这只是生产关系的法律用语）发生矛盾。于是这些关系便由生产力的发展形式变成生产力的桎梏。那时社会革命的时代就到来了。随着经济基础的变更，全部庞大的上层建筑也或慢或快地发生变革。"①

　　由于人类历史在根本上是由于内在于人的物质资料生产方式之中的基本矛盾所推动的客观历史，因此，所谓的价值观、人生观、道德理想等思想观念，作为社会意识，只有反映了这一社会存在，反映了生产力与生产关系，经济基础与上层建筑之间的辩证发展关系，才可能正确地指导人们顺应社会历史发展的潮流，从事富有意义的实践活动，在推动生产力的发展的过程中，更好地满足彼此的包括生存需求和发展需求在内的整体性生命需求。生产力与生产关系，经济基础与上层建筑之间的辩证逻辑，构成了决定人们安身立命的生活方式的内在逻辑。人们只有通过反映了特定的社会存在的内在逻辑的人生观、价值观、道德理想，才可能形成契合现实物质生活条件的、可以现实推进的自由自觉的生活方式，进而通过这种生活方式而安身立命于世。

（二）厘清社会存在和社会意识，在复杂的社会历史现象中找到安身立命的基础

　　人类赖以生活的社会历史条件纷繁复杂，只有通过区分在本质上截然相反的社会存在和社会意识，才可能在此基础上把握复杂的社会历史现象，进而以此为基础把握自身在世界中所处的位置，找到前进的方向。

　　所谓的社会存在是指人们赖以生活的物质条件，主要是指，人们

---

　　① 《马克思恩格斯文集》第 2 卷，人民出版社会 2009 年版，第 591—592 页。

为了满足自己包括生存需求和发展需求在内的整体性生命需求所进行物质资料的生产方式。此外, 作为人类社会生存和发展的必要条件的地理环境和通过数量、素质、结构等表现出来的人口因素, 也是社会存在的重要组成部分, 对社会的发展都起着制约作用。其中, 人是社会生产和生活的主体, 人口的数量、素质、结构等影响着人们的物质生产活动, 制约社会的存在和发展; 地理环境作为劳动对象不断进入人们的物质生产领域, 对社会的存在和发展发挥作用。二者都不能脱离社会生产直接决定社会性质和社会形态的更替, 所以, 物质生产方式才是社会存在之中起决定性作用的方面。物质资料的生产方式决定着人们满足自身的整体性的生命需求的方式, 因此它是人类其他一切活动的首要前提。同时, 因为只有随着社会生产力不断发展, 人们有能力更好地满足其生存需求时, 才有闲暇时间更好地从事其他领域的活动, 以满足自身的包括发展需求在内的整体性生命需求。不仅如此, 社会的经济制度、政治制度、科学文化制度只有在客观上有利于促进社会生产力的发展, 在根本上有利于人们解决人与自然的矛盾的能力的提升, 才具有存在的合理性基础。因此, 物质资料生产方式决定着社会的结构、性质和面貌, 决定社会的全部生活。当一个社会的生产方式向前发展了, 反映特定的经济基础的上层建筑也会发展变化, 人类社会正是由物质资料生产方式决定着, 不断从由低级向高级发展的。

　　具体的个人, 只有自觉地认识作为自己的整体性生命需求赖以满足的客观物质条件的社会存在, 以在既有的社会历史条件下, 通过经营一种在客观上顺应物质资料生产方式的发展要求的生活方式, 在根本上经营一种有利于人们社会历史性地解决人与自然的矛盾的生活方式, 才能够摆脱那种受制于盲目的社会历史必然性的统治的不自由的存在状态, 通过顺应特定的物质资料生产方式的生活方式, 成为自由自觉地推动社会历史发展的剧作者。人们只有既认识到, 作为现实的个人, 自己所从事的反映人与自然关系的实践活动制约着反映人与人之间关系的交往活动; 又看到自己用以生产自己必需的生活资料的方式, 受制于自己获得的现成的生产资料本身的特性, 因而是客观的活动，并且这种客观的活动决定着作为个人的联合形式的社会结构的客观性，人们只能在受到人与自然之间关系制约的可能的空间内从事交往活动，① 从而，在自觉地尊重由物质资料生产方式所决定的社会历史的发展规律的基础上，从事特定的实践活动，经营一定的生活方式，才可能自由自觉地推动社会历史发展，才会从社会历史发展中，而不是在外在于人类历史的某种幻想的天国之中找到"小我"安身立命的基础。因为，人们只有依靠自己双脚站立，发现自己可以通过尊重社会历史规律的自由自觉的活动而更好地满足彼此的整体性生命需求，可以在解决人与自然、人与社会的矛盾的基础上，社会历史性地解决人与自身的矛盾，才会觉得自己是独立的，而不是依靠某种外在的力量而安身立命。

以物质资料的生产方式为基础的社会存在固然在人们更好地满足其整体性生命需求的过程中发挥着基础性的作用。但是，使人类的物质资料生产方式在根本上不同于动物的生产活动的根本之点在于，人能将自己与活动区分开来，能够把活动作为自己的意识的对象，从而能够形成自由自觉的物质实践活动。当人们通过意识来反映以物质资料的生产方式为基础的社会存在的时候，便形成了社会意识。这种社会意识，是社会存在的反映，构成了社会生活的精神方面。这种社会意识结构复杂，根据主体的不同，可以分为个人意识和群体意识；根据理论化的程度，可以区分为社会心理和社会意识形式；根据其与经济基础之间的关系，可以区分为上层建筑的意识形式和非上层建筑的意识形式。属于上层建筑的社会意识形式是社会意识形态，主要包括政治法律思想、道德、艺术、宗教、哲学等。这些属于意识形态的上层建筑，作为人类文明的巨大水库，和决定它的经济基础一起，构成了人们赖以存在和发展的社会历史条件。我们只有以自由而理性的方式融入其中，才可能通过语言的交往，从这些意识形态中汲取那些能够更好、更切实地解决人类生存困境，使人们更好地生活在这个世界

① 参见陈晏清、王南湜、李淑梅《马克思主义哲学高级教程》，南开大学出版社 2012 年版，第 251 页。

上的智慧,才可能形成积极向上的人生信念。我们意识的能动性才可能因此得到最大限度的发挥。我们才会因为更有能力在社会历史地解决人与自然矛盾、人与社会的矛盾的基础上,解决人与自身的矛盾,使人生更加精彩!

其中,在意识形态之中居于核心地位、起主导作用的政治法律思想是人们之间的社会政治和法律关系、制度和设施的观点和理论的总和,最直接反映了经济基础。政治法律思想对人们的生活的影响集中表现为,一个人只有首先有能力成为一个遵纪守法的合格公民,才可能有条件在此基础上更积极地进行其他的社会活动。当然,当自己的权益受到侵害时,他也可以拿起政治和法律的武器更好地维护自己的由既定的经济基础所决定的合法权益。换言之,我们只有基于反映特定的经济基础的政治思想和法律思想,来理解自己现有的生命需求和生活方式,才可能避免在以实践为基础的生活方式的选择上走向理想主义和犬儒主义这两个极端,才可能在反映了特定的经济基础的政治法律思想所提供的可能性空间中,理性地追求自己的包括生存需求和发展需求在内的整体性生命需求的社会历史性的满足,推进社会生活更加健康有序地发展。

道德是调整人与人(社会)之间关系的行为规范的总和。它主要依靠社会舆论、习惯、传统、信念和教育来起作用,比较直接地反映了经济基础。一个国家特定历史时期的道德既反映了其传统美德的重要影响,又反映了不断发展变化的经济基础的现实要求。因而,道德既具有继承性,又具有历史性。正是在上述意义上,马克思反对抽象的道德主义,认为要立足于反映人与自然关系的现实的生产力水平所决定的人与人之间的生产关系,立足于特定的经济基础的内在要求来理解特定的道德诉求。人们只有追问既有的道德所规约的人与他人(社会)关系在客观上是否有利于社会生产力的可持续发展,是否能够在特定的社会历史条件下充分调动生产力之中最活跃的因素——人的积极性,才可能客观地评价既有的道德观点。反之,我们只有自觉地从道德文化的水库中汲取那些有利于在既定的经济基础条件下更好地解决人与社会（他人）矛盾的养料，才可能在这种努力的基础上更好地解决人与自然、人与自身的矛盾，安身立命于世。

艺术通过按照审美规则塑造具体形象，再现生动的社会生活，来反映人们对社会生活的理解、情感、愿望和意愿，通过美的形式来感染人、引导人们追求更加理想的社会生活。因此，我们只有立足于现实生活，努力洞察现实社会生活的内在发展逻辑和客观规律，洞察人们解决人与自然、人与社会矛盾的社会历史性的方式，进而在此基础上理解在既有的社会历史条件下，解决人与自身的矛盾的现实的可能性，才能够深刻地理解伟大的艺术作品，才可能从这些伟大的作品之中汲取更多的养分，以更现实地解决通过自己的日常生活具体问题表现出来的人与自然、人与社会、人与自身的矛盾。简言之，艺术源于生活，又高于社会生活，人们可以在对艺术作品的美的享受过程中感悟人生，理解社会生活，塑造积极向上的人生理想，在成就自我的同时推动社会向前发展。

宗教是支配人们日常生活的人与自然、人与社会、人与自身的关系在其头脑中的虚幻的反映。当人与自然、人与社会、人与自身的关系作为盲目的必然性支配人们的生活的时候，人们就会将把握命运的希望寄托于神灵等外在的力量，形成一种希望通过对神灵的崇拜和信仰来得到庇护的"颠倒的世界关系"，从而形成各种宗教。最初，由于人们缺乏必要科学知识，反映人与自然关系的生产力水平极端低下，因对自然现象的无知和恐惧而形成各种形式的宗教观念。后来，由于反映人与人（社会）之间关系的阶级压迫，给人们带来了无法科学地解释的新的苦难，这使人们只能将超越这种无助状态的希望寄托于宗教。所以，宗教最初是被压迫者对受制于盲目的人与自然、人与社会关系的现实生活的叹息和抗议，自然的压迫和社会的压迫是宗教产生的根源。进而，宗教又为统治阶级所利用，成为统治阶级压迫被统治者的工具。由于宗教与其他意识形态一样，作为一种文化现象，一经产生就具有相对独立性。并且，由于中国现在正处在社会主义初级阶段，社会生产力水平不是很高，与之相应的社会经济制度和政治制度还需要进一步完善,人们的思想文化水平还有待进一步提高,这就使人们并不能在全面地解决人与自然、人与社会矛盾基础上解决人与自身的矛盾。这些矛盾往往通过日常生活中的问题和苦难不断困扰着人们,这使一些人仍将安身立命的希望寄托于宗教。这就要求我们一方面能够正确贯彻党和国家的宗教政策,汲取宗教之中确实存在的一些能够给予人们心灵上安顿的智慧因素,推动社会主义发展的因素;另一方面通过加强对以马克思主义理论为基础的思想政治学习,在内心深处认同社会主义核心价值观,逐渐认识到那些被宗教所颠倒了的人与自然、人与社会、人与自身的关系对社会生活的影响,找到社会历史性地解决这些矛盾的现实路径,形成马克思主义信仰。

总之,马克思主义理论认为,以物质资料生产方式为基础的社会存在,反映了人与自然、人与社会的关系及二者的辩证关系。人们只有自觉立足于这一社会存在,尊重由这一社会存在的内在矛盾所决定的社会历史发展规律,才可能形成自由自觉的生活方式。因为社会存在及由其所决定的社会发展的客观规律不会主动表现自己,人们只有通过诸种社会意识更好地反映这种社会存在,使社会存在所决定的历史发展的内在逻辑呈现出来,才可能在此基础上利用这些规律来更好解决人与自然、人与社会、人与自身的矛盾,安身立命于世。然而,在阶级社会,占统治地位的思想文化本质上是经济上占统治地位的阶级的意识形态,是为统治阶级利益服务的。唯有在社会主义条件下,由于占统治地位的是代表人民群众的根本利益的无产阶级,反映无产阶级的经济基础的政治法律思想、道德、艺术、宗教、哲学等意识形态必然在根本上契合人民群众现实地解决人与自然、人与社会、人与自身矛盾的理论诉求。因此,我们作为人民群众的有机组成部分,能够通过追寻生命的意义和价值,理性地探寻在中国现有政治、经济、文化条件下解决人与自然、人与社会、人与自身的现实路径,不断地从社会主义的政治法律思想、道德、艺术、宗教、哲学等意识形态中汲取智慧,在语言交往的过程中不断内在地认同社会主义核心价值观。同时,我们还能够从自身的合理诉求和生活实际出发,创造性地推动社会的经济、政治、文化发展。在有中国特色的社会主义条件下，人民群众探寻现实地解决人与自然、人与社会矛盾的合理路径以解决人与自身的矛盾的过程，也是人民群众万众一心推动中华民族的伟大复兴之梦的实现的过程。

（三）尊重社会存在和社会意识的辩证运动规律，从社会历史中汲取自我实现正能量

社会存在和社会意识是辩证统一的。社会存在决定社会意识，社会意识是社会存在的反映，并反作用于社会存在。因此，我们只有首先从生活中区分出社会存在和意识，并在二者的辩证关系中找到属于自己的人生方向，才会不再迷茫。

一方面，社会存在决定社会意识。社会意识是社会交往的产物，是社会物质生活过程及条件的主观反映，并随着社会生产方式的发展变化而发展变化。马克思、恩格斯说："发展着自己的物质生产和物质交往的人们，在改变自己的这个现实的同时也改变着自己的思维和思维的产物。不是意识决定生活，而是生活决定意识。"① 人类的社会实践是社会意识产生的直接基础。内在于人类社会实践之中的、处于特定的社会历史条件下的人与自然、人与社会、人与自身的矛盾，构成了社会意识的基本的问题域。例如，在资本逻辑占统治地位的社会，不断强化那种反映资本逻辑要求的维持资本家对工人阶级的剥削及人与人之间的自由竞争诉求的自由主义意识形态便成了主流的意识形态。在这种历史条件下，对于具体个人来说，只有顺应这种以物的依赖性为基础的人的独立性的存在状态，认同自由主义价值理想，才能够获得世俗意义上的成功，才可能在解决生存问题的基础上，解决发展问题。然而，从马克思主义的立场来看，这种有利于人与自然、人与社会、人与自身之间的对立发挥到极致的自由主义意识形态，并非像它所期待的那样，是人类终极的价值诉求。相反，只有那种自觉地扬弃自由主义价值理想，以人与自然、人与社会、人与自身之间的和谐关

---

① 《马克思恩格斯文集》第 1 卷，人民出版社 2009 年版，第 525 页。

系之建构为目标的共产主义的价值理想（在现阶段通过社会主义核心价值观所体现出来的价值理想），才代表着人与自然、人与社会、人与自身的矛盾发展的内在逻辑，代表着社会生产力的发展方向。"马克思认为，人类发展的目标应当是建立一种人与人之间、人与自然之间的新的和谐，一种使人与其同胞的相关性同人的最重要的需要协调一致的发展。"①

另一方面，社会意识具有相对独立性，这种相对独立性表现为，它有自己特有的发展形式和规律。

其一，社会意识的发展并非总是与社会存在的发展同步，有的社会意识超越了既有的社会存在，反映了人们对社会存在未来的发展趋势的一种预测。通过这种社会意识指导实践活动，人们能够比以前更好地解决人与自然、人与社会、人与自身的矛盾，能够创造出更好地满足人的整体性生命需求的未来。这样的社会意识被称为进步的社会意识。与之相反，有的社会意识则因为落后于既有的社会存在，违背了社会存在发展的内在逻辑，阻碍人们在既有社会存在的基础上更好地解决人与自然、人与社会、人与自身的矛盾，既无法在推动生产关系的发展的基础上促进生产力的发展，也因为无法充分挖掘人们内在的生命潜能，因而不利于人与自身矛盾的解决。这样的社会意识被称为落后的社会意识。社会意识的发展与社会存在的发展的不同步性决定了社会意识发展的不平衡性。在历史上，经济发展水平较高的国家和地区，其社会意识的发展水平未必是最高的；反之亦然。以经济发展水平为标志的特定的社会存在，只是为社会意识的发展提供了必要的客观条件。至于人们能否在此基础上进行理论的反思和建构，形成先进的社会意识则还与当时的政治制度、文化传统、思想家的理论旨趣和能力等因素紧密相关。在某些经济水平相对落后的国家和地区，则可能因为种种历史机缘，形成了相对先进的社会意识。同时，在一个国家的历史发展过程中也会出现这种状况，在经济发展水平要远远

① ［美］埃里希·弗洛姆：《健全的社会》，孙凯祥译，上海译文出版社 2011 年版，第 216 页。

低于现代的古代社会，智慧而勤奋的古人却创造了令现代人为之汗颜的璀璨文明。许多有幸拥有聪明才智和更加优越的社会存在条件的现代人，却宁愿为了眼前的物质利益而出卖灵魂，任由涵养人类精神文明的社会意识日益丧失蓬勃的生机。社会意识与社会存在之间发展的不同步性和不平衡性，无疑为那些因为物质文明的发展所取得的成就而沾沾自喜的国家和民族敲响了警钟。物质文明的进步不等于精神文明的辉煌，这些国家和民族要想在人类精神文明的发展中占有一席之地，仍然需要付出艰辛的努力！

其二，由于社会生活的各个方面之间相互联系、内在统一，反映社会生活的不同方面的社会意识内部诸形式之间也必然相互影响、相互作用，为彼此的理论发展提供新的视角，甚至形成了交叉的研究领域。在推动社会意识发展的理论研究中，一些在某些领域颇有建树的思想家和理论工作者，在另一些领域也产生着重要的影响，充分说明，社会意识的不同方面之间并不是泾渭分明的，而是在相互渗透、互通有无的过程中不断向前发展的。同时，每一种社会意识本身也是一脉相承，不断发展的。透过社会意识诸形式内部发展的历史链条，我们还可以发现其特殊的发展规律。在社会意识诸形式的学习和研究的过程中，我们只有尊重这些规律，在充分继承前人所创造的文明成果的基础上积极创造，才可现实地推动社会意识的发展，为人类从不同层面解决人与自然、人与社会、人与自身的矛盾提供积极的理论借鉴。社会意识由其内部的独特的矛盾和发展规律所决定而呈现出来的巨大生命力，充分彰显了它的相对独立性。人们要想现实地推动社会意识的发展，除了要尊重社会存在决定社会意识的发展规律之外，还要具体分析社会意识的内部矛盾，尤其是探寻和尊重每一种具体的社会意识内在的特殊规律。

其三，社会意识对社会存在具有能动的反作用，先进的社会意识促进社会存在的发展，落后的社会意识阻碍社会存在的发展，这是社会意识相对独立性的突出表现。然而，思想本身并不能实现什么，社会意识的能动作用的发挥，主要是通过指导人民群众的以社会实践为基础的生活方式来实现的。社会意识只有关注人民群众的有生存需求和发展需求在整体性生命存在,从而抓住了人的根本——人的整体性生命存在,才可能因为切中人民群众的根本利益而打动他们,激发他们内在的行动激情,使社会意识转化成为物质力量作用于既有的社会存在,影响社会历史的发展。但是,由于人民群众的生命需求本身是多元的,任何一方面片面的、单向度的发展,都会使人的整体性生命存在这一根本性利益受到损害。因此,我们只有从社会意识之中甄别出哪些是有利于人与自然、人与社会、人与自身矛盾的社会历史性解决,有利于人民群众的整体性生命需求之社会历史性满足的先进的社会意识,因而是反映了社会发展趋势和要求的先进的社会意识;哪些是不利于人与自然、人与社会、人与自身矛盾的解决,不利于人民群众的整体性生命需求之社会历史性满足,因而是阻碍社会发展的落后的社会意识,充分利用先进的社会意识推动社会发展,才能够使社会意识的能动作用得到充分的发挥。

在当代中国,充分发挥社会意识的能动作用,就是要以马克思主义理论为指导,立足于人的有着生存需求和发展需求的整体性生命存在,利用人类文明业已取得的优秀文化成果,丰富和发展社会主义先进文化,尤其是全面激活作为民族的血脉和人民的精神家园的社会主义核心价值观。在社会意识对社会存在的反作用越来越大的现代社会,对于一个国家和民族而言,树立高度的文化自觉,促进思想文化新觉醒,激发人民群众经营社会历史性地解决人与自然、人与社会、人与自身的矛盾的自由自觉的社会主义生活方式的热情,提升文化软实力,具有重要的战略性意义。对于个人来说,我们只有充分利用人类历史所赋予的使命,立足于自己的整体性生命存在,摆脱受制于资本逻辑的以自私自利的占有为目标的生活方式的束缚,自觉地从社会主义先进文化和人类优秀的文明成果之中汲取有利于自己现实地解决具体化到日常生活中的人与自然、人与社会、人与自身的矛盾的智慧,内在地认同社会主义核心价值观,才可能因为插上人类先进的社会意识能动性的理性翅膀,获得安身立命之感,进而安身立命于世。

　　总之，马克思主义哲学通过社会存在与社会意识辩证关系的原理科学地回答了历史观基本问题，在社会历史观领域完成了革命性的变革，宣告了唯心史观的破产。在这一原理的基础上，马克思主义哲学揭示了社会历史发展规律。由社会存在与社会意识的辩证关系原理所决定，无论是国家、民族，还是具体个人，都需要既尊重以物质生产方式为核心的社会存在这一客观基础，尊重其发展规律；同时，又要尊重社会意识的相对独立性，充分利用其发展的特殊规律，促进社会意识的发展，进而充分发挥先进的社会意识的能动性。唯其如此，我们才可能更好地解决人与自然、人与社会、人与自身的矛盾，推进社会历史的发展。

二　学习生产力与生产关系辩证关系原理，乘"社会历史"之风

　　生产力与生产关系矛盾运动的规律，是人类社会发展的基本规律。它决定着人们在特定社会历史条件下，如何通过建构自由自觉的生活方式以乘"社会历史"之风。生产力与生产关系的辩证关系构成人们生活逻辑的社会历史结构，社会历史规律通过决定人们的生活逻辑的社会历史结构，影响人们现实的生活，人们通过尊重生产力与生产关系的辩证逻辑这一自由自觉的生活方式而成为社会历史的"剧作者"。

（一）厘清生产力与生产关系，在社会历史之维中把握人生方向

　　具体的个人总是处于一定社会历史条件的个人，总是在由特定的生产力和生产关系为人们所提供的社会条件下去解决人与自然、人与社会的矛盾，以满足自身的整体性生命需求，解决人与自身的矛盾，并通过这种自由自觉的生活方式而安身立命于世。

　　其中，生产力指人们在生产实践中为了满足社会需要，在根本上为了满足具体个人的包括生存需求和发展需求在内的整体性生命需求，在改造自然的过程中所形成的物质力量。这样的生产力具有客观现实性和社会历史性。在不同的历史条件下，人们所面对的生产力的发展水平和性质各不相同，反映生产力的量的规定性的生产力水平，和反

映生产力的质的规定性的、由生产的物质技术水平所决定的生产力的性质，共同决定着特定历史条件下生产力的状况。

与生产力的水平、性质、状况紧密相连，反映了其内在的复杂的系统结构诸要素——劳动资料、劳动对象、劳动者之间的相互作用状态，反映人们在既定的社会历史条件下解决人与自然之间的矛盾的能力。

其中，以生产工具为基础的劳动资料，构成了人们进行生产劳动的物质条件，决定着特定的经济时代。"各种经济时代的区别，不在于生产什么，而在于怎样生产，用什么劳动资料生产。"① 一个人，尤其是处于物质生产领域的个人，能否充分利用自己的时代为其所提供的劳动资料，特别是先进的生产工具，直接决定着其能否顺应社会历史发展的潮流，获得充分发展。

同时，劳动对象——一切自然界之中的可能的劳动对象和引入生产过程之中的现实的劳动对象，则是人们进行现实的生产活动的必要前提。人们利用劳动对象的程度，从另一个侧面反映了生产力的发展水平。人们在利用劳动对象的过程中是否尊重自然规律，直接决定着生产力能否获得可持续的发展。在劳动过程中，人们只有立足于自身的整体性生命需求，而不是受制于自私自利的占有需要，在尊重自然规律的基础上充分发挥自己的聪明才智，不断扩大劳动对象，才能促使人类文明走出主客二分的现代性所造成的可持续发展的危机。

劳动者作为人的因素，是生产力之中最活跃的因素。人的智慧和能力不仅决定着人们能否创造出新的物质资料以增加对物质对象开发的广度和深度，而且还决定着其能否持续开发物质资源，使人类业已创造出来的物质生产力成果福荫子孙后代。在现代社会，随着社会生产不断向前发展，物质资料的技术水平日益提高，劳动对象的不断扩大，以及科学文化基因的社会性遗传，脑力劳动者已日益取代体力劳动者，成为推进社会生产力发展的决定性力量。这既为我们更好地发

① 《马克思恩格斯文集》第 5 卷，人民出版社 2009 年版，第 210 页。

展自己提供了更广阔的空间，同时，也向我们提出了前所未有的挑战。我们只有自觉顺应生产力的现代发展趋势，立足于自身的整体性生命需求，积极而理性地发展自己，才可能在现代社会化挑战为机遇，更好地保护自己！

此外，生产力中还包含着渗透性要素——科学技术。它能够通过被应用于生产过程，引起劳动资料、劳动对象和劳动者素质的深刻变化，促进组织管理效率的提高，转化为实际的生产力。在现代社会，日新月异、不断发展的科学技术应用于生产过程的周期日趋缩短，对于生产发展的作用越来越大，日益成为决定生产发展的第一生产力。但是，通过科学技术的发展所表现出来的人类科技理性的张扬，并不必然将人类文明带向不断进步的康庄大道。因此，我们在强调科学技术对于推动现代生产力高速发展的重要性的同时，还应该进一步洞察通过诸种社会意识形式得以发展的人类价值理性，在促进生产力的可持续发展中所可能起到的积极作用。这就要求我们在现阶段进一步发展科学技术以促进社会生产力发展的同时，还要通过加强以马克思主义理论为指导的社会主义先进文化的建设，引导人们形成价值理性。这样，人们才可能在进一步推动生产力发展，享受生产力高速发展所带来的利益的同时；自觉地立足于人的整体性生命存在，追求人与自然之间和谐关系的建构，自觉促进生产力的理性发展，进行理性消费。在追求生产力的发展过程中，我们只有用价值理性引导科技理性，才有可能率先超越通过科学技术的渗透所展现出来的工具理性的发展所造成的环境危机、生态危机等现代性困境。

由于人们只能在一定的生产关系的范围内改造自然，发展生产力，因此，不能离开生产关系来理解生产力。生产关系是人们在物质生产过程中形成的不以人的意志为转移的经济关系。它包括人们在直接的生产过程中所形成的生产资料所有制关系、生产中人与人的关系和产品分配关系；也包括人们在社会再生产过程中所形成的生产、分配、交换和消费关系。前者被称为狭义的生产关系，后者被称为广义的生产关系。生活在一定社会历史条件下的人，在继承了一定的生产力的同时,也继承了一定的生产关系。人们总是在既有的生产关系条件下进行具体的生产活动,因此只有在认识既有的生产力基础上,全面认识和利用自己所继承的生产关系,认识作为生产关系总和的、通过一定的经济制度所表现出来的经济基础,才能够摆脱那种受制于盲目的社会关系必然性的存在状况。人们只有通过认识自己所处的生产关系,对自己所被卷入其中的社会生活最终服务于谁有一个清晰的认识,才可能在此基础上进行理性的选择,才可能既顺应社会历史发展的潮流,又避免随波逐流。例如,在资本逻辑占统治地位的社会,生产资料的资本主义私有制性质决定着人们所有的生产、消费、交换、分配活动都是要服务于资本增殖需求的。在消费主义的生活浪潮中,最大的受益者是资本家,而不是普通劳动者。在这种受制于资本逻辑的历史语境下,如果我们将在本质上服务于资本家的占有需求的消费主义的生活方式当成生活的本质,必然使自己的生活陷入更大的被动之中,而不是像资本家的代理人——大众传媒所鼓吹的那样,抑或如盲目的个人所幻想的那样,走向幸福。因为人们往往会因为消费与分配之间的不平衡而陷入巨大的不幸之中,房奴、车奴、卡奴、奢侈品奴的消费窘境充分证明了这一点。

依据生产资料的所有制性质,我们可以把历史上占有统治地位的生产资料的所有制形式分为两种:一种是以生产资料的公有制为基础的生产关系。在这种生产关系中,由于共同占有生产资料,因而人们在生产中处于平等的地位,产品分配上不存在剥削。与之不同,另一种是以生产资料私有制为基础的生产关系,由于生产资料归少数非劳动者占有,因而劳动者在生产过程和产品分配上处于被支配、被剥削的地位。在迄今的历史发展过程中,两种生产关系并存。但随着生产力的进一步发展,生产关系之中的生产资料的私有制必将被生产资料的公共制所取代。这是因为,随着生产力的高度发展,以生产资料的资本主义私人占有制为基础的生产关系能够为生产力的进一步发展所释放的空间越来越有限,从而由促进生产力发展的强大动力,转化成为阻碍生产力发展的重要因素。社会化大生产与生产资料的资本主义占有制之间的矛盾，不仅通过资本主义条件下所爆发的周期性的经济危机表现出来，而且，还通过人们的幸福指数不再随着资本主义社会财富的增长而成正向增长反映出来。这种人类文明发展的悖论，只有通过追求生产资料公有制的共产主义运动抑或共产主义生活方式才能克服。因为随着社会生产力的高度发展，人类改造自然能力不断增强，内在于具体个人之中的发展需求便有了得到满足的契机。在这种历史条件下，人们只有不再将生命活动看成满足他人或自己的自私自利占有需要的工具，而是看成满足彼此整体性生命需求以促进彼此的生命的完善的存在本体，才可能在生产力高度发展的情况下，仍然积极追求自我实现，从而不断提升自己的幸福指数，促进生产力的进一步发展。随着社会生产力不断向前发展，我们日益具有经营一种在根本上超越那种受制于资本逻辑的、以生命的意义和价值的实现为终极指向的自由自觉的生活方式的客观条件。

（二）尊重生产力与生产关系的矛盾运动规律，顺势而为

个人作为具体的人，是处于既定的社会历史条件下的个人，是受特定的生产力和生产关系的矛盾运动规律所支配的个人。生产力和生产关系是具体个人被卷入的社会生产的不可分割的两个方面。其中，生产力是生产的物质内容，生产关系是生产的社会形式。二者相互作用，有机统一，构成了社会的生产方式。个人只有顺应社会生产方式内在矛盾运动规律，既尊重生产力对生产关系的决定性作用，又看到生产关系对生产力的反作用，才可能在特定的社会历史条件下，找到更好地满足自身的整体性生命需求的现实路径，安身立命于世。生产力与生产关系的矛盾运动构成了人们以实践为基础的生活方式的基本逻辑，在根本上决定着人们在特定的社会历史条件下的基本的生活选择空间。

一方面，在我们赖以生存和发展的具体的社会生产中，反映人们解决人与自然矛盾的能力的生产力是起决定性作用的方面，它决定着人们在生产中所结成的人与人之间的关系。因此，我们不能单凭主观的喜好，在狭义的生产关系层面，选择采取怎样的生产资料所有制形

式,在生产中结成怎样的人与人之间的关系,采取什么方式进行产品分配;在广义的生产关系层面,选择以何种方式进行生产、分配、交换和消费。相反,我们需要根据生产力发展所提供的客观条件,立足于既有的生产力发展业已为人们满足其生存需求和发展需求提供了怎样的客观条件,来思考采取何种生产关系能够进一步更好地挖掘人的生命潜能,更好地促进生产力的发展。

因为生产力的状况决定生产关系的性质,有什么样的生产力就有什么样的生产关系,"手推磨产生的是封建主的社会,蒸汽磨产生的是工业资本家的社会"①。"17世纪和18世纪从事制造蒸汽机的人们也没有料到,他们所制作的工具,比其他任何东西都更能使全世界的社会状态发生革命。"② 大工业"首次开创了世界历史,因为它使每个文明国家以及这些国家中的每一个人的需要的满足都依赖于整个世界,因为它消灭了各国以往自然形成的闭关自守的状态"③。"历史也就越是成为世界历史。"④ 这些都说明生产力的发展状况构成了生产关系赖以形成的客观前提和物质基础。人们不可能超历史地选择或改进生产关系。盲目追求一种不适合生产力发展的"先进"生产关系,既会给社会带来灾难,也会使个人在历史面前出丑。这一点已经被我们曾经试图无视生产力发展、跑步进入共产主义社会所带来的窘境所证明。

同时,生产力的发展决定着生产关系的变化。只有当一种生产资料的所有制形式及由其所决定的生产之中的人与人之间的关系、产品的分配方式及交换和消费的关系,仍能够可持续地调动既定的社会历史条件下人们的生产、生活的积极性,从而能够促进社会生产力的发展,那么,它就是合理的,反之,就需要通过变革生产关系,来促进生产力的发展。生产关系正是随着社会生产力的发展,不断由新变旧,

① 《马克思恩格斯文集》第1卷,人民出版社2009年版,第602页。
② 《马克思恩格斯文集》第9卷,人民出版社2009年版,第561页。
③ 《马克思恩格斯文集》第1卷,人民出版社2009年版,第566页。
④ 同上书,第541页。

走向自己的反面的。"为了不致失掉文明的果实，人们在他们的交往（commerce）方式不再适合于既得的生产力时，就不得不改变他们继承下来的一切社会形式。"① 对于具体个人来说，生产力与生产关系之间关系的变化，也为我们提供了不同的社会历史机遇。当既有的以生产资料所有制为基础的生产关系能够更好地调动人们的生产的积极性，促进生产力发展时，我们可以通过充分利用既有的生产关系为人们所提供的发展的可能性，更好地发展自己，为促进整个社会生产力的发展添砖加瓦。反之，当既有的生产关系日益不再能为人们更好地解决人与自然的矛盾创造条件，则意味着更多的人可以通过以各种方式参与促进生产关系的发展及与此相关的社会利益格局调整，发挥自己的能动性。现在中国的经济体制改革处于深水区，这对于具体个人来说，既是巨大的挑战，也蕴含着无限的机遇。在这一重大的历史变革期，我们作为具体个人如果无视自己的历史使命，都做一个精致的利己主义者，只能导致民族的衰败，只能使我们每个个人作为剧作者成为历史的罪人，因为覆巢之下无完卵。总之，作为具体的个人，我们只有把握并顺应生产力与生产关系之间的不同关系所提供的历史机遇，顺应时势，才可能真正实现自己的人生价值。

另一方面，生产关系对生产力具有能动的反作用。当生产关系适合生产力发展的客观要求时，就会促进生产力的发展，否则，无论是生产关系"落后于"还是"超越于"生产力的发展水平，都会阻碍生产力的发展。生产关系对生产力反作用的实际过程颇为复杂，这构成了不同时代背景下人们具体的生存情境。一般而言，新的生产关系会基本上适应生产力的发展，但也不排除它存在着不适合生产力发展的环节和方面。在新的生产关系条件下，人们比在以往旧的生产关系中获得了更大的生存和发展空间，因而更有生产积极性，更能推动生产力的发展。相反，当生产关系不变革，生产力就不能发展的历史条件下，生产关系的反作用突出表现出来。这种由生产关系的阻碍作用所

---

① 《马克思恩格斯全集》第 47 卷，人民出版社 2004 年，第 440 页。

塑造的历史情境，对人们生活的影响具体表现为，和以往比较起来，人们日益增长的物质、精神需求无法从既有生产关系中得到不断满足，因此其内在的生命潜能无法得到充分的挖掘，无法进一步推动社会生产力的发展。生产关系对生产力的反作用的不同状况，决定人们安身立命的不同方式。在基本上适应生产力发展的生产关系及由其所决定的社会历史条件下，人们可以通过响应社会历史的呼唤，努力洞察社会分工为自我的存在和发展所提供的历史机遇，实现自我价值和社会价值。相反，在生产关系及由其所决定的社会关系不适应生产力发展的社会历史条件下，人们则可以通过调整自己既有的生活方式，以积极地促进生产关系及相应的社会关系的变革，来解决自我与社会的矛盾，安身立命于世。

反映人与自然之间矛盾的生产力和反映人与人之间关系的生产关系二者之间相互中介，相互作用，一方面，生产力的状况决定一定生产关系的产生和发展变化；另一方面，生产关系反作用于生产力，对生产力的发展起促进或阻碍作用，从而形成了生产力与生产关系的矛盾运动规律。这一规律表现为，生产关系与生产力之间的关系，总是从基本相适合到基本不相适合，再到新的基础上的基本相适合，循环往复，不断推动社会生产发展，进而推动整个社会逐步走向高级阶段。它反映了决定人的整体性生命需求之满足的人与自然关系，人与人（社会）关系二者之间的内在的、本质的、必然的联系。体现在生产力之中的人与自然的关系，体现在生产关系中的人与人的关系，构成了社会发展过程中的最基本的矛盾。

学习生产力与生产关系矛盾运动规律，具有极为重要的理论意义和现实意义。

一方面，马克思主义哲学通过发现生产力和生产关系的矛盾运动规律，揭示了生产力既是社会物质文明发展的内容，也是制约政治文明、精神文明和生态文明发展的基本的物质条件，是充分满足人民群众物质生活和精神生活需要的物质基础，因而是推进人类社会发展和进步的最终决定力量，从而第一次科学地将人类社会历史性地解决人与自然的矛盾，以满足其包括生存需求和发展需求在内的整体性生命需求的能力——生产力——确立为衡量"社会进步的最高标准"。这使包括具体个人和政党在内的各种社会主体，找到了衡量自己的行为的合理性的客观依据。在特定的社会历史条件下，无论是个人的生活方式选择，还是政党的方针、政策的制定，只有在客观上有利于促进人们社会历史性解决人与自然的矛盾，社会历史性地更好地满足人们的整体性生命需求，才具有历史的必然性。具体个人只有立足于其有着生存需求和发展需求的整体性生命存在，自觉地把提升自己的社会历史性地解决人与自然的矛盾的能力作为终极目标，才不会在物欲横流的时代背景下迷失自己的人生方向，达到天地境界。马克思主义政党只有自觉地认识和把握这一规律，把解放生产力，在根本上把更好满足表现为日益增长的物质文化需要的人民群众的整体性生命需求，作为自己制定路线、方针和政策的出发点和归宿，才可能得到人民群众由衷的支持，促进经济的健康、可持续发展，促进中华民族的伟大复兴。同时，生产力标准的确立，使人们在社会历史发展问题上摆脱了那种试图通过离开人的包括生存需求和发展需求在内的整体性生命需求，来思考人与自然、人与社会（人）之间矛盾的解决的道德说教，摆脱了道德主义因为无法解决道德的理想性与生活的现实性之间的矛盾所陷入的抽象。通过生产力标准，人们既能在现实世界找到了评判历史事件和历史人物是非功过的标准，又能找到自身安身立命的现实路径。

另一方面，只有全面理解生产力和生产关系的矛盾运动规律，我们才能更深入地理解一切历史冲突。因为生产力和生产关系的矛盾是"一切历史冲突的根源"，决定着社会中其他矛盾的存在和发展。当旧的生产关系成为生产力的桎梏时，生产力就必然要求改变或变革生产关系，而一旦生产关系或经济基础状况发生了变化，就必然要求改变旧的上层建筑，进而引发其他社会矛盾的产生和发展。存在于我们日常生活中的诸多矛盾其实都与生产力和生产关系的矛盾有着千丝万缕的联系，甚至直接由它所决定。解铃还须系铃人。只有当我们立足于反映人与自然之间关系的生产力，反映人与人（社会）之间关系的生产关系，尤其是立足生产力与生产关系二者之间的辩证关系及其对其他社会矛盾的决定性作用来思考问题，把人看成是在根本上处于生产力与生产关系，经济基础和上层建筑的矛盾运动之中的具体的个人，自觉尊重生产力和生产关系，经济基础和上层建筑的矛盾运动规律，而不是被动地受制于本能、经验或抽象的道德理想，才可能找到解决自己生活中的诸多问题的方向和方法。

例如，在现代社会，社会生产力虽然获得了很大发展，但仍然没有达到为每个人的整体性生命需求的满足提供充分的客观条件的水平。由其所决定的生产关系和上层建筑只能为人们塑造如下的基本生存情境：少数人有条件满足其整体性生命需求；大多数人则只有条件满足自己生存需求，但尚不能全面满足自己的发展需求；还有一部分人不得不把自己的生命当成谋生的工具。在这种背景下，有条件满足自身的整体性生命需求的人，如若不想在骄奢淫逸中迷失自我，就需要珍惜历史的眷顾，更好地发展自己，在追求生命的完满和自我实现的过程中更多地奉献社会，以真正确立自己生命的尊严。与之不同，对那些有条件满足自己生存需求，只有通过在正确的方向上努力提升自己，才能满足自己的发展需求的人们来说，当务之急不是以理想主义的态度去苛求历史，愤世嫉俗，也不是迷失于消费主义的追求中，而是在社会所提供的可能性范围内，在令自己感动的自我实现的追求中，找到使自己的生命更加完满的现实路径。对于那些暂时不得不谋生的人来说，则可以通过充分利用作为现代生产力水平之标志的电子信息技术给人们的生活带来的革命性影响，不断提升自己的科学知识水平和人文涵养，增强自己解决现实生活中具体问题的能力，使生活更加美好。

总之，对于人们来说，改变环境与改变自身总是同一个问题的两个方面，具体个人只有既尊重自身所处的由生产力和生产关系，经济基础和上层建筑的内在矛盾运动所决定的社会环境的内在发展规律，又尊重自身的整体性生命存在内在发展规律，在改变环境的同时完善生命自身，在完善生命自身的同时促进社会环境的改变，才可能在此过程中通过这种自由自觉的生活方式安身立命。

三　学习经济基础与上层建筑的辩证关系原理，破"社会历史"之浪

决定人类社会发展的另一个基本规律是经济基础与上层建筑矛盾运动的规律。深入学习和理解经济基础与上层建筑的辩证关系原理，有利于我们科学地分析社会问题，把握支配我们具体生活方式内在逻辑的社会历史结构，深入探寻何以在特定的社会历史逻辑之中安身立命，从而破"社会历史"之浪。

（一）区分经济基础与上层建筑，积极捕捉历史机遇

经济基础是由一定的社会发展阶段的生产力所决定的生产关系总和，是制度化的物质社会关系，是决定一个社会的社会性质的占统治地位的基本经济制度。经济基础作为生产关系的总和，总是通过经济体制表现出来。经济体制是社会基本的经济制度所采取的组织形式和管理形式，能更直接、更具体地影响社会生产力的发展。因此，在特定社会历史条件下，人们只有选择恰当的经济体制，才能够不断增强基本的经济制度的自我完善的能力，才能够进一步促进社会生产力的发展。从社会发展的角度来看，我们党只有领导全国人民，不断深化经济体制改革，才可能促进社会主义经济制度不断完善。反之，生产力是否获得了更大的发展，人们的物质文化生活水平是否得到切实地提高，又是检验既有的经济体制的选择是否恰当的标准。只有那些能够在客观上更好地调动起人们的创造力和自我实现的积极性，从而能够更好地促进社会生产力的可持续发展的经济体制改革，才能够现实地促进社会主义经济制度的不断完善。社会主义的优越性才可能在不断得到生产力标准的检验的过程中得以彰显。对于被卷入经济体制改革的浪潮之中的具体个人来说，我们只有勇敢而理性地面对现实，积极进取又尊重经济基础的决定性作用，珍惜时间，在各个领域积极培养为时代所急需的创造力和价值理性能力，才可能在巨大的历史挑战

中找到更好地发展自己的历史机遇,为自己的聪明才智的施展和生命意义和价值的确证找到现实的平台。

所谓上层建筑是指,建立在一定经济基础之上的意识形态以及相应的制度、组织和设施的总和,由作为意识形态的观念上层建筑和政治上层建筑两部分组成。其中,政治上层建筑包括国家政治制度、立法司法制度和行政制度等政治法律制度和国家政权机构、政党、军队、警察、法庭、监狱等政治组织形态和设施。观念上层建筑是指政治、法律、文艺、道德、宗教、哲学等服务于统治阶级的思想体系。政治上层建筑和观念上层建筑二者辩证统一。政治上层建筑是统治阶级在一定意识形态的指导下建立的,反之,已经形成的政治上层建筑,又作为现实的力量,影响和制约人们的思想理论观点,反作用于观念上层建筑,在整个上层建筑中居于主导地位。我们作为具体的个人,只能在由特定的经济基础所决定的特定的政治上层建筑和思想文化上层建筑所构成的生活背景下,进行特定的政治生活和文化生活。

国家政权是上层建筑的核心。国家政权是阶级矛盾不可调和的产物,是一个阶级统治另一个阶级的工具。它是在社会分裂为矛盾不可调和的阶级,阶级矛盾愈演愈烈的条件下,经济上占支配地位的阶级所建立的强制性的暴力机关。通过这一暴力机关,统治阶级可以把经济利益相互冲突的阶级之间的斗争限制在一定的"秩序"内,以保护社会不被消灭。国家肩负着政治统治和社会管理双重职能。因此,我们不能因为国家发挥了社会管理的职能,就无视它的阶级性,一个国家的内政外交都不会失去阶级统治的性质;反之,我们也不能因为国家具有政治统治的职能,就淡化它的社会管理职能,相反,"政治统治到处都是以执行某种社会职能为基础,而且政治统治只有在它执行了它的这种社会职能时才能持续下去"①。因为国家从社会中产生,需要保证社会存在。然而,在阶级社会,国家政权的政治统治职能与社会管理职能始终存在着紧密关系。因为国家政权为了在根本上维护统

① 《马克思恩格斯文集》第9卷,人民出版社2009年版,第187页。

治阶级的利益，保证统治阶级在政治上居于统治地位，它往往凌驾于社会之上，日益同社会相异化。国家与社会的矛盾只有通过无产阶级专政这一过渡形态，随着阶级的消亡而得到解决。那时，国家将把"迄今所夺去的一切力量，归还给社会机体"①，与社会完全统一，从而消亡。当然，这将是一个漫长的历史过程。在国家消亡之前，国家与社会的矛盾总是要通过国家政权的统治职能与社会管理职能之间的紧张关系表现出来。

因此，在一定的上层建筑语境下生活的具体的个人，只有全面认识上层建筑的本质特点，尤其是认识上层建筑的核心国家政权的本质，才可能在处理好与以国家政权为核心的上层建筑的关系的现实生活中找对自己的位置，扮演好自己的社会政治角色。例如，我们只有认识到国家政权的阶级性，认识到我们国家政权代表人民群众利益的无产阶级专政的性质，才可能在处理与国家政权的关系时，形成真正的主人翁的姿态。我们可以通过立足于人民群众的处于社会历史之维的整体性生命需求，克服形式主义，积极主动地利用党和国家赋予的民主权利参政议政；也可以通过国家政权所赋予的合法渠道，充分而理性地行使自己的民主权利，在切实推进社会主义民主法制建设不断完善的过程中实现自我价值和社会价值。此外，当我们认识到国家政权的历史性，尊重国家政权产生、发展、灭亡的客观规律，就会在处理自身与上层建筑，尤其是国家政权的关系时，既避免采取激进的否定态度，从而陷入以卵击石，自取灭亡的悲剧结局；也避免对尚且需要通过不断完善的政治制度的笼子进行规约的政治权力采取无节操的妥协，为了获得蝇头小利而不惜牺牲崇高和尊严。国家政权的历史性告诉我们，那种以维持少数特权者利益为目标的国家政权，终究要在经历人类文明的长河的洗礼之后，随着生产力的高度发展、阶级的消亡而走向灭亡。

（二）尊重经济基础和上层建筑的矛盾运动规律，弄潮于时代

经济基础与上层建筑的矛盾运动规律是存在于社会历史之中的另

---

① 《马克思恩格斯文集》第 3 卷，人民出版社 2009 年版，第 157 页。

一对基本规律。我们只有在尊重生产力与生产关系的矛盾运动规律的基础上,尊重经济基础和上层建筑的矛盾规律,才可能顺应社会历史发展的潮流,形成自由自觉的生活方式。在经济基础与上层建筑的矛盾运动中,经济基础是矛盾的主要方面,居支配地位,起决定作用;上层建筑是次要方面,是处于被支配地位的矛盾。

　　一方面,经济基础决定上层建筑的产生、性质和发展变化。任何上层建筑都不是凭空产生的,而总是在一定的经济基础之上被建立起来。某种经济基础一旦确立,就要求建立适合自己需要的上层建筑。特定的经济基础是一定的观念上层建筑和政治上层建筑赖以产生的物质基础。上层建筑的性质也是由它赖以产生的经济基础的性质所决定的,有什么样的经济基础就有什么样的上层建筑。例如,资产阶级在经济上的统治地位,决定了它在国家政权之中的统治地位。此外,经济基础的变更必然引起上层建筑的变革,并决定着其变革的方向。例如,由经济基础的发展变化所决定,代替原始氏族组织的是奴隶主专政的国家,代替奴隶主专政国家的是封建地主专政的国家……

　　因此,我们只有立足于由特定的生产力的发展水平所决定的经济基础,才可能全面理解特定的政治和观念上层建筑,才可能理性、客观地评判那些直接影响我们的生活选择的上层建筑。那些由特定的经济基础所决定的政治上层建筑和观念上层建筑,只有通过充分激发起统治阶级进行政治统治和社会管理热情和创造性,更好解决与被统治阶级之间的矛盾,促进社会生产力的发展,才有存在的合理性和生命力。在社会主义条件下,由我们的以公有制为基础的多种所有制并存的经济基础所决定,只有不断发展和完善与其相适应的政治上层建筑和观念上层建筑,以调动起无产阶级所代表的广大人民群众参与政治统治和社会管理的积极性,才能充分彰显社会主义的优越性。

　　另一方面,上层建筑对经济基础具有巨大的反作用,集中通过它为经济基础服务的方向、方式和效果表现出来。从服务方向上看,统治阶级总是利用自己政治和思想的统治地位,来巩固和维护自己的经济基础,排除异己的经济基础,控制统治秩序。在服务方式上,统治阶级通过利用自己在政治上和思想上的统治地位，利用国家政权和意识形态的力量，建构有利于维护其经济基础的社会秩序和思想观念。最后，从服务效果上来看，当上层建筑被统治阶级用来服务于顺应社会生产力发展要求的经济基础的时候，就会促进社会发展，反之，就会阻碍社会发展。当然，上层建筑对经济基础的反作用是有限度的，它不能无视经济基础的作用而发挥反作用，国家权力必须依据既有的经济基础是否能够促进生产力的发展，来决定是否要改变特定的经济的总体结构和形式。同时，上层建筑还需要根据经济基础的要求，在不断解决自己与经济基础的矛盾的过程中不断完善自己。

因为在现实的社会生活中，上层建筑与经济基础之间不可能绝对一致，而是充满矛盾的，因此，我们就需要与上层建筑的反作用进行理性互动。一则，我们应该在国家的政治和观念上层建筑适应由生产力的发展所决定的经济基础的要求，整个社会欣欣向荣，充满活力的时代背景下，充分珍惜和利用既有历史机缘，积极调整自己的工作和生活状态，使之基本上契合既定的政治和观念上层建筑的要求，在努力做一个合格的公民的前提下使自己的生命更加完满。二则，在政治和观念上层建筑不适应由生产力的发展所决定的经济基础的要求的时候，在诸多社会问题和矛盾不断涌现时，我们需要理性地观察和分析国家政权是否或何以从全局上利用上层建筑的能动的反作用，通过对政治和观念上层建筑进行调整，来控制或引领人们的工作和生活，以促进社会经济总体结构和形式的完善，促进社会良性发展的。进而，在各自的生活情境下，对那些积极的上层建筑方面的调整做出积极的回应，以使它们能够更及时有效地发挥反作用，最终促进社会生产力的发展。

可以说，政治和观念上层建筑调整的实效性取决于它的每个当事人的能动作用的发挥，反之，每个人的积极作用的发挥，也离不开他与嵌入其生活之中的政治和观念的上层建筑的良性互动。尤其是在民主政治日益深入人心的现代社会，具体个人越来越能够通过政治上层建筑所赋予的合法途径来反映自己的利益诉求并促进其实现，就更需要充分利用政治国家所提供的合法平台,在促进经济基础的完善和社会生产力的发展的过程中实现自己的生命价值。当然,人是社会人,只有尊重和利用社会内在的发展的规律,才可能最大限度地发挥自己的能动性。具体的个人只有当其不仅仅是立足于自己的一己的私利,而是立足社会历史发展的现实,立足于既有经济基础,自觉以生产力发展为标准,才可能与既有国家政权要求产生共鸣,才可能与既有上层建筑之间展开积极而良性的互动,才能在推动社会发展的同时,实现自我价值。

经济基础决定上层建筑,上层建筑反作用于经济基础,形成了二者之间的矛盾运动。在一个社会的上升时期,上层建筑与经济基础基本适合,属于同一性质,其矛盾表现为,上层建筑中的不完善的部分与经济基础之间的矛盾。当社会发展到没落期,经济基础与上层建筑之间性质不同,有占统治地位的经济基础同旧上层建筑的残余的矛盾,也有占统治地位的经济基础与未来上层建筑萌芽之间的矛盾。由此可见,在实际运行中,经济基础和上层建筑的矛盾运动是极为复杂的。尽管如此,二者在作用的过程中仍然呈现出内在的、本质的、必然的联系:上层建筑和经济基础之间总是由新的上层建筑确立之初的基本适合到随着经济基础的发展而基本不适合,再到新的基础上的基本适合,再到基本不适合,如此川流不息、万古长新,促进人类社会不断向前发展。这就是经济基础和上层建筑的矛盾运动规律。值得注意的是,这一规律始终是以经济基础的决定作用为前提发挥作用的。由经济基础的决定性作用所决定,上层建筑不能长期落后于或不适应自己的经济基础,也不能脱离经济基础的发展状况和水平去发挥能动作用,因此,这一规律又被称为上层建筑"一定要适合"经济基础状况的规律。由经济基础与上层建筑的矛盾运动规律所决定,在特定的历史条件下,我们的生活也不是杂乱无章的,而是被经济基础与上层建筑的矛盾运动规律所界定和影响。经济基础和上层建筑之间的矛盾运动规律构成了我们个人生活逻辑的社会历史结构,决定着个体生命的社会历史命运和主体能动性赖以发挥的可能的空间。我们只有认识并尊重由经济基础与上层建筑的矛盾运动规律所决定的政治生活和文化生活的逻辑，才可能在特定的历史条件下乘风破浪，获得庖丁解牛式的自由。

总之，我们所不得不生活于其中的社会不是一个抽象的整体，而是由生产力与生产关系，经济基础与上层建筑的矛盾运动所决定的有机整体。对于我们党来说，只有尊重这些基本规律，才可能做出正确的决策。一方面，只有立足于生产力的发展要求，深化经济体制改革，我们党才能不断巩固和完善社会主义经济基础。另一方面，只有根据现有的经济基础的发展要求，稳妥地推进上层建筑领域的改革，改变一切不适应经济基础的管理方式、活动方式和思想方式，促进社会主义制度自我完善，我们党才能最大限度发挥上层建筑的反作用，在促进社会主义经济基础完善的基础上促进社会生产力发展，在根本上为人民群众的整体性生命需求的社会历史性满足创造条件，巩固自己的执政党的地位。对于具体个人来说，我们只有对那些影响具体的生活选择的生产力、生产关系、经济基础、上层建筑，及它们之间的辩证关系有一个清楚明白的认识，才能顺应社会历史的发展，充分利用既有的生产力、生产关系、经济基础和上层建筑的矛盾运动为人们所提供的发展空间，经营一种自由自觉的生活方式，在更好地满足彼此的包括生存需求和发展需求在内的整体性生命需求过程中安身立命于世。

第二节　做自己创造自己历史的现实的人

马克思主义哲学认为，"人们自己创造自己的历史"。我们可以从三个层次来理解这句话的丰富内涵：从人类的角度看，它是指，总体的人是总的历史发展的主体；从群体的角度看，它意味着，集体、阶级、民族的认识活动和实践活动决定历史发展的进程，其中人民群众是历史的创造者；从个体的角度看，尽管每个人在历史上发挥的作用的性质和程度各不相同，但都会在历史上留下自己的印记。在马克思主义哲学看来，一则，内在于总体人的主体作用的发挥，各种群体在历史中所起的作用的发挥，尤其是人民群众对历史的创造，都需要通过具体个人的活动得以实现。因此，我们应该把基于自身需要和社会需要而从事一定实践活动的，处于一定社会关系中的现实的个人作为说明社会历史的发展的出发点。二则，从现实的个人及其活动出发去说明社会历史的发展，并不是要把历史的发展简单地归结于个人史。因为人类历史，既不是"普通个人"的抽象堆砌，也不是"历史人物"的简单叠加；既不能被归结为推动历史发展的"功臣"的功德册，也不能被简化为阻碍社会历史发展的"罪人"的控诉状。它在本质上是超越个人史的，是一定的群体（集体、阶级、民族乃至全人类）的认识活动和实践活动及其产物的辩证作用的结果，是以一定的物质资料生产方式为基础的社会形成和演进的过程。因此，现实地从事以物质资料生产方式为基础的实践活动的人民群众才是真正的历史创造者。

一　学习人民群众是历史的创造者原理，在创造历史的实践中实现自己的生命价值

马克思主义哲学通过考察群体与个体的辩证关系，肯定由处于一定社会关系中的、为满足其生命需求而从事具体的实践活动的现实的个人所组成的人民群众，才是创造历史的决定力量和主导力量，是创造历史的主体。人民群众是指，对社会历史发展起推动作用的大多数人。在不同的历史时期，人民群众有不同的内容，但是人民群众中最稳定的主体部分，始终是从事物质资料生产的劳动群众及知识分子。马克思主义哲学指出人民群众是历史的创造者，科学地回答"谁是历史的创造者"的问题，同那种肯定神创造历史、观念创造历史、超人创造历史等唯心主义历史观划清了界限。这使人们可以自由自觉地通过参与创造历史的活动，得以安身立命于世。

人民群众创造历史的过程，就是作为人民群众的基本组成部分的个人，在既定的社会历史条件下，在改变环境以推动社会历史发展的过程中，不断提升自身创造性地解决具体化到自己生活之中的人与自

然、人与社会的矛盾的能力，进而提升自己解决人与自身的矛盾的能力，以安身立命于世的过程。

一方面，人民群众是改变历史环境的主体。人民群众之所以在社会历史发展过程中起着决定性作用，是因为人民群众是决定社会历史发展实践活动的主体。他们通过在具体的实践活动中社会历史性地解决人与自然的矛盾，人与社会的矛盾，在根本上解决生产力与生产关系，经济基础与上层建筑这两对社会基本矛盾，推动社会发展。人民群众创造历史的活动与社会基本矛盾推动社会发展的过程具有内在的一致性。其中，生产力反映了人民群众在特定的历史条件下，通过实践活动改造自然的能力。生产力的发展要求就是人民群众不断提升其改造自然的能力，以更好地满足彼此的整体性生命需求的内在要求。因此，人民群众总是能够顺应生产力的发展要求。同时，旧的生产关系不适合生产力的发展，就是旧的以生产资料所有制为基础的生产关系，不再能够充分调动人民群众从事具体的实践活动的积极性和创造性。这必然激发人们变革旧的生产关系的内在渴望。此外，当旧的政治法律和思想观念上层建筑不适应经济基础，从而阻碍社会生产力发展的时候，最受触动的，仍然是人民群众，因此，他们也最强烈地要求改变旧的上层建筑。可见，人民群众既是适应生产力发展要求的社会力量，又是具有变革旧的生产关系、旧的社会制度和思想观念的愿望的社会力量。人民群众的总体意愿和实践决定着历史的发展方向。

当然，人民群众不可能超历史地改变环境，只能在一定的社会历史条件下改变环境。人民群众创造历史的活动总是要受到特定的社会历史条件的制约。从前人继承下来的一定的生产力是人民群众进行创造性活动的物质基础和前提。不同的生产力发展水平为人民群众的创造性能力的发挥提供了不同的平台。特定的生产关系或经济制度，决定了人民群众的经济地位、经济利益和在生产中所能够发挥的作用。不同的生产关系或经济制度为人民群众的创造性能力的发挥提供了不同的空间。特定的政治上层建筑决定了人民群众的基本政治地位和政治权力，不同的政治体制条件为人们的创造性作用的发挥提供了不同的可能。特定精神文化条件，决定着人民群众的不同的价值选择。先进的科学文化和思想道德，能够引起人民群众的理性的共鸣，引导他们形成自由自觉的生活方式，在追求充分发挥自己的创造性的过程中实现个人价值和社会价值。相反，消极落后的文化意识，则往往通过引导人民群众去认同某种片面的生命需求，使其安于现状或发展某种单向度能力，从而削弱其创造历史的作用。

　　总之，我们作为人民群众之中的一员，只有既铭记自己创造历史的使命，又立足于现实的社会历史条件，清楚地认识既有的生产力发展水平，理性地分析我们所深处其中的经济、政治和思想文化条件，厘清哪些是有待完善和改进的，哪些是仍能够为我们的创造能力的发挥提供可遇不可求的机遇的，才可能既不苛求历史，又积极进取，在创造历史的过程中安身立命。例如，在社会主义条件下，我们就需要认识到，与历史上其他时期比较起来了，我们拥有了更好地发展自己的创造力的前所未有的经济、政治、文化条件。同时，我们也要清楚地看到，中国的生产力发展水平还不够高，经济体制和政治体制还有许多不完善之处，科学文化还比较落后。对此，我们党有着充分认识，因而一直坚持改革，甚至勇敢地涉足改革的深水区。作为党的领导下的人民群众之中的一员，我们只有勇负使命，在自己各自的岗位上发挥自己的聪明才智，切实推进改革，才能在追求与民族和国家命运共赢的新境界过程中，促进社会主义改革顺利走出深水区，才能在万众一心谱写中华民族的新篇章的过程中充分地实现自我的人生价值。

　　另一方面，人民群众总是在改变环境的过程中改变自身，在使自己成为物质财富的创造者、精神财富的创造者或社会变革的现实的力量的过程中，实现自己的人生价值。其一，作为人民群众之中的一员，我们可以作为物质生产的承担者，社会生产力的体现者，通过在生产过程中不断积累和传播生产经验，运用科学技术武装自己，发明和改造生产工具，不断生产满足人们的衣、食、住、行等基本需求的必要的生活资料，不断为人们从事政治、科学、文化艺术等活动提供必要的物质前提，实现自己的人生价值。其二，我们的解决人与自然、人与社会、人与自身的矛盾的实践活动和具体的生活，是一切社会精神财富的源头活水，滋养着人类的精神生命。在生产力发展水平不断提高，人民群众日益拥有更好地满足自己的精神文化需求的客观条件下，作为人民群众的一员，我们能够通过珍惜这种千载难逢的历史机遇，将生活中遭遇的诸种挑战和问题作为自己深刻感悟生活的契机，充分利用各种现代信息资源提供的各种渠道，在人类优秀文化的海洋之中不断汲取精神养料，形成健康向上的价值观，既使自己在精神领域获得安身立命之感，也为人类精神财富的增长贡献自己的力量。其三，我们作为人民群众的组成部分，不仅能够通过创造社会财富来实现自己的人生价值，还能够作为"孕育着新社会的旧社会的助产婆"，通过创造和改造社会关系，作为社会革命的主力军来推动社会历史的发展，完成自己创造历史的使命，实现自己的人生价值。

简言之，人民群众既是物质生产力和精神生产力之中最活跃的因素，又是以生产关系为基础的社会关系变革的积极力量。生产力对生产关系的推动作用的实现，经济基础对上层建筑的推进，都需要通过人民群众的创造性实践活动来实现。"人民，只有人民，才是创造世界历史的动力。"① 我们作为人民群众的一员，只有以马克思主义哲学为指导，对此有着充分的自觉，才可能通过自由自觉的实践活动，在创造社会的物质财富、精神财富，乃至参与社会革命的过程中，在社会历史之中找到自己安身立命的基础。

学习人民群众是历史的创造者的原理有重要现实意义。一是，承认和尊重历史的创造者——人民群众，是无产阶级政党保持自己的蓬勃生机的法宝。正是因为充分地认识到这一点，我们党形成了群众观点和群众路线。群众观点就是人民群众至上的观点。它的具体内容是：坚信人民群众自己解放自己的观点，全心全意为人民服务的观点，一切向人民群众负责的观点，以及虚心向群众学习的观点。在群众观点

---

① 《周恩来选集》下卷，人民出版社 1984 年版，第 475 页。

的指导下，中国共产党提出了无产阶级政党的根本路线——群众路线，即一切为了群众、一切依靠群众，从群众中来、到群众中去的路线。曾经，中国共产党因为坚持群众观点和群众路线取得了民主革命和社会主义革命的胜利，在社会主义建设中取得了一系列成就。在新时期领导中国人民推进中华民族伟大复兴的进程中，我们党只有始终与人民群众心连心、同呼吸、共命运，真正把以人为本、执政为民作为检验党的一切执政活动的最高标准，才可能在复杂的国内外环境中永得民心，立于不败之地。对于每个在各个领域工作的党员干部来说，只有自觉坚持和贯彻党的群众观点和群众路线，把通过人民群众的具体生活中的问题表现出来的人与自然、人与社会、人与自身的矛盾，作为挖掘自己生命潜能的机遇，不断提升自己学习能力，不断增强自己的业务能力和文化涵养，才能在创造性地解决这些矛盾的过程中，不辱党交给自己的历史使命，实现自己的人生价值。

　　二是，学习人民群众是历史的创造者的原理，对于作为人民群众的一分子的具体个人来说，也有着重要的现实意义。它一则有利于普通的个人认识到自己在历史中的位置，找到自己的社会坐标，从而能够立足于现实，以自己在既定的社会历史条件下的实践活动为中介，不断地提升自己社会历史性地解决人与自然、人与社会、人与自身的矛盾能力。二则，它有利于具体个人形成"天下兴亡，匹夫有责"的担当，从而不是仅仅把工作当成谋生的手段，而且是将其看成自我实现和创造历史的中介，从而能够在具体的工作生活中，如孔子所期待的，"好学近乎知，力行近乎仁，知耻近乎勇。知斯三者，则知所以修身；知所以修身，则知所以治人；知所以治人，则知所以治天下国家矣"①。立足于本职，爱岗敬业，学思并用，知行合一，积极地扮演好自己的社会角色，实现自己的人生价值和社会价值。

二　辩证分析历史人物在历史发展中的作用，确立人生向导

　　历史唯物主义肯定人民群众是历史的创造者，不是否定个人在历

① 子思：《中庸》，杨洪、王刚注译，甘肃民族出版社1997年版，第44页。

史上的作用，而是从这一前提出发，既肯定作为人民群众的主要组成部分的"普通个人"在推动社会历史发展过程中的积极作用，又具体分析对历史进程产生深刻影响的"历史人物"的作用。这使我们既可以通过认同人民群众是历史的创造者，确定人生的方向；又可以因为深受杰出人物的认识和利用历史规律的生命激情感染和人生智慧的熏陶，找到人生之中的向导。在价值虚无主义肆虐的现代性背景下，在认同人民群众是历史的创造者的前提下，在历史的长河之中为自己树立人生的楷模，显然有着独特的现实意义。

所谓历史人物是指一定历史事件的主要倡导者、策划者、组织领导者或思想理论和科学文化的重要代表人物。与"普通个人"比较起来，他们对历史产生了深刻的影响，甚至能够通过决定个别历史事件的结局而影响整个社会历史发展的进程。根据历史人物在历史发展过程中所起作用的性质，我们可以把他们区分为推动历史发展的英雄人物和阻碍历史发展的反动人物。因此，对历史人物起作用的情况应该做具体的分析。

其中，杰出人物之所以为杰出人物，是因为他们比一般人站得高、看得远，能够更早地认识和把握历史发展的趋势和人民群众的意愿，有着更强烈地解决历史任务的愿望，从而能够自觉地顺应历史的发展规律，提出推进历史前进的任务，启发群众的觉悟，通过制定正确的路线和方针，组织有改变现实要求的群众去实现一定的历史任务。杰出的政治家、军事家、科学家、思想家、艺术家、教育家等正是通过顺应社会历史发展规律的充满创造性的实践活动与普通群众一起推动社会历史发展的。

杰出人物之所以能够在推动社会历史发展中发挥巨大的作用，既有偶然因素的影响，又受制于历史的必然性。一方面，应该肯定，杰出人物之能够影响历史进程，离不开他们的超越普通人的激情、毅力、才智等"个性"因素的作用。然而，这些杰出人物虽然可以凭借个人的才能决定具体历史事件的结局，但是，他们终究不能改变历史的发展趋势，仅仅能够成为影响历史进程的偶然因素。

　　另一方面，必须看到，具有偶然性的某个杰出人物的出现反映了历史规律的必然性，即当由历史规律所决定的特定的历史任务成熟了，就一定会有人发现并提出这个任务，这是必然的。偶然出现的、提出历史任务的伟大人物的活动反映了历史规律的必然性。"时势造英雄。"杰出人物之所以为杰出人物，是因为他们的思想、行为符合社会发展规律，符合人民群众的愿望，顺应历史的发展要求，从而对社会的发展起推动作用。对此，中国古代著名的思想家老子也有深刻的洞察，他指出："江海所以能为百谷王者，以其善下之，故能为百谷王。是以欲上民，必以言下之；欲先民，必以身后之。是以圣人处上而民不重，处前而民不害，是以天下乐推而不厌。以其不争，故天下莫能与之争。"① 老子用江海与千溪百谷的关系作喻，指出正如江海愿意待在百谷下边，因此能够成为千溪百谷之王。圣人只有先处于民之下，跟随人民的愿望说话做事，才能使人民不觉得他提出的超前目标与任务是负担，从而愿意推崇他。这样的圣人因为顺应民心，不与民争，也就没有什么人能够与他相争了。无论是圣人，还是其他英雄人物只有能够顺应社会历史发展规律，尊重人民群众的愿望，与大道相一致，才能够因得民心得天下，才能享受那种"治大国，若烹小鲜"的游刃有余和气定神闲。"这是大道，这是胸怀，这是人生观、世界观、政治观、价值观，这是本体论也是方法论，这是修养也是人格，这是姿态也是灵魂。这是治国平天下的一种智慧和美，一种领导人风度，一种形象思维，一种直观体悟，一个超级发现。"②

　　总之，只有从必然性与偶然性的辩证统一关系中才能理解历史人物，尤其是伟大人物的历史作用。杰出人物只有乘"社会历史规律"之风，"顺"时代条件、民族条件、阶级条件之"势"而为，才能把握前所未有的历史机遇，破"社会历史进程"之浪，成就自己的英雄伟业，甚至创造"小人物"逆袭的奇迹。

　　由于是"时势造英雄"而不是"英雄造时势"，杰出人物不能随

---

① 老子:《老子》，孙雍长注译，花城出版社 1998 年版，第 132 页。
② 王蒙:《老子的帮助》，贵州人民出版社 2013 年版，第 231 页。

心所欲地创造历史，只能顺应历史发展规律，利用特定历史条件所提供的机会来发挥自己的聪明才智，影响历史的进程。因此，只有利用历史分析法和阶级分析法来评价历史人物，在肯定个人因素的影响的同时具体分析通过历史条件和阶级条件体现出来的历史发展规律的作用，才可能正确地评价历史人物，尤其是杰出人物。

所谓的历史分析法是指，把历史人物放到他们所生活的具体的历史条件和历史进程之中进行考察，根据他们是否比前辈提供了更新的东西，本质上是否在客观上促进了社会生产力的发展，促进人民生活水平的改善，来评价他们的功过是非。因此，我们既不能无视历史人物的历史局限性，对其进行片面的美化或拔高；也不能用现代人的标准苛求古人。同时，还要看到，同一个历史人物，在不同历史时期所发挥的作用也可能是不同的，从而对其进行具体分析。与坚持历史分析法相一致，坚持阶级分析法是指，在阶级社会，把历史人物放到一定历史条件下进行考察，必然包含着把历史人物放到一定的阶级关系中进行考察。阶级分析法要求我们在评价历史人物时，必须考虑他们所属的阶级的利益、愿望、沉浮状况，具体分析他们的阶级局限性和由其阶级的兴衰所决定的个人命运。一般而言，从属于反映进步的生产关系的阶级的历史人物，就是杰出人物；反之，从属于反映落后的生产关系的阶级的历史人物，往往因而逆历史潮流而成为反动人物。

对于我们来说，认识到杰出人物之所以能够在推动社会历史发展中发挥巨大的作用，既有偶然因素的影响，又受制于历史规律，并在此基础上利用历史分析法和阶级分析法对历史人物进行客观的分析和评价，具有重要的现实意义。

首先，它有利于我们理性分析历史人物，根据是否推动社会历史发展这一客观标准，区分哪些人是推动历史发展的杰出人物，哪些是阻碍历史发展的反动人物，从而自觉地以杰出人物为自己的人生榜样。当我们认识到，应该像马克思等杰出人物一样，尊重历史的发展规律，把在既定的历史条件下为人民群众谋幸福确立为自己的人生目标，就不会在受制于资本逻辑统治的历史条件下,利欲熏心,迷失方向;就不会仅把为人民服务当成口号,当成谋取个人私利的权宜之计,而是把自己的生命价值的实现与人民的需求的满足联系起来,在他人的需要上看到自己的价值,就会在价值多元的社会仍能坚守良知,勇敢前行。

其次,它有利于我们具体分析杰出人物,区分成就杰出人物的历史必然性的因素和个人的偶然性因素,从而理性处理与杰出人物之间辩证关系,既从这些历史人物身上汲取真正有利于自己成长的积极因素,又避免走入盲目崇拜的误区。必须看到,一个人只有在一定的社会历史条件下发挥主观能动性,在主动地改造环境的过程中改变自身,才能成为杰出人物。把这些杰出人物确立为自己的人生榜样,就是想让这些榜样时刻提醒我们,只有像他们一样自觉地顺应社会历史发展的要求,充分利用时代所提供的社会历史条件和阶级条件来最大限度地挖掘自己的生命潜能,更好地服务于社会,才能实现自己的生命价值。相反,无视社会历史规律的重要作用,片面夸大个人因素的作用,甚至将杰出人物性格因素或习惯中的某些缺点也夸大为优点,加以模仿或为自己的坏习惯做辩护,就会混淆是非,迷失自我。例如,有人就用名人烟瘾大,为自己吸烟做辩护。其实,杰出人物也只是人,不是神,我们只有利用历史分析法和阶级分析法对其进行理性分析,抓住那些使其成为杰出人物的主要方面进行学习,并把它们与我们自己的具体实际结合起来,才可能透过杰出人物充满意义的人生看到自己可以期待的未来。

再次,在有中国特色的社会主义条件下,学习和利用历史分析法和阶级分析法来评价无产阶级领袖,有利于我们作为普通群众处理好与无产阶级领袖之间的关系,既尊敬领袖,又避免神化领袖。因为无产阶级是历史上最革命、最先进的阶级,无产阶级领袖同其他杰出人物一样,之所以能够在历史上深深地打上自己的烙印,是因为他们顺应了历史的发展规律,反映了人民群众的愿望。同时,他们的活动也受到历史条件和个人能力的限制。无产阶级领袖在历史上发挥作用的大小，取决于他们对历史规律的认识程度及与人民群众结合的程度。只有那些既拥有卓越的才能，又能够真正躬身践行自己的人民公仆承诺，最善于集中群众智慧的无产阶级的领袖，才会赢得人民群众的衷心拥护和爱戴，才会领导人民群众更强有力地推动社会主义事业的发展。我们只有尊敬这些心系人民群众，与人民共命运，充满魄力、智慧和威望的无产阶级领袖，听从他们的组织和领导，自觉团结在他们的周围，才可能形成巨大的民族向心力和凝聚力，才可能在万众一心共同推动社会主义事业新发展的过程中实现自己的生命的意义和价值。同时，我们也要时刻铭记，我们之所以尊敬无产阶级领袖，不是因为他们处于领袖的位置上，拥有无上的权力，而是因为他们顺应历史的发展规律，有能力团结全党建立和完善一种更加能够促进社会生产力发展的经济制度、政治制度和意识形态，因而在根本上反映人民群众的愿望。相反，由尊敬领袖走向神化领袖，搞个人崇拜，不仅会使我们作为普通民众趋炎附势，迷失自我，丧失人之为人的崇高和尊严，而且还会使领袖成为脱离社会历史发展规律制约的神，成为无视人民群众根本利益的抽象符号。让无产阶级领袖离开了成就他的社会历史条件及人民群众，这无异于鼓吹让鱼离开水，让鸟离开空气，最后只能使无产阶级领袖成为失去历史的眷顾的、只有空洞的光环的孤家寡人。因此，在社会主义条件下，无论是无产阶级领袖本人，还是普通民众，都应对此保持高度的警惕。唯其如此，我们才会不断推进社会主义事业的新发展。

最后，在价值多元的现代社会，在鱼龙混杂、群星争辉的精神市场中，我们还可以使用历史分析法和阶级分析法，辨别良莠，理性追星。我们可以使用历史分析法，根据这些"星"是否提供了比前人更好地解决人与自然、人与社会的矛盾的方式，从而促进社会生产力的发展，因而符合人民群众的整体性生命利益，来判断他们哪些是真正为人类的物质财富和精神财富的积累添砖加瓦的值得追的"星"。同样，我们也可以利用阶级分析法洞察，哪些"星"在本质上是屈从于资本逻辑的，仅仅关心更多地赚钱和消费的"流星"。这些"流星"

为了赚取更多的钱，满足于在人民群众的片面的欲求上做文章，而不关心人民群众的整体性生命需求。然而，当我们满足于追求这些欲望时，失去的不仅仅是金钱，而且也会因此不断丧失社会历史性地解决人与自然、人与社会的矛盾的能力，失去与社会生产力的发展保持一致的能力，失去解决人与自身矛盾的能力，使我们自己充满潜力的生命迷失在那些"流星"所引导的无理性的欲望的狂欢之中。因此，我们只有通过阶级分析法撕破这些"流星"的伪装的面纱，看清他们的本质，自觉远离他们所塑造的潮流，才可能真正享受人类文明的盛宴的滋养，赶上时代的步伐。

总之，我们只有追寻杰出人物的脚步，认识到在历史规律面前，在人民的根本利益面前，"曲则全，枉则（直），洼则盈，敝则新，少则得，多则惑，……不自见，故明；不自是，故彰。不自伐，故有功；不自矜，故长"①。如同在大道面前，一个人只有能够懂得退让、变通，才能达到目的；只有不一味表现自己、自以为是、自吹自擂、自高自大，不片面夸大个人的能动性，才可能真正有所贡献，才能够长久；具体个人只有在自觉地尊重历史规律，把人民群众的根本利益放在首位的基础上，充分发挥自己的主观能动性，才可能使自己的生命在历史的长河之中星光闪烁，实现自己的生命价值。

第三节　创建人与社会历史的和谐关系

"正是在人与自然的交往关系的制约下，人们之间的交往活动构成了社会"②，因此，只有从人与自然关系的角度来把握生产力，从人与人（社会）关系的角度来把握生产关系及由其所决定的上层建筑，进而在此基础上来理解生产力与生产关系，经济基础与上层建筑之间的矛盾运动，才可能深入理解社会历史规律的人类

---

① 老子：《老子》，孙雍长注译，花城出版社1998年版，第43页。
② 陈晏清、王南湜、李淑梅：《马克思主义哲学高级教程》，南开大学出版社2012年版，第231页。

学的内涵。由此，我们可以发现具体的个人（无论普通个人，还是历史人物）自觉尊重社会历史发展规律创造历史的过程，在本质上就是经营一种自由自觉的生活方式，以更好地满足彼此的整体性生命需求，安身立命于世的过程。在现代社会，尊重社会历史发展规律，就意味着能够自觉地参与到社会革命、改革和科学技术革命的大潮之中，在不断现实推动相互中介的人与自然、人与社会（人）矛盾的社会历史性地解决的过程中，解决人与自身的矛盾，安身立命于世。这意味着，一方面，我们作为人民群众的一员，要始终坚持生产力的标准，通过以人的整体性生命需求的社会历史性满足为目标的自由自觉的生活方式来引领这些变革的发展方向，始终坚持把能否促进社会生产力的发展看成社会进步的最高标准。另一方面，我们又要通过参与这些变革，积极地为人的有着生存需求和发展需求的整体性生命需求的满足创造现实的条件，在根本上促进社会生产力的发展。在上述意义上，我们说，自己创造自己的历史的人与反映这些人的活动的社会历史必然性的社会历史规律统一于人们改造社会关系的社会革命、改革的实践及人们解决人与自然矛盾的科学技术实践之中。人们正是在此过程中通过把握历史赋予自己的种种生活机缘，在更好地促进人的整体性生命需求的社会历史性的满足的过程中，安身立命于世的。

一　学习社会革命、改革的作用原理，投入解决人与社会矛盾的实践大潮之中

由反映人与自然关系的生产力所决定的、反映人与人（社会）关系的生产关系的变革，由经济基础的变革所决定的上层建筑的变革，在社会领域既可以通过新的社会制度取代旧的社会制度的革命表现出来，又可以通过在既有的社会制度范围内所进行的社会体制的改革表现出来。前者反映了生产力与生产关系，经济基础与上层建筑的矛盾运动之中的质变。它决定着人们生活方式的

质变。后者则反映了生产力与生产关系、经济基础与上层建筑二者的矛盾运动之中的量变。它相应地反映了既定的社会历史条件下人们生活的方式之中所发生的量变。

由于无论是社会革命,还是改革,都反映了由一定生产力所决定的生产关系的变革,是人与人之间的以生产资料所有制为基础的生产之中的关系,消费、交换、分配等关系及由其所决定的政治上层建筑和思想上层建筑的变革,因此,就不能够离开迄今人类历史上所形成的基本的人与人之间的关系——阶级关系来理解社会革命和改革。

"所谓阶级,就是这样一些大的集团,这些集团在历史上一定的社会生产体系中所处的地位不同,同生产资料的关系(这种关系大部分是在法律上明文规定了的)不同,在社会劳动组织中所起的作用不同,因而取得归自己支配的那份社会财富的方式和多寡也不同。"①阶级既是一个经济范畴,也是一个历史范畴。在原始社会后期,随着生产力有所发展,有了产品剩余,出现了社会分工和私有制,社会成员才被分为占有生产资料的剥削阶级和不占有生产资料的被剥削阶级,阶级才得以形成。随着生产力的发展,阶级在此过程中不断地演变和发展。阶级不是从来就有的,也不会永远存在下去。在迄今人类历史中,除原始社会外,奴隶制社会、封建制社会、资本主义社会和社会主义社会都存在着阶级。

由于不同阶级在生产体系之中所处的地位不同,物质利益根本对立,因此它们之间的关系必然表现为斗争。其中,在经济上占有生产资料的剥削阶级,利用其统治地位,在经济上对被剥削者进行残酷的压迫,在政治文化领域对其进行政治统治和思想控制。受压迫的被剥削者,为了维持自己的生存,为了摆脱受压迫受剥削的地位,不得不进行反抗,从而形成阶级斗争。阶级斗争可以

---

① 《列宁选集》第4卷,人民出版社1995年版,第11页。

直接表现为经济斗争、政治斗争、思想斗争三种不同的形式，但归根到底都是由剥削阶级和被剥削阶级之间的物质利益所引起，反映了不同阶级的经济利益的对立和冲突。阶级斗争是生产力和生产关系、经济基础和上层建筑的矛盾运动在人的活动之中的体现，因而是社会发展的直接动力。

在生产关系成为生产力发展的桎梏，上层建筑严重阻碍经济基础的历史转折期，阶级斗争尖锐化，通过革命阶级推翻旧政权，建立新政权的社会革命表现出来。社会革命是阶级斗争的最高形式，是先进阶级推翻反动阶级的统治，用新的社会制度代替旧的社会制度，解放生产力的社会活动。它的首要的、基本的标志是国家政权从反动阶级手里转移到革命阶级手里，反映了社会形态的质变。

"革命是历史的火车头。"① 它反映了在一定的社会历史条件下，革命的阶级领导人民群众能动地解决生产力与生产关系、经济基础和上层建筑的矛盾的过程。当旧的生产关系严重阻碍生产力的发展，旧的上层建筑又竭力维护旧的生产关系的时候，革命阶级就会挺身而出，消灭旧的生产关系。当革命阶级消灭了旧的生产关系，建立新的生产关系，建立在旧有的经济基础之上的整个庞大上层建筑也或早或晚要发生变革。先进的阶级正是在通过社会革命推翻反动阶级的统治，建立新的社会制度的过程中，不断解放生产力，促进社会发展的。这一革命过程，也是人民群众的创造历史的积极性得到调动，意志得到磨砺，能力得到锻炼，成长为新的社会秩序的创造者的过程，是被压迫者的盛大节日。正是因为有由先进阶级所发起的社会革命，人类社会历史才会出现新旧生产关系的变革，新旧政权的更迭，生产力才会获得解放和发展，社会形态才能完成更替。社会革命是实现社会形态更替和促进社会历史发展的决定性环节。曾经，中国人民正是因为在中国共产党的领导下，把握历史机遇，积极地参与到社会主义革命之中去，才成功地创立了新中国！

---

① 《马克思恩格斯文集》第 2 卷，人民出版社 2009 年版，第 161 页。

　　通过阶级斗争所反映出来的生产力与生产关系,经济基础与上层建筑之间的矛盾运动,不仅通过社会革命这一促进社会形态发生质变的革命阶级的活动表现出来,还通过改革这一促进社会形态发生量变的、由统治阶级所主导的改革表现出来。

　　改革是在被统治阶级不断反抗压迫的过程中,统治阶级为了保护社会再生产正常进行,巩固和完善自己建立的社会制度,以进行持续剥削,在社会各领域所采取的新举措。它是同一社会制度的总的量变过程中的部分质变,是当社会基本矛盾发展到一定程度但又尚未激化到足以引起社会革命的历史条件下,统治阶级在不改变社会制度的前提下,对社会体制所进行的调整和革新。统治阶级以此来改变不适应生产力的生产关系,不适应上层建筑的经济基础,以促进生产力的发展和社会进步。

　　历史上,世界各国都在不断进行改革。其中,无论是中国的商鞅变法、文景之治、贞观之治、王安石变法,还是世界历史上著名的大流士改革、伯利克里改革、亚里山大的农奴制改革、明治维新、罗斯福新政,都在其所处的特定的历史条件下,为巩固和完善统治阶级的统治发挥了重要的作用。在当今世界,改革仍然是贯穿各国社会发展的主旋律,不断冲击着社会的各个领域。

　　社会主义作为优越于资本主义的新的社会形态,更不是一成不变的,而是自觉通过改革,不断进行自我完善。这是因为,首先,在社会主义制度和资本主义制度同台竞技的时代背景下,代表最广大的人民群众利益的无产阶级专政的社会主义国家,只有在社会体制层面,勇于改革,不断创新,不断打破束缚人民群众的积极性和创造力的旧体制和思想观念,以推动社会生产力可持续的较快发展,才能充分彰显社会主义的优越性。其次,在和平与发展已经成为时代主题,在经济、科技领域进行的没有硝烟的战争日益决定着社会主义国家的生死存亡的背景下,社会主义国家只有不断进行改革,增强自身吸收当代最新科技成就和社会化管理方式的能力,不断缩短与发达的资本主义国家之间的差距,才可能在与资本主义比吸引力的战争中取胜。可以说,"不改革开放……只能是死路一条"①。最后,经过 40 年的改革开放,我们立足于社会主义自身的矛盾,对社会主义制度下的具体体制、运行机制进行了全方位、多层面的调整,从而取得了举世瞩目的成就,展现了社会主义事业的生机与活力,这雄辩地证明了改革是当今中国命运攸关的重大抉择。在当代中国,存在于社会主义制度内部的生产力与生产关系,经济基础与上层建筑的矛盾,继续通过各种社会问题的形式涌现,进一步将我们推向了改革的深水区。在新的历史条件下,我们党只有领导全国人民,坚定改革的决心和信心,进一步在经济、政治、科技、教育、文艺、体育、人们的思维方式和生活方式等各个领域深化社会主义体制和运行机制的改革创新,勇于啃硬骨头,善于啃硬骨头,才可能推动中华民族实现伟大复兴。

总之,由生产力和生产关系,经济基础与上层建筑的矛盾运动规律所决定,社会革命和改革构成了不同时代人民群众的不同的历史机遇。其中,由上述二者不可调和的矛盾所决定的革命阶级推翻旧制度的社会革命,构成了生活在特定的历史转折期的人民群众的重大历史机遇。相反,在生产力和生产关系、经济基础与上层建筑之间的矛盾尚未激化的时代背景下,由统治阶级所主导的改革无疑也为深处其中的普通人的生活的改善提供了历史机缘。一则,我们可以充分利用社会改革为人民群众所释放出来的更好地满足其整体性生命需求的空间,在各自的工作岗位上更好地发展自己。二则,我们可以勇担社会责任,积极通过各种合法渠道和手段,现实促进各种改革措施落实,推动社会发展,实现自己的人生价值。能否自觉顺应由生产力和生产关系,经济基础和上层建筑的矛盾运动所决定的社会革命或改革的历史潮流,直接决定着我们在不同的社会历史条件下能否安身立命于世。因此,在

---

① 《邓小平文选》第 3 卷,人民出版社 1993 年版,第 370 页。

代表了新的生产方式,最有前途、最富有革命的彻底性的无产阶级专政的社会主义条件下,我们只有更自觉地以无产阶级的解放全人类的历史使命为使命,立足于人的整体性生命存在,摆脱受制于资本逻辑的种种与人的整体性生命存在相疏离的盲目欲望的束缚,有目标有坚守,积极参与到社会主义改革的伟大实践中去,才可能在社会历史性地解决人与社会的矛盾的过程中,在顺应生产力与生产关系、经济基础与上层建筑的矛盾运动中,为更好地满足人民群众的整体性生命需求的中华民族的伟大复兴贡献自己的力量,实现自己的人生价值。

二　学习科学技术在社会发展中的作用原理,做互联网时代的弄潮儿

如前所述,社会革命和改革是由生产力与生产关系、经济基础与上层建筑的矛盾运动所决定的人们社会历史性地解决人与社会矛盾的实践方式。人们能否在不同的社会历史条件下自觉地参与到推动社会革命或改革的实践中去,决定着其能否现实地推动人与社会的矛盾的解决,能否通过建立人与社会的辩证关系得以安身立命。与之相对应,科学技术革命则反映了生产力与生产关系、经济基础与上层建筑的矛盾运动所决定的人们社会性地解决人与自然矛盾的实践方式。人们能否自觉参与到科学技术革命的实践中,充分利用科学技术革命对其生产、生活所产生的积极影响,形成正确的价值观克服其消极影响,决定着其能否现实地推动人与自然的矛盾的解决,获得安身立命之感。

所谓科学技术是科学与技术的统一。其中科学是指人们对客观世界及其规律的理性认识,可以分为自然科学、社会科学和思维科学。技术是指人们改造世界的操作性手段、程序和方法,有广义和狭义之分。广义的技术包括生产性技术和非生产性技术。狭义的技术则主要指人们改造自然的生产性技术。作为人类认识活动的科学和作为人们实践活动的技术二者既相互区别,又辩证统

一。一则,科学上的突破会带来技术上的新发明和生产方法的改革。二则,技术发展和生产的需要又促进了科学的进一步发展。科学、技术彼此作用,相互促进,日趋融为一体,共同推动社会发展。

在现代社会发展中,科学技术所起的作用越来越大。当科学观念的变革和科学理论的突破发生质变形成科学革命时,也伴随着包括技术规范、结构、体系的变革和材料、工艺、能源、控制方面的重大突破在内的技术革命。科技革命在推动经济和社会发展的同时,也产生了"全球性"问题,影响人类的生存和发展。

一方面,科学技术是推动社会发展的强大杠杆,通过不同程度地引起生产方式、生活方式和思维方式的深刻变革,带来了社会的巨大进步,也为具体个人更好地满足其整体性生命需求带来了巨大的社会历史机遇。

首先,科学技术革命对生产方式产生了深刻影响,从而影响了人们工作方式的变革。这需要我们在已有的工作实践的基础上,不断提升自己在特定领域适应新的科学技术要求的能力。一则,我们应该认识到,科技革命改变了社会生产力的构成要素,使生产过程中自动化、智能化水平日益提高,对体力劳动者的需要日益下降,对能够研发和操纵智能机的脑力劳动者的要求日益增多。因此,作为普通劳动者,我们只有形成终身学习的能力,不断提升自己的智力水平,使自己成为能够终身成长的脑力劳动者,才可能在未来的社会发展中谋得一席之地。相反,任何的懒惰和懈怠,都会使我们的生存和发展陷入巨大的被动之中。二则,我们还要看到,科学技术革命也改变了人们劳动的形式,人们的劳动方式正在经历着从机械局部自动化,向智能大系统化自动化的根本性变革。它首先带来传统产业的现代化,既使田园牧歌式的传统农业生产方式成为历史的记忆,又迫使机械局部自动化日益退出历史舞台。同时,它还使第三产业的比重不断增加。因此,我们若仍有志于在第一、第二产业从业,唯有努力把自己提升为科技人员或管理人员，才会获得更多的机遇。否则，就要改变观念，顺时应变，努力从第三产业中寻求谋生的机会和发展的空间。总之，在由科学技术革命所带来的巨大的生产方式的变革之中，无论是怨天尤人，还是怀有浪漫的乡愁，都无法阻止历史前进的脚步。对于大多数人来说，最理性的选择莫过于，自觉迎接历史的挑战，将自己的生命融入由科技革命为人类的生存和发展所塑造的新的可能空间中，从中寻找新时代所赋予我们的机遇，更好地发展自己。

其次，科学技术革命把人们带入了信息时代，对生活方式产生了巨大的影响。其一，信息技术为人们提供了收集、处理、储存和传递信息的新手段，给人们的学习和生活带来了巨大的便利，这使人们有机会在更高效地满足自身的生存需求基础上，获得更多的闲暇时间以更自由全面地发展自己。因此，我们只有抓住这一千载难逢的历史机遇，不断增强自己的资讯筛选能力，把那些最有利于自身的发展，进而能够更好地促进生产力发展，促进人与自然、人与社会之间的矛盾之解决的信息资源挑选出来，以提升自己从事科学、艺术、文化、教育等创造性活动的能力，才会因为有能力充分利用人类优秀的文化成果武装自己，更高效地塑造完满的生命状态，使自己既适应时代发展的快节奏，又避免陷入新时代的精神鸦片"资讯癖"中。其二，现代化的交通、通信等手段的广泛应用，使人们之间的交往更加便利。如果我们能够对这些使人们享受到"天涯若比邻"的交往便利善加利用，就会因此拥有更加开阔的视野，更加自主的发展能力和社会适应能力。因为便利的交往大大地减少了人们之间进行交流、合作的时间成本，使我们既可以以更短的时间更有效地整合诸种社会物质和精神资源，来更好地解决我们生活中诸种矛盾和问题，也可以与他人分享我们闲置的物质资源和丰富的精神资源，不断丰富自己的生命体验，更好地实现自己的社会价值。

最后，科学技术的发展还能够促进人们思维方式的变革。科学技术的迅速发展，使人们之间的交往不断扩大，认识和改造客观世界的能力不断增强，人们既能拥有新的理论知识结构，积极参与到社会组织结构中，又能通过运用新的工具和技术手段，去研究一系列新现实、新课题。这在根本上改变了思维的主体、客体和思维工具，引起了人们思维方式的变革，使其展现出前所未有的开放性、整体性、系统性和创造性等特点。在我们正在经历的互联网时代，人们进一步把新时代所需要的互联网思维概括为：用户思维、简约思维、社会化思维、流量思维、大数据思维、平台思维、跨界思维、极致思维等。因此，在这种新的历史语境下，我们只有主动出击，在科学技术革命为人们所提供的新机遇和挑战中，不断磨炼自己，提升自己的思维水平，不断发展出那些与科技革命的发展所塑造出来的新的时代需求相吻合的思维能力，才可能有幸不被科技革命的大潮所吞噬，从而从容地弄潮于时代。

另一方面，科学技术是一把"双刃剑"，在给人们带来福祉的同时，也带来了威胁人类生存和发展的资源、环境、生态等"全球性"问题。如果说，科学技术发展的积极作用，反映了人类通过解决人与自然的矛盾来更好地满足自己需求的能力不断增强；那么由科学技术的发展所引发的"全球性"问题则说明，如果人类不是立足于每个人的整体性生命需求来思考问题，而是仅仅追求与人的整体性生命存在相互疏离的片面欲望的满足，就会为了暂时满足自己眼前利益，无视自然的发展规律，从而不断激化人与自然之间的矛盾，牺牲人类的长远利益。对此我们必须始终保持高度警惕。

应该说，科学技术的确在粮食短缺、能源与资源枯竭、环境污染、生态破坏等"全球性"问题中扮演着不光彩的角色，但是，造成这些问题的最终责任者却是人。人们所建立的社会制度、利益关系及价值观念和认识水平，直接决定着其能否理性地应用科学技术，使其服务人与自然之间矛盾的解决，以可持续地满足人的整体性生命需求。

一则,在人们应用科学技术的时候,只有自觉超越那种以自私自利地占有为目标的资本逻辑的束缚,才可能把"表现为异己的、敌对的和统治的权力"① 的科学技术变成人民群众的福音。因为在资本主义条件下,"技术的胜利,似乎是以道德的败坏为代价换来的。随着人类愈益控制自然,个人却似乎愈益成为别人的奴隶或自身的卑劣行为的奴隶。甚至科学的纯洁光辉仿佛也只能在愚昧无知的黑暗背景上闪耀……现代工业和科学为一方与现代贫困和衰颓为另一方的这种对抗,我们时代的生产力与社会关系之间的这种对抗,是显而易见的、不可避免的和毋庸争辩的事实"②。因此只有将科学技术从资本逻辑的诅咒中解放出来,使其成为服务于最广大的人民群众利益的手段,人们才可能最充分地利用科学技术解决而不是激化人与自然之间的矛盾。科学技术发展才可能真正促进人类的幸福。

二则,人们在为科学技术的发展而感到自豪的同时,只有避免仅仅把科技理性尊奉为唯一的上帝,自觉用价值理性引导科技理性,使其摆脱终极目标和价值的盲目性,服务于人的整体性生命需求,才可能把科学技术的积极作用充分发挥出来。在此意义上阿尔伯特·爱因斯坦 (Albert Einstein) 指出,"关心人的本身,应当始终成为一切技术上奋斗的主要目标;关心怎样组织人的劳动和产品分配这样一些尚未解决的重大问题,用以保证我们科学思想的成果会造福于人类,而不致成为祸害"③。这就要求我们立足于人的有着生存需求和发展需求的整体性生命存在,全面认识人与自然的辩证关系,厘清已经渗透到我们工作、生活中的科学技术的双重影响;同时通过自由自觉的生活方式的选择,扬善抑恶,既充分利用科学技术所带来的巨大的福祉,又避免在科技革命所带来的巨大的社会发展中随波逐流,成为激化人与自然矛盾的帮

---

① 《马克思恩格斯文集》第 8 卷,人民出版社 2009 年版,第 358 页。
② 《马克思恩格斯文集》第 2 卷,人民出版社 2009 年版,第 580 页。
③ 《爱因斯坦文集》第 3 卷,商务印书馆 1979 年版,第 349 页。

凶。因为当人们真正立足自身的整体性生命需求思考问题时，就不会仅仅因为要追求片面的欲望的满足，误导科学技术为满足人们的难填欲壑盲目飞奔，而是引导科学技术为可持续地满足人们的包括生存需求和发展需求在内的整体性生命需求创造更广阔的空间。只有通过这种经由价值理性洗礼的科学技术的发展，我们才可能更好地解决人与自然的矛盾，在自觉建构人与自然的和谐关系的过程中，安身立命于世。

总之，在现代社会，我们只有始终把最广大人民群众的整体性生命需求的社会历史性地满足放在第一位，按照生产力与生产关系、经济基础与上层建筑的矛盾运动规律办事，自觉地参与到以改造不合理的社会关系为目标的社会革命、改革或以推进人与自然的矛盾的解决的科技革命中去，不断提升自己的社会历史性地解决人与自然、人与社会矛盾的现实能力，才可能在社会历史的发展中找到自己的位置，安身立命于世。在此过程中，人活动的目的性和社会历史发展的规律性辩证统一，二者共同促进人类社会形态演进和具体个人生活的发展。

第六章

感悟生命的真谛,创造人 与自身的和谐

印度现代著名哲学家吉杜·克里希那穆提说:"智慧不存在于书里,也不是存在于别人的经验所累积下来的知识里。当然,智慧出现在自我了解、自我发现的整个架构中。了解自己,就是终止悲伤,生出智慧。一个受困于恐惧和悲伤的心灵怎么可能会有智慧呢?只有在悲伤——也就是恐惧——终止的时候,智慧才可能存在。"[①] 我们只有正确认识自我,感悟生命的真谛,自觉地探寻生命的发展规律,形成理性的价值理想,从而能够通过同时受工具理性和价值理性指导的自由自觉的实践来解决人与自然、人与社会、人与自身的矛盾,建立起人与自身的和谐关系,才能安身立命于世。

第一节 尊重人的整体性生命规律

关于人,有着种种的界定,有人说人是理性存在物,有人说人是政治的动物,有人说人是语言的动物,有人说人是文化的动物。如此等等,不一而足。这些关于人的洞察,各有见地,但又难免有抽象和片面之嫌。

马克思主义哲学认为,人是有着生存需求和发展需求的整体性生

---

① [印度] 吉杜·克里希那穆提:《爱的觉醒》,胡因梦等译,深圳报业集团出版社 2006 年版,第 223 页。

命存在，是有着知、情、意、实践活动的整体性生命存在，是需要通过基本的认识和实践活动来认识自然和改造自然，并在此过程中通过处理社会关系的活动来更好地满足彼此的包括生存需求和发展需求的整体性生命存在。正是在此意义上，马克思指出，"人是一个特殊的个体，并且正是他的特殊性使他成为一个个体，成为一个现实的、单个的社会存在物，同样，他也是总体，观念的总体，被思考和被感知的社会的自为的主体存在，正如他在现实中既作为对社会存在的直观和现实享受而存在，又作为人的生命表现的总体而存在一样"①。

与旧哲学家抽象地谈论人的本质不同，马克思立足于有着生存需求和发展需求的具体的个人来探寻人的生命本质。他一方面发现，人有着基本的生存需求，基本的生存需要得不到满足的穷人连最美丽的风景也不会感兴趣。另一方面，他发现，人们即使在正常的情况下，也有停止安逸，通过劳动来发展自己的需求。"一个人'在通常的健康、体力、精神、技能、技巧的状况下'，也有从事一份正常的劳动和停止安逸的需要。"② 其中，人的生存需求的满足是其发展需求满足的基础。可以说，人的生存需求和发展需求是维持人的存在和整体性生命和谐，使其保持身心健康的基本需求。没有基本的生存需求的满足，人们的身心健康无从谈起。但是，仅仅有生存需求的满足，没有自我实现的发展需求的满足，人们也不会感受到人区别于动物的崇高和自由，从而获得精神健康。也是在此意义上，心理学家马斯洛把自我实现的需求看成人的最高需求。此外，这里的发展需求只有被理解为是建立在人的整体生命和谐基础上的可持续发展的需求，人们才可能避免因为片面追求发展需求的满足而牺牲身体健康，从而使自己失去持续地满足自己和他人的整体性生命需求的能力。总之，人的有着生存需求和发展需求的整体性生命和谐构成了我们理解人的生命本质时必须尊重的物质前提。只有从这一前提出发，我们才可能找到人的整体性生命存在的发展规律。

---

① 《马克思恩格斯全集》第 3 卷，人民出版社 2002 年版，第 302 页。
② 《马克思恩格斯全集》第 30 卷，人民出版社 1995 年版，第 615 页。

由于人们只有通过实践处理人与自然、人与社会的关系，才能满足自己的整体性生命需求，解决人与自身的矛盾，因此，不能离开处于社会历史之维的人与自然、人与社会、人与自身关系之中的实践来理解人的本质。其一，从人与自然的关系来看，人类必须依赖于自然界才能生存和发展，但自然界的天然状态并不完全适合于人，人们必须通过改造自然的实践这一对象性的活动来满足自身的生存和发展的需要。其二，从人与社会的关系来看，人不仅在实践活动中把自己从自然界中提升出来，使自然界成为自己的对象，而且在改造自然的过程中，发展着多方面的社会需要，形成了丰富多彩的社会关系。人的一切社会关系都是在实践活动中产生的。人们正是通过这种处于社会关系之中的实践，更好地满足彼此的以生存需求和发展需求为基础的整体性生命需求，确证生命的意义和价值的。实践集中表现了人的本质的社会性。其三，从人与自身的关系来看，实践是人所独有的活动，创造了人，形成了人的特有的本质。只有在实践基础上，人的本质才能得到充分的体现和确证。因为人们只有通过实践才可能更好地满足自己的整体性生命需求，现实地确证生命的意义和价值，感受到充实。我们只有在实践的基础上才能更好地满足彼此的整体性生命需求，与人的整体性生命需求相统一的实践活动是人的存在方式。一个人的实践活动是什么样的，它这个人就是什么样的。总之，人在本质上是通过处于人与自然、人与社会的社会历史关系之中的实践活动来满足自己的整体性生命需求，以解决人与自身矛盾的人。我们需要通过处于人与自然、人与社会、人与自身关系中的实践活动来满足彼此的整体性生命需求，确证生命的意义和价值。不能离开处于人与自然、人与社会、人与自身的现实关系之中的实践来抽象地谈论人的本质。

当然，由于人的包括生存需求和发展需求在内的整体性生命需求的满足还是一个社会历史过程，所以，马克思主义哲学立足于处于社会历史之维的人们的以实践为基础的现实的生活方式来把握人的自由个性及人的本质的实现，把人看成需要在社会历史性地解决人与自然、人与社会的矛盾的过程中不断完善的生命存在。通过社会历史地解决人与自然、人与社会的矛盾来社会历史地满足自己的整体性生命需求，构成人们实现自己的个人价值和社会价值，确证生命的意义的基本的规律。我们只有通过发展以实践为基础的包括情感、意志力、习惯、信仰、认识能力在内的生命活动，才能在既定的社会历史条件下现实地解决人与自然、人与社会的矛盾，满足自己的整体性生命需求，并通过这些生命活动来现实地确证生命的意义和价值。在启蒙理性获得了巨大发展的现代社会，以理性为指导的实践活动对于人们情感的激发、意志力的培育、习惯的养成、理性信仰的确立具有决定性作用。反之，人们只有在对自身的生活实践有着理性认识的基础上，才可能形成相对稳定的价值观或信仰，才可能有内在的可持续的激情从事具体的实践活动，才可能在遇到困难的时候表现出坚韧的意志力，才可能因此养成良好的习惯。同时，人们有关人生的发展方向的认识及有关应该以怎样的方式从事具体的实践活动的认识，只有回到人们的生活实践中接受检验，才能证明自身存在的合理性，才可能成为人们继续执着前行的内在动力。因此，认识和利用认识与实践活动这对人的基本生命活动的辩证运动规律，有利于人们社会历史性地解决人与自然、人与社会的矛盾，更好地满足彼此地整体性生命需求，解决人与自身的矛盾，实现自身的生命和谐。

　　由人的需求的多样性所决定，人们往往会迷失于对某种片面的欲求的追逐，从而使自己最根本的整体性生命需求得不到可持续的满足，使生命陷入分裂状态。"他的每一种本质活动和特性，他的每一种生命欲望都会成为一种需要，成为一种把他的私欲变为追逐身外其他事物和其他人的需求。"[①] 因此，认识和尊重人的整体性生命规律有着重要的现实意义。关于这一点，古今中外诸多思想家也有过深刻的洞察。

　　老子说："出生入死，生之徒十有三，死之徒十有三，人之生动之死地亦十有三。夫何故？以其生生之厚。"[②] 人从出生到死亡，生的因素占三成，死亡的因素占三成。而想让自己生活得好，却因为太过

①　《马克思恩格斯文集》第 1 卷，人民出版社 2009 年版，第 321 - 322 页。
②　老子:《老子》，孙雍长注译，花城出版社 1998 年版，第 99 页。

于照顾自己的生存，忽视了生命的整体，走向死亡的因素也占三成。他又说："五色，令人目盲；五音，令人耳聋；五味，令人口爽；驰骋田猎，令人心发狂；难得之货，令人行妨：是以圣人为腹不为目，故去彼取此。"① 纷繁复杂的感官刺激，只能使人的感官受到伤害。骑马射猎游戏娱乐，只能使人心难以自持。难得的商品，只能诱惑人去做不好的事。因此，有道行的人仅仅考虑自己内在的整体性生命的实际需求，而不被身外之物所蛊惑。

庄子说："今世俗之君子，多危身弃生以殉物，岂不悲哉！凡圣人之动作也，必察其所以之与其所以为。今且有人于此，以随侯之珠弹千仞之雀，世必笑之。是何也？则其所用者重而所要者轻也。夫生者，岂特随侯之重哉！"② 现世的君子多半为了追逐外物而危害身体，放弃生命，真是很悲哀。就如用宝珠去射高飞的麻雀，得不偿失啊！与之不同，圣人有所动作时，却一定要看清楚他所设定的目标及所采取的方法。立足于同样的出发点，庄子还在《天地》里讲了一个小故事："子贡南游于楚，反于晋，过汉阴，见一丈人方将为圃畦，凿隧而入井，抱瓮而出灌，搰搰然用力甚多而见功寡。子贡曰：'有械于此，一日浸百畦，用力甚寡而见功多，夫子不欲乎？'……为圃者忿然作色而笑曰：……'有机械者必有机事，有机事者必有机心。机心存于胸中，则纯白不备；纯白不备，则神生不定；神生不定者，道之所不载也。吾非不知，羞而不为也。'"③ 子贡经过汉水南岸时，看见一个老者用瓮盛水浇菜园，劳累却效果不佳，就建议他使用桔槔，没想到却招来了老人的反唇相讥。老人说："使用机械的人，一定会行机巧之事，从而生出机巧之心。有机巧之心就会无法保持纯净的状态，从而心神不宁，难以体验大道。"这个小故事的合理性在于，它揭示，当人的行为受制于工具理性，远离价值理性时，必然因小失大，使人的整体性生命无法得到安顿。这一点已经被现代性的意义危机所

① 老子：《老子》，孙雍长注译，花城出版社1998年版，第21页。
② 庄周：《庄子》，方勇译注，中华书局2010年版，第488页。
③ 同上书，第192页。

证实。

德国哲学家马丁·海德格尔（Martin Heidegger）指出，人们为制造更多的生活物品，使生活变得更加自主，发展了科技。然而，科技反过来却"宰制"人，使人经常遗忘自我，将全部注意力投射到外在世界，在"闲谈、好奇与模棱两可"之中消磨生命。赫伯特·马尔库塞（Herbert Marcuse）则指出，科技的发展在使人征服自然的能力大大增强的同时，也产生了超出有机的人维持其生存所必需的"额外压抑"。统治阶级引导人们相信在异化的劳动时间与闲暇时间截然分开的社会制度中能够得到幸福和自由，从而放弃创造性的实践和爱欲化的闲暇，心甘情愿去适应现有的制度，而不是去改变它。

正如拉尔夫·瓦尔多·爱默生（Ralph Waldo Emerson）说："生命可以被想象，但是不能被割裂，也不能被复制。生命的整体一旦被破坏就会引起混乱。"① 因为，"地球，满足人类的需要，但满足不了人类的贪欲"②。我们只有自觉认识和尊重人的整体性生命存在和发展规律，不受片面发展了的情感欲望支配，才可能在资本的占有逻辑所制造的现代性的迷失之中找到使自我的生命得到安顿的现实路径。这也是个人修身养性的过程。孔子说："天命之谓性，率性之谓道，修道之谓教。道也者，不可须臾离也，可离非道也。是故君子戒慎乎其所不睹，恐惧乎其所不闻。莫见乎隐，莫显乎微。故君子慎其独也。喜怒哀乐之未发谓之中，发而皆中节谓之和。中也者，天下之大本也；和也者，天下之达道也。致中和，天地位焉，万物育焉。"③ 人具有自然所赋予的本性，遵循它行事，就是合乎正道。使一切事物都合乎正道就是教化。君子无论在人看见看不见的地方，都要按正道行事。这个正道就是致中和，所谓中就是情感尚未发动，和就是发出来的情感合乎节制。总之，只有当人们不受片面发展了的情感欲望支配，而是

---

① ［美］拉尔夫·瓦尔多·爱默生：《生命》转引自《美丽英文全集　散文卷》，方雪梅编译，哈尔滨出版社 2009 年版，第 60 页。

② ［印度］莫罕达斯·卡拉姆昌德·甘地：《甘地自传》，叶李、简敏译，长江文艺出版社 2007 年版，第 232 页。

③ 子思：《中庸》，杨洪、王刚注译，甘肃民族出版社 1997 年版，第 1 页。

尊重处于人与自然、人与社会的社会历史性关系中的人的整体性生命存在，才可能使天地万物各得其所，使自己的生命也得到化育安顿。

第二节　充分发挥人的认识与实践的作用

孔子说："唯天下至诚，为能尽其性。能尽其性，则能尽人之性；能尽人之性，则能尽物之性；能尽物之性，则可以赞天地之化育；可以赞天地之化育，则可以与天地参矣。"[①] 孔子认为，只有天下至诚的圣人才可能通过自我认识，充分发展自己，进而能够了解他人，认识万物的本性和规律。当一个人既可以认识自我，又可以认识万物的发展规律，就能够赞助天地万物的化育，促成人与世界的和谐，从而可以与天地并立为三了。马克思主义哲学也认为，人们想现实地安身立命于世，想获得自由和幸福，离不开人们对自然、社会、人自身的客观规律的认识，离不开在这一认识的基础上利用这些规律，以更好地满足每个人的整体性的生命需求。我们只有能够自觉地培育起自己的工具理性和价值理性的认识能力和实践能力，既尊重客观事物本身的发展规律，也尊重自身的生命发展规律，才能无愧于自身作为与世界关系中的独立的一极，从而与天地参。作为人的生命活动的认识和实践本身的发展也是有规律可循的，只有认识和尊重认识和实践的发展规律，我们才可能使自己的生命潜能得到最大限度的发挥，以更好地满足自己的整体性生命需求，获得安身立命。

一　学习实践对认识的决定性作用原理，在实践中砥砺智慧

在人生的道路上，人们只有依靠正确的认识的指导，才可能在具体的实践活动中取得成功，才可能通过贯穿整个人生的实践活动更好地满足人的整体性生命需求，现实地确证生命的意义和价值，从而生活得无怨无悔。然而，人们的认识活动之所以能够指导实践，在根本

---

① 子思：《中庸》，杨洪、王刚注译，甘肃民族出版社1997年版，第54页。

上是因为它来源于人们的实践，在实践的基础上得到不断的发展和检验。因此，我们只有立足于社会生活实践，运用它为人们的理性思考所提供的有利条件，对其进行自觉的理性反思，才可能在此基础上形成能够指导人们走向幸福生活的经得起实践检验的真理性的认识。

第一，实践产生了认识的需要和动力。人们之所以要进行认识活动，是因为在纷繁复杂的现实世界，为了满足自己的生存需求，要进行基本的生产实践活动，或者需要通过参与社会分工，从事其他实践活动。当生存需求得到保障之后，人们又需要通过自愿参与特定的社会实践，来满足自己的发展需求。换言之，个人作为有着基本的生存需求和发展需求的整体性生命存在，为了满足自己的整体生命需求，需要从事改变世界的实践活动。然而，由客观世界的规律性所决定，人们只有既对外在于人的客观世界有着正确的认识，也对人与世界的关系有着清楚明白的认识，从而形成真理性的认识和正确的价值观，才可能在它们的指导下取得实践的成功。这样，由追求满足自身的整体性生命需求的实践所决定，人们既必须形成对具体事物的真理性的认识，也必须形成对人与世界之间的合理关系的真理性认识。各种具体的自然科学知识，正是在当时具体的历史条件下，由人们具体的实践需求决定而产生的。天文学的产生就与古代游牧民族和农耕民族确定季节、了解气候的实践需求以及后来航海的需要紧密相关。以哲学为基础的各种社会科学知识，也总是"应"特定社会的实践需求之"运"而"生"。在人的个性受到严重压抑的欧洲中世纪，追求张扬人的尊严和理性的各种思潮应运而生；在反映人与世界之间的严重分裂现代性背景下，追求人与世界之间辩证和谐关系的价值观又成为人们在各个领域从各个层面竞相推崇、积极地推进的价值目标。简言之，多元的社会实践需求是认识赖以产生的"源头活水"，实践中丰富多彩的挑战是激发人们理性认识能力的难得"机遇"。因此，只有洞察和珍视实践的需求，不断提升自己的工具理性和价值理性能力，我们才会因此拥有更加质感的人生。

　　第二，实践为认识提供了可能。由于人类的认识是主体人在特定的物质条件下，借助一定的物质手段的中介才能形成的对客观对象的反映。特定的物质条件和物质手段决定着人们对特定的对象的认识程度和水平。无论是特定的物质条件还是物质手段都是人们通过一定实践活动所创造的，没有人们在特定的实践活动的基础上所创造的物质条件和必要的物质手段，就不会有特定的认识的产生，实践为认识提供了可能。例如，没有现代工业所提供的各种强大的物质手段和物质工具，如电子计算机、高能加速器、太空探测仪器等，要从事现代科学研究是根本不可想象的。伴随着现代信息技术的发展所出现的大数据，则为人们更为深入地从事自然科学研究和人文社会科学研究提供了前所未有的机遇。这使人们能够更深入地揭示自然、社会、人的生命本身的发展规律，使人们更有可能提出现实地推进人与自然、人与社会、人与自身的辩证和谐关系之建构的新路径。在新的时代背景下，我们之所以能够更加充满信心地期待一种更能增强人类福祉的新的生活方式的诞生，是因为我们拥有了前所未有的现代信息技术这一必要的物质手段，从而拥有了获得更多真理性认识和正确价值观的可能性。

　　第三，实践使认识得以产生和发展。人们只有通过实践实际地改造和变革对象，现实地解决人与世界及人与自身的矛盾，才能使对象的真实状态、属性、关系、本质和规律得到充分地暴露，才可能使人与世界及自身之间的本质关系得以显现。人们只有通过实践使自己的感觉器官直接同对象相接触，才能够形成对客观对象及人与世界和自身关系的感性认识，进而才能在此基础上形成理性认识。人们只有立足于生活实践和科学实践，才可能在形成对客观对象的感性认识的基础上，形成真理性的理性认识。在人生当中，我们只有立于社会生活实践，主动迎接生活的挑战，才可能在形成直接的感性认识的基础上，形成对人与世界及自身关系的正确认识，形成日益成熟的人生观和价值观，才可能在这种价值观和人生观的引导下塑造有意义的人生。

　　当然，强调实践对人们的认识的形成的决定性作用，并不是说每一个人的认识都必须靠直接经验。因为每个人的时间和精力是有限的，而生活本身又是复杂多样的，被各种矛盾和问题所充斥。在这种情况下，我们只有通过学习、汲取前人的经验和智慧，才可能既减少自己的实践成本，同时又能更好地解决现实生活世界中的问题。因此，间接经验的作用不容忽视。那种否定作为人类认识成果的间接经验，贬低书本知识，轻视教育工作，拒绝向前人和他人学习的做法是错误的。然而，由于从根本上说，实践是认识的唯一来源，因此，我们在学习过程中，只有把书本知识当成前人的生活经验的总结，看到文字符号后面所承载的生活内涵，才可能避免在知识的学习和接受教育的过程中迷失方向；才能避免死读书，避免将鲜活的知识转化成为没有实践内涵和价值的僵化的教条。我们只有充分重视直接的生活实践经验，努力做到学以致用，才可能在实践中激活知识，赋予知识以力量。这样的间接经验才会成为被我们所真正内化的、促进我们更好地解决人与世界矛盾的间接经验。在此意义上可以说，个人认识能力的增长离不开直接的实践活动对间接经验的激活。不积极地参与认识客观对象的直接的实践活动，我们就不会有更全面更深刻的自然科学知识的积累；不积极地参与处于人与自然、人与社会、人与自身的矛盾的旋涡之中的直接的生活实践，我们就不会形成更为深刻、经得起生活检验的生活感悟。作为间接经验的书本知识，只有被直接实践所激活，才会真正转化成为我们的认识能力。直接的实践归根到底决定着认识的产生和发展。

　　第四，实践是认识的最终目的和检验认识的真理性的唯一标准。人们之所以要进行认识活动，最终目的还是为了能够运用这一认识来指导自己的实践活动，从而在根本上提升人类的生活质量和幸福指数。同时，正如马克思所说，"人的思维是否具有客观的真理性，这不是一个理论的问题，而是一个实践的问题。人应该在实践中证明自己思维的真理性，即自己思维的现实性和力量，自己思维的此岸性。关于离开实践的思维的现实性或非现实性的争论，是一个纯粹经院哲学的问题"①。无论是自然科学真理，还是社会科学知识，都需要回到实践去检验。人们可以通过自然科学实验来检验各种科学理论的正确性，也能够依据特定的人生观、价值观在特定的社会历史条件下带给人们的福祉的多少，在多大程度上促进人的整体性生命需求的满足，来检验它们的正确性。只有那种能够在特定的社会历史条件下更好地满足人们的整体性生命需求，从而不断提升人们的幸福感、自由感、意义感的人生观和价值观，才能被证明是正确的人生观和价值观。在价值多元的现代社会，人们有选择的自由，但是，这并不意味着所有的人生观和价值观都能带给我们自由，活生生的生活实践会检验价值观、人生观的正确与否。当然，由于在特定的社会历史条件下，并不是所有的真理和价值观都能够被当时的实践所检验。在人们的社会生活领域，实践对人生观和价值观的检验更是需要漫长的过程。在这种情况下，人们如果没有坚持真理的勇气和决心，往往会使那些能够使人生更有意义的价值理想夭折，难以发挥作用。因此，坚持实践是检验真理的唯一标准，也要坚持实践检验真理的过程是一个社会历史过程的观点。

总之，人的认识是从实践中产生，为实践服务，随实践发展，并受实践检验。人们只有通过积极参与到解决人与自然、人与社会、人与自身矛盾的生产实践、社会政治实践、科学文化实践、日常生活实践乃至虚拟实践之中去，才可能在此基础上获得更多的科学真理和正确的价值理性，才可能在这些真理的指导下从事自由自觉的实践活动，促进人与自然、人与社会、人与自身的和谐关系的建构。人们在实践的基础上追求科学真理和生活的真谛的过程，也是人们在自身的直接的实践活动的基础上通过学习不断汲取和激活他人的间接经验的过程。人的认识正是在实践的基础上得到不断丰富和发展的。人们正是在这些不断丰富的认识的指导下从事积极的实践活动，来更好地满足自身的整体性生命需求，现实地确证自身的生命的意义和价值。

---

① 《马克思恩格斯文集》第 1 卷，人民出版社 2009 年版，第 503—504 页。

二　充分提升人的辩证认识能力，追求精神自由

如前所述，人们要想生活得更好，更好地满足其生存需求和发展需求，离不开认识这种生命活动。那么什么是认识呢？辩证唯物主义认为，认识是主体人在实践的基础上对客体的能动的把握。其中的客体既包括具体的客观事物，也包括这些客观事物之间的联系和关系。这种认识既包括反映事物的内在联系的真理性的认识，也包括反映人与世界关系的价值理性的认识。我们在进行哲学学习过程中经常提到的人生观和价值观，就属于后者。如果下一个定义的话，人生观应该是人们在对人的生命存在的理解基础上所形成的有关什么样的人生才是有意义和价值的人生的基本观点，是人们对处于人与自然、人与社会、人与自身的矛盾关系之中的人生的理性的把握。我们只有自觉地提升自己的认识能力，培育价值理性和工具理性，才可能更好地解决自己与外部世界之间的矛盾，获得更多的自由。庄子曾借孔子之口表达了自己对人们提升自己的认识的重要性的认识。"知足者不以利自累也，审自得者失之而不惧，行修于内者无位而不怍。"①知足的人不会为了利益而使自己身心受累，能够自省的人遇到损失不会恐惧，能够修养内心的人没有爵位也不会感到恐惧。归结起来，一个人只有不断修养内心，提升自己的工具理性和价值理性能力，才可能在处理人与世界的关系中做到游刃有余，自由自在。为了培育人的工具理性和价值理性的能力，需要注意以下几方面的问题。

（一）辨析认识的本质，坚持辩证唯物主义认识论

关于认识到底是什么，哲学家们之间存在着巨大的分歧，既有唯物主义与唯心主义的差别，也有辩证唯物主义和旧唯物主义的分歧。不同的立场决定着人们不同的人生选择。我们认为，只有坚持辩证唯物主义认识论，才可能找到更理性的人生发展方向。

唯心主义坚持从思想和感觉到物的认识路线，夸大意识、观念的

---

① 庄周：《庄子》，方勇译注，中华书局 2010 年版，第 495 页。

发展在人们的认识的形成和发展过程中的重要作用,要求人们充分发挥思想、观念的力量。从唯心主义认识路线出发,人们会强调,通过内心的反省或接受神明的启示,甚至跟着感觉和直觉走,就会形成让人无怨无悔的人生观。唯心主义认识论又有主观唯心主义认识论和客观唯心主义认识论之别。主观唯心主义认为认识是主观自生的、心灵的创造物,客观唯心主义认为认识是上帝的启示或绝对精神的产物。从人生观的角度来看,主观唯心主义人生观相信,人们仅仅依赖内在的自省和心灵的创造,就可以获得创造幸福和自由的人生智慧,人生的价值的实现依赖于这种心灵的修行或历练。客观唯心主义则认为,人们需要通过接受神明的启示、绝对精神的引导,才可以得到救赎,获得幸福。主观唯心主义和客观唯心主义的共同特点都在于否认认识是人脑对客观世界的反映,在认识问题夸大了意识的能动作用。在人生观的问题上,唯心主义哲学家们往往把人们获得的自我意识,非理性的生命感受、精神等看成可以离开人的客观整体性的生命需求而独立存在的东西,把自由、幸福等人生的终极价值目标等同于人的主观感受,认为人们仅仅靠获得自我意识、认识生命本质、提高人生境界等主观努力就可以安身立命于世,通过主观感受和心境的调适就可以获得幸福。它们都看不到人的整体性生命需求的满足才是人的生命的意义和价值的赖以确证的客观基础,才是人们可持续地获得内在的幸福感、自由感的基础,从而夸大了精神性因素在人们安身于世过程中可以发挥的能动作用。

与唯心主义不同,唯物主义坚持从物到感觉和思想的认识路线,强调客观事物对人们的认识形成的决定性作用,要求人们对客观事物本身的发展规律保持应有的和必要的敬畏,在人生观的问题上,从唯物主义立场出发,人们会认为,只有立足于人的生活实际,才能形成对于人生的正确的认识,才会形成正确的人生观。唯物主义也有旧唯物主义和辩证唯物主义的区分。其中,旧唯物主义把人的认识看成消极地、被动地反映和接受外界对象的过程。它的重大缺陷在于,不是把认识看成由人的实践活动所决定的、在实践过程中不断发展和完善的认识，而认为认识可以脱离人们的实践而孤立存在，甚至一次完成。在人生观的问题上，从旧唯物主义出发，我们往往会仅仅把不同的人生观归结于人们对自己所生活的琐碎的人生境遇的直观反映，是对人的生命存在状态的消极的接受，从而形成对人生直观的、僵化的理解。它因为无法立足于人的整体性生命存在及以满足人的整体性生命需求为目标的整体性生活实践来追寻人生的真谛，看不到人们可以通过对处于人与自然、人与社会、人与自身的实践关系之中的人生进行整体性的反思，在生活实践中不断丰富和发展自己对人生的认识而创造更好的人生境遇，从而很容易因为固执于对日常生活的琐碎的直观，陷入宿命论。

　　由于人的认识的形成既离不开对客观物质世界的尊重，也离不开人的理性、非理性等主观精神能力的发展，因此，片面夸大其中任何一方面都不利于理性认识的形成。辩证唯物主义的认识论同时超越旧唯物主义认识论的直观性和唯心主义认识论的视域局限，立足于人们的物质实践来把握认识的本质。它指出认识是人们在改造客观世界的实践的基础上所形成的主体与客体之间的反映被反映的关系。人的认识是在实践中不断发展变化的，是由不知到知、由浅入深的充满矛盾的辩证发展过程。人们只有在实践的基础上进行能动的创造，才会形成日益完善的认识。从辩证唯物主义的认识论出发，我们会发现，一个人的人生观也应该是他在解决人与自然、人与社会、人与自身的矛盾的实践中不断发展变化的。人们对生命的认识要经历一个由生活实践中的感性认识到理性认识，由相对性真理向对人生全面认识的绝对性真理的转化过程。人们需要通过能否更好地解决处于社会历史之维的生活实践之中的问题，不断地检验和发展既有的人生观。只有那种既能够使人们更好解决现实生活中的矛盾，以更好满足其处于社会历史之维的整体性生命需求的人生观，才能被证明是正确的人生观。由此出发，我们会发现处于自然境界、功利境界的人与处在道德境界、天地境界的人之间的差别不仅仅是人们对人生的认识能力的差别。人们赖以满足自身特定层面需求的处于社会历史之维的实践的差别，在很大程度上决定了其不同的人生境界和向新的人生境界跃迁的可能性。只有通过在社会历史地解决人与自然、人与社会、人与自身的矛盾的社会生活实践中的"修身",我们才可能达致提升人生境界的"养性"的目标。有生命力的人生观必然是处于与人们的生活实践的辩证关系之中的不断发展着的人生观。

总之,以实践观点和辩证观点为特征的辩证唯物主义认识论,既驳倒了唯心主义先验论和不可知的怀疑论,又克服了旧唯物主义直观反映论的缺陷,实现了人类认识史上的变革。辩证唯物主义认识论认为,认识是人们在实践的基础上能动地反映、把握和创造客体的活动。我们只有坚持辩证唯物主义的认识论,才能形成对自然、社会、人生的日益深化的认识,才可能在这一不断深化的真理性认识的指导下,更好地解决人与自然、人与社会、人与自身的整体性生命存在之间的矛盾,更好地满足自身的整体性生命需求,从而安身立命于世。

(二) 尊重认识的摹写性和创造性,形成客观而富有创造性的认知方式和生活智慧

辩证唯物主义认识论认为,认识是主体的对客体的能动反映,具有摹写性和创造性。因此,在人类社会发展和个人人生之中,我们只有在尊重认识摹写性的基础上,充分发挥意识的创造性,形成客观而富有创造性的认知方式,把握生活发展的社会历史逻辑,按规律办事,才可能形成既有利于社会发展又能够促进个体生命安身立命的生活智慧。

一方面,认识具有摹写性,认识总是以客观事物为原型,在思维中再现客观事物的状态、属性、关系、本质和规律。因此,人们要想形成对自然、社会的正确认识,离不开对具体自然对象和社会对象的状态、属性、关系、本质的正确反映。对于人的生命存在和人生本身的认识亦是如此。对于这一点,马克思有着深刻的洞察,他认为不能离开决定人的基本的生存需求和发展需求之满足的人与世界的关系来抽象地理解人的生命存在和人生问题。他认为人与自然、人与社会的矛盾的解决决定着人与自身的矛盾的解决,反之,人与自身的矛盾的解决在客观上又会推动人与自然、人与社会矛盾的解决。我们只有立足于人的有着生存需求和发展需求的整体性生命这一客观的存在，立足于决定人的客观整体性生命需求的现实满足的人与自然、人与社会的客观现实关系，才可能把握生命的本质和人生的真谛，才会形成经得起生命实践检验的、能够使我们现实地确证生命的意义和价值的人生观。只有以尊重人的整体性生命存在为前提的人生观来指导我们的生活实践，我们才会有值得期待的人生。

另一方面，人的认识作为主体对客体的能动的反映，不仅具有客观性、摹写性，而且具有能动的创造性。人们通过对认识对象的分析、抽象、选择、运用、重组、整合、建构和虚拟，在反映事物的现象的基础上，进一步揭示事物内在的本质的联系；在反映现在的基础上进一步揭示事物的过去和未来；在反映现实中的事物的基础上，进一步塑造现实中不存在的虚拟的事物。人们的认识正是通过反映的创造性，将自己的反映与动物的感觉和心理活动区别开来。同时由于每个人的认识结构和创造能力不同，一百个人眼中才有一百个哈姆雷特，一百个人眼中才有一百个人的世界。在相似和相同的社会历史条件下，由人的思维和认识的创造性所决定，人们的人生观和价值观差别是巨大的。人们可以通过发挥认识的创造性，在多元的人生选择空间中进行积极地选择和建构，塑造不断提升自我的人生境界的现实路径。

在辩证唯物主义认识论看来，认识的摹写性和创造性是辩证统一的，我们只有既坚持认识的摹写性，又充分地发挥认识的创造性，才可能把握人生和人类文明发展的正确的方向。

一则，不能离开认识的摹写性来理解认识的创造性。我们只有坚持认识的摹写性，在人类社会和人生的问题上，把握住生存与发展这一决定人的生命的意义和价值实现的客观需求，才可能在纷繁复杂的现实选择中区分现实世界与虚拟世界，找到决定人们进行选择的客观标尺。这使我们既能够立足于现实追求理想，用梦想照进现实，又避免陷入无视人的生存需求之满足的不切实际的理想主义之中。因为思维的创造性使人们能够塑造现实中不存在的虚拟的事物，这些虚拟的事物既可以是更好地满足人的整体性生命需求的资源，又可能使其深陷幻想世界的泥沼。我们如果不能立足于人的整体性生命需求及这些需求赖以满足的现实关系来对这些虚拟事物进行评价，而是任由思维在精神世界中进行信马由缰式的创造性的驰骋，其创造性很可能因此而失去方向。人们可能浪费大量本可以用来更好地解决现实世界之中的问题的时间和智慧，去创造大量有悖于人类文明发展的事物，从而深陷合理性危机之中。认识的创造性如果远离它赖以产生的客观基础，在带给我们虚幻的自由的同时，也会把我们带向巨大的虚无主义的深渊。因此，我们只有在尊重认识的客观性的前提下来发挥认识的创造性，才能够在满足彼此的整体性生命需求的基础上更好地安身立命。

二则，不能离开认识的创造性来理解认识的摹写性。我们只有充分发挥认识的创造性，才能透过现象看本质，才能透过客观存在的日常生活中的琐事，跳出自私自利的物欲的束缚，把握决定人生发展轨迹的基本的生活逻辑的社会历史结构。我们只有在尊重认识的客观性的前提下充分发挥认识的创造性，才能认清受制于资本逻辑的消费主义的生活方式的本质，使自己避免成为满足某种与人的整体性生命需求相异化的需要的工具，从而使自己的存在低于动物的水平。因为动物还能够依赖本能的引导来满足自己的生存需求，但是，人们有时候可能为了某种外在的目标，不惜透支生命，牺牲个体生命存在的整体性生命和谐，使自己丧失生命尊严。因此，我们只有充分发挥认识的能动的创造性，透过现象看本质，把握人的包括生存需求和发展需求在内的整体性的生命需求满足才是人的生命的意义和价值赖以确证的客观基础，形成有利于人与自然、人与社会、人与自身的矛盾的社会历史性解决的正确的人生观，才可能在这种正确认识的指导下，在创造性地解决现实中存在的矛盾的基础上，在追求自由全面发展和整体性生命和谐的实现的过程中，走向更加美好的未来。这一过程也是我们立足于人的整体性生命需求，积极汲取前人智慧和自己的经验，在每一个创造性地汇聚了我们现实地解决人与自然、人与社会、人与自身的矛盾的智慧和信念的"当下"体悟安身立命之感，在时间之流中创造有意义的人生的过程。

总之，辩证唯物主义认识论认为，认识是人们在实践基础上以认识结构为前提对客观对象所进行的不断深化的选择性和建构性的反映，是人们通过在观念上把握和创造客体，建构主观与客观之间的统一性关系的活动。由于人们实践的最终目标是为了更好地满足彼此的包括生存需求和发展需求在内的整体性生命需求，因此建立在实践基础之上的认识活动只有自觉到人的整体性生命需求的目标，并在这一目标的指导下进行自觉的选择和建构，才能避免在具体的认识活动之中陷入主观主义和受制于物化的资本逻辑的统治的盲目性。我们只有立足于不断发展的生活实践，看到人的认识的形成是一个辩证发展过程，而不是一蹴而就的，从而在具体的认识过程中保持严谨的、开放的态度，使自己的思维保持一种富有弹性的存在状态，在不断解决现实的生活问题的过程中磨炼自己的理性思维，才可能既不断发现专业领域的真理，又不断增长自己解决生活中问题的智慧，从而形成保证我们安身立命于世的客观而富有创造性的认知方式和生活智慧。

（三）区分感性认识和理性认识，在自觉尊重感性认识的基础上追求理性认识

人们在实践的基础上能动地反映客观事物，经历着一个从感性认识到理性认识发展过程。其中感性认识是人们在实践基础上，由感官所直接感受到的关于事物的现象、外部联系、事物的各个方面的认识，包括感觉、知觉、表象三种基本形式。从感觉、知觉到表象，反映了事物由个别的特性到完整的形象，由感知印象的直接保留到事后的回忆的认识过程，反映了事物由部分到全体、由直接到间接的趋势。理性认识是指人们借助抽象思维，通过概念、判断、推理，在概括整理大量感性材料的基础上，达到的关于事物的本质、全体、内部联系和事物规律的认识。人们对任何事物的完整认识，都需要经过从仅仅揭示事物现象的片面的感性认识，发展到揭示事物本质的全面的理性认识的过程。

由于感性认识和理性认识各有特点，彼此区别，不容混淆，因此，在现实生活中,我们往往会因此割裂认识的完整的发展过程,片面强调其中的一个方面。其中,经验主义片面夸大感性经验的作用,把认识归结为感性认识,甚至用感性经验取代理性认识,在生活中满足于停留于各种感性认识阶段。执着于已经取得的经验,在恋爱中追求一见钟情,在生活中沉迷于各种感官的刺激,等等,都属于经验主义。它们共同的特点在于把局部的经验当成永恒的真理,以偏概全。然而,那种不能给人们带来心灵的洗礼、不利于人的发展、无助于人的整体性生命和谐之实现的欲望,不能使人们获得现实地解决人与自然、人与社会、人与自身的矛盾的智慧的各种感觉大餐,对于人们的影响其实无异于鸦片。人们在满足于它们所带来的短暂的刺激的同时,也会失去现实地解决人与世界矛盾的能力,使自己的整体性生命存在身处困境。正是因为对此有着深刻的洞察,老子才指出,"塞其兑,闭其门,终身不勤;开其兑,济其事,终身不救。见小曰'明',守柔曰'强'。用其光,复归其明,无遗身殃"①。在老子看来,感性认识是靠不住的,被感性认识所俘虏,人们会陷入生命的困境。由此,他让人们反其道而行,塞上感觉的进口以趋向大道,形成理性认识之光,以明察秋毫,使自身免受灾难。人们只有坚守这超越感性认识的大道,才可能到死也不会发生什么危险和错误。

当然,人们也可能因此而走向另外一个极端,片面强调理性认识的重要性,执迷于脱离感性经验的理性思辨,夸大书本知识和理性认识对于人们认识形成的重要意义,从而走向哲学上的唯理论和生活中的教条主义。在人生问题上,不是立足于自己所处的生活实际,针对所面临的具体问题寻求解决之道,而是试图根据某种理想主义的教条来剪裁生活,就可以看作这种教条主义的表现。我们小时候遇到问题时,总喜欢说这是老师说的,偶像说的,其实也是教条主义的表现。尼采哲学要求进行价值重估,其合理性在于,他反对那种离开了丰富的感性生活去认同抽象的道德传统的教条主义做法。教条主义可以说

---

① 老子:《老子》,孙雍长注译,花城出版社 1998 年版,第 103 页。

是科学认识的拦路虎，它使科学真理失去了赖以产生的丰富的实践基础，同样，教条主义也是阻碍人们获得人生智慧的绊脚石，它使人们失去了感同身受的、更加深刻地认识各种有价值的道德范畴的现实可能，从而在抽象的道德主义的追求之中迷失自我，而不是在积极地解决人与世界的矛盾的过程中形成明确的人生坐标。

在价值多元的社会，应该警惕的是，无论是片面夸大感性认识重要性的经验主义，还是片面夸大理性认识的重要性的理性主义或教条主义的观点，都可能在网络世界之中找到诸种对其进行强化的他者。这使我们很容易在数字化的世界中不断强化自己已有的片面认识，进而把不断得到强化的片面认识当成真理。因此我们只有老实实地尊重感性认识和理性认识的辩证发展规律，在对人生的认识的过程中，既重视形象、直观的感性认识的重要作用，又渐渐习惯于通过概念、判断、推理，通过概括、分析和综合来把握人生的内在联系，才能对人生的内部、本质、全面联系形成正确的认识，形成有利于人们安身立命的主观坐标系。我们只有不局限于感性认识对于人的整体性的生命存在的体认，而且还能够通过理性认识建构主观坐标系，才可能在进入网络世界时，仍能够保持必要的警惕，避免被数字世界的数据所强化的某种片面的认识所蒙蔽，丧失进行理性思考和判断的能力，才可能既避免在现实社会中为了难填的欲壑而疲于奔命，又能够找到自己的兴趣所在而积极发展自身，安身立命于世。

三　尊重认识与实践的辩证运动规律，追求认识真理和实践智慧

辩证唯物主义认识论认为，人们的认识会经历一个从实践到认识，再从认识到实践，再到认识，再到实践，再到认识的不断反复和无限发展的过程。人们无论是对客观对象世界的认识，还是对人生的认识，即对人与世界的关系的认识，都不是一次完成的，而是人们在总结实践经验基础之上不断深化的过程。因此，我们不仅需要在对客观对象世界的认识的过程中能够保持一颗好奇心，保持一种开放的态度，更需要在对处于人与世界关系之中的整体性生命存在的认识的问题上，

能够做到解放思想,实事求是,勇敢而富有创造性地探寻正确的价值观,根据在实践中收获的充实、自由、幸福来检验和发展自己业已形成的价值观,从而逐渐形成一种能够促使我们更好地解决人与世界的矛盾的真正的人生智慧。

(一) 促进实践向认识飞跃,享受精神自由

认识运动的辩证过程,首先是从实践到认识的过程。在这个过程中,认识采取了感性认识和理性认识两种形式,并经历了由前者到后者的能动飞跃。人们无论是对客观对象世界的认识,还是对处于人与世界之间的辩证关系之中的人的生命本质的认识,都需要经过一个在人们的实践基础上形成感性认识,进而在此基础上上升到理性认识的过程。感性认识和理性认识辩证统一于人们的实践活动之中。由感性认识和理性认识的密不可分的辩证关系所决定,我们只有在实践所形成的感性认识的基础上形成理性认识,才能够享受到精神自由。

其一,感性认识是理性认识的基础,我们需要在认识问题上坚持唯物论,坚持理性认识依赖于感性认识。因为理性认识是对决定事物的现象的本质、规律的认识,人们只有收集大量的感性材料,形成丰富的感性认识,才可能通过概括、分析、综合,把握事物内部和事物之间的本质、规律性的联系,才可能透过现象看本质,而不是以点带面,以偏概全。对客观对象的认识是如此,对人的生命本质或人生的认识更是如此。我们只有立足现实生活,收集丰富的感性材料,才会形成对人生和人的生命本质的深刻的认识。在此意义上,任何一种生活中的挑战都是有利于促使我们更加成熟的财富。

其二,感性认识有待于发展和深化为理性认识,我们需要在认识问题上坚持辩证法,自觉地促进感性认识向理性认识转化。因为无论是对客观对象的认识,还是对人与世界关系的认识,我们只有在收获了丰富的感性材料的基础上,对其进行概括、分析、综合,对其进行去伪存真、由表及里的加工,才能把握客观对象及人与世界关系的本质,才可能形成能够成功指导人们实践的真理和正确的人生观、价值观。只有促进感性认识上升到理性认识,我们才能把握住事物和生命

的本质，满足实践的需要。因此，我们要在自觉尊重感性认识对理性认识的决定作用的基础上，积极培育自己的概括、分析、综合等思维能力。为自己形成深刻的理性认识能力奠定基础。在拥有了难得的人生阅历之后，我们只有有能力摆脱消极的本能反应，以此为契机积极思考，充分利用这些源于生活实践之中的感性材料，才会因此而收获更多的人生智慧。

其三，感性认识和理性认识不是截然分开，而是相互渗透、相互包含的，我们需要在感性认识和理性认识共同发展的过程中，不断提升自己的思维能力。离开了感性基础，理性认识的概念、判断、推理等将是不可理解的。科学理论的形成，离不开科学家们所进行的一次又一次的科学实验。反映人与世界关系的正确的人生观和价值观的形成，同样也离不开丰富的人生经验和人生阅历的累积。一个 8 岁的小孩和一个 80 岁的老人对"唉，人这一辈子！"这句话的理解是不同的。能够具体化为感性经验的理性认识，才是生动的、有着更强的穿透力和影响力的理性认识。同样，感性认识也需要借助概念等理性认识来表达，只有理解了的东西我们才可能深刻地感觉它，渗透了理性光辉的感性认识才会成为我们人生的真正财富。总之，只有在感性认识和理性认识齐头并进的发展中，我们才会有机会洞察到客观事物和人生之中的既深刻又生动的发展逻辑，我们的人生才会因此而生机勃勃。

总之，在具体的实践活动中，我们只有立足于感性认识与理性认识的辩证关系，同时超越经验主义和教条主义，才可能形成对实践的发展具有指导意义的各种正确的认识。在片面强调个体经验的背景下，重申关注事物的内在的、本质的联系、具有整体性特点的理性思考的重要性，显然具有重要的意义。在过于强调道德理性的时代背景下，重申人的感性经验对于人们形成积极向上的价值理性的基础性作用，则是当务之急。因为只有在辩证统一的感性认识和理性认识的基础上，人们才可能形成对实践具有指导意义的正确认识，享受精神自由。

（二）促进认识向实践飞跃，创造幸福生活

人们要想在现实世界创造幸福生活，还需要积极促进认识的第二

次飞跃,即由认识向实践的飞跃,用有关客观事物的真理性认识和有关人生的价值观、人生观方面的认识,来指导自己的具体实践,并在实践中不断发展真理,提升自己的人生观、价值观。

促进认识向实践飞跃之所以是必要的,一方面是因为正确的实践,尤其是幸福的生活实践需要有正确的理论指导。行动只有在正确的理论指导下,才会达到预期目标。日常生活实践只有在正确的世界观、人生观、价值观指导下,才会给人们带来福祉。另一方面,认识之所以需要向实践飞跃,根源于认识对实践的依赖。一则,理论只有回到实践中去,才会变成巨大的物质力量来改变世界,实现预期的目标。反之,再好的理论如果不能被群众所掌握,从而变成改造客观世界的现实力量,也不能充分地显现其价值。只有那些能够为群众所理解和掌握的理论,才会在指导人们现实地解决人与世界的矛盾的过程中充分彰显其现实意义。正确的世界观、人生观、价值观只有通过人们革命性的生活实践,才会成为指导人们现实地满足彼此的整体性生命需求的力量。二则,理论只有回到实践中去,才能得到检验和发展。人们无法在理论范围内检验认识的正确与否,一种理论是否正确只有回到实践之中去才能被检验。只有能够指导人们实践实现预期目标的科学理论,才是正确的理论。只有能够指导人们通过具体的生活实践更好地满足其整体性生命需求的价值观、人生观,才能被证明是正确的人生观和价值观。无论是自然科学的真理,还是人文社会科学的真理,都无法在自身的范围内证明自身存在的合理性,它们只有回到实践中去才能够被证实或证伪,才可能在指导人们实践的过程中不断发展自己。可以说,只有经历第二次飞跃,认识才能得以深化和完成。没有认识的第二次飞跃,人的认识就得不到检验和发展,认识的第二次飞跃比认识的第一次飞跃更为重要。

如前所述,人们无论是追求科学真理,还是追寻生活的真谛,最终目标都是为了创造幸福生活,因而都需要回到实践之中去。然而,理论向实践飞跃,只有在具备下述条件时,才是可能的。

首先,必须立足于具体的实际,尤其是人民群众的生活实际,确定实践的目标。在根本上说，在社会主义条件下，人民群众日益增长的物质文化需求的满足，才是决定我们所从事的各种实践活动的最终目标。我们只有在这一总的目标指导下，根据自己的生活实际，制定具体的实践方案，运用具体的实践手段，将反映客观世界和人与世界关系的理论转化成为现实地解决人与世界矛盾的客观物质力量，转化成为改造自然、社会、自身的现实的物质力量，现实地解决人与自然、人与社会、人与自身的矛盾，才可能实现自己的社会价值和自我价值。

其次，理论要回到实践中去，需要形成实践的理念、制定实践方案、运用实践手段等中介环节。在科学研究中，人们需要提出假设、制定实验方案，按照具体的方案配备实验设备，然后进行具体的实践。在日常生活实践中，我们的人生规划即可以看作是在即定的价值观和人生观指导下所设定的具体的生活实践方案。没有具体的实践理念、方案、手段等中介，再完善的理论也很难成为真正融入具体实践之中的、指导人们实践活动的有效理论。人文社会科学领域优秀的人生观、价值观对于人们生活实践的影响尤其如此。在良莠不齐的多元价值并存的现代社会，我们每个人只有抱着对自己的生命负责的态度，对那些已经经历人类世世代代生活实践洗礼而沉淀下来的优秀的世界观、价值观、人生观进行自觉的认同，使其转化成为我们具体的生活理念，并根据这些理论制定自己的具体的人生规划，并能动利用诸如互联网技术等社会历史为我们提供的有利的条件和手段，这些价值理想和人生理念，才会通过人们在日常生活实践中日益增强的创造幸福的能力，充分展现自己的理论魅力和实践价值。可以说，一种优秀的人生观、价值观通过一系列的中介环节回到实践中的过程，也是我们的个人梦想和社会梦想赖以实现的过程。

最后，要有正确的实践方法和工作方法。尤其是在社会科学领域，是否有正确的实践方法和工作方法，直接关涉一种优秀的世界观、价值理论、人生理想等能否成为人民群众所认同的世界观、人生观和价值观。这是因为，在社会分工的历史条件下，正确的理论虽然来源于人民的生活实践，但是，每天都在忙于具体的实践活动的人民大众往往并没有足够的时间、精力、热情来从事理论研究。从事具体的理论研究的理论工作者虽然努力从大众的生活实践中汲取思想的养分,以形成能够指导人们的生活实践的正确的理论,但是,由于大部时间都从事理论研究,所以,有时候也难免有抽象化和学院化的倾向。在这种情况下,如果缺乏促使理论转化成为人民群众所掌握的生活实践中的理论的实践方法和工作方法,很容易造成理论研究与人民群众的生活实践相脱节的现象,造成理论蔑视大众,大众戏说理论的尴尬局面。理论工作者想使理论变成现实,就必须在促进世界的哲学化的基础上,有让哲学世界化和大众化的自觉,采取行之有效的方法,使各种深刻的理论转化成为大众喜闻乐见的具体形式;同时又要有引导大众趋向理论,进行深度思考的工作方法和实践方法。只有两方面有机结合,有价值的理论才能全面展现其理论和实践价值。片面强调前者,理论可能走向平面化甚至庸俗化,发挥不了指导人们实践的作用;片面强调后者,又难以避免说教之嫌,使自己在价值多元的社会,显得不合时宜。只有那种既能引起人民群众的感性共鸣,又能够使其体认到心灵震撼的实践方法和工作方法,才可能促使具体的社会科学理论更好地服务于人民群众的生活实践。

总之,人们建立在实践基础上的理论,只有回到实践之中去,才能被丰富和发展,才可能展现其现实价值。然而,理论回到实践却是一个复杂的过程,尤其是作为社会科学理论之核心的世界观、人生观、价值观等要回到实践中去,接受实践的检验,在实践中不断地丰富和发展,更是一个复杂的社会历史过程。在此过程中,我们只有积极创造条件,才能使这些理论转化成为增进人们福祉的现实的物质力量。在追求幸福这一出人生剧中,我们既应该成为自觉追求正确的世界观、价值观、人生观等理论的"剧作者",又不可避免地成为践行各种世界观、价值观、人生观的必须为自己的选择负责任的"剧中人"。

(三) 在不断反复和无限发展的认识长河中,追求真理和合乎时宜的实践智慧

人的认识的总过程表现为认识、实践、再认识、再实践。认识运动之中的实践与认识之间的这种循环往复和无限发展，体现了认识的本质和发展规律。我们只能在这不断反复和无限发展的人类认识长河之中，追求真理和合乎时宜的实践智慧。

"实践、认识、再实践、再认识"作为认识发展的总过程，从形式上看，表现为认识和实践的循环反复，从内容上，反映了人类的认识和实践的波浪式前进和螺旋式上升的过程，实践和认识的每一次循环，都比前一次进到了高一级的程度。整个人类的科学真理和生活智慧也正是在人类漫长的历史长河中，通过具体个人的从实践到认识，再到实践，再到认识，循环往复以至无穷的过程中不断向前发展的。

人的认识的发展过程之所以具有无限性和反复性，其原因在于，一方面，由于作为认识主体的认识能力和实践活动能力本身要经历一个不断提升的过程，作为认识中介的科学技术手段等本身也要经历一个发展过程，作为认识对象的客观事物的本质的显露也需要一个过程，这决定了人们对具体事物的认识也不会一下子完成，而是需要经历一个不断反复的发展过程。对处于人与自然、人与社会、人与自身关系之中的人生问题的认识更是如此，对于具体个人来说，我们需要用几十年的努力才可能揭开数层面纱，洞察人生的真谛。另一方面，物质世界及其发展具有无限性，这决定了人们的认识是一个永远不会完成的发展过程。迄今的历史，人类无论是对自然界、人类社会的探索，还是对人的生命自身的探索都取得了可喜的成绩，但是与复杂的未知世界比较起来，人类已经探知的领域可谓是九牛一毛。在处于不断发展变化的无始无终的浩渺的宇宙中，我们永远不能奢望一劳永逸地获得有关整个世界的"终极真理"。

由人类认识的这种无限性和反复性所决定，我们进行认识的任务，就在于不断地克服主观和客观、认识和实践之间的矛盾，求得它们之间的具体的历史的统一，以社会历史性地满足彼此的整体性生命需求。我们只有立足于具体历史条件下的具体实践，即处于特定的人与自然、人与社会、人与自身关系之中的实践，形成与这一实践相符合的具体认识，才能促进具体的社会实践不断向前发展，促进上述基本矛盾的具体地、历史地解决。否则就会犯右倾保守或左倾冒进的错误。前者的特点在于,人们的主观认识落后于不断发展的客观实践;后者的特点则在于,主观的认识企图超越特定的历史发展阶段,在事物尚未具备向另一个过程推进的发展条件的时候,主观地推进事物的发展。例如,在生产力水平不够发达的时候,在大多数人还不可能更好地满足其生存需求的历史条件下,固执地追求自由全面发展就是超历史的。同样,当生产力获得巨大发展的历史条件下,人们如果仍执着于满足自私自利占有的实践活动,也不可能现实地确证生命的意义和价值。

人们无论是在改造自然的实践中,还是在改造社会和提升人生境界的实践中,只有积极追求认识与实践的具体的历史的统一,不保守、不冒进,现实地促进人类实践活动向前发展,才可能在此过程中实现人生价值。否则,在人类社会的发展过程中,在重大的历史转折期,我们就可能因为思想保守而坐失良机;在平稳的历史发展期,因为思想激进而造成不必要的损失。在个人的发展过程中,我们可能在应该展示才华的时候,因为缺乏自信而坐失更高的发展平台;在没有足够积累的时候,因为自负地急功近利,使自己在几近失去方向的状态下疲于奔命。无论是前者还是后者,都不利于我们现实地解决人与自然、人与社会、人与自身的矛盾。因此,我们只有在具体的实践活动中,自觉地促进认识与实践的具体的历史的统一,在实践的基础上不断丰富认识,提高自己的专业知识和生活智慧;在认识的基础上现实地推进实践的发展,提高自己的专业技术和幸福指数,才可能通过认识和实践这两种基本的生命活动,现实地确证生命的意义和价值,安身立命于世。

总之,人们的认识是伴随着实践不断发展的认识。不断发展的人类认识能够带给每个具体的个人的福祉在于,我们可以把人类已经取得的认识成果与具体工作和生活实践相结合,形成对于具体的历史的实践的正确认识,并在这一认识的指导下来现实地解决主体与客体、人与世界、人与自身的矛盾,在获得更多的真理性认识的同时,更好地满足自身的整体性生命需求,从而现实地安身立命于世。当然,由正确认识的形成及从认识到实践的过程中的复杂性所决定，"人间正道"并不能得到畅通无阻地践行，正所谓"人间正道是沧桑"。在此过程中，我们需要既充满信心，又有足够的克服困难的勇气和决心，通过充分调动美好的心境、坚忍的意志、饱满的热情等非理性因素的积极作用，来追求科学真理和人生智慧。

第三节　建构人与自身的和谐关系

　　老子提醒我们反思："名与身孰亲？身与货孰多？"① 我们只有认识到自己的生命比名声、财产更重要，从而自觉地立足于人的整体性生命存在，追求人与自身之间的和谐关系的建构，努力摆脱那种受制于名利，为了追求自私自利的占有，不惜将生命当成手段的异化存在状态，才可能更好地在现实世界安身立命。也正是在此意义上，老子接着说："知足不辱，知止不殆，可以长久。"② 知道把握生命之度，适可而止的人才可能避免耻辱和过失，从而能够可持续地满足自身的整体性生命需求，保持生命的和谐，因而可以长久。一如婴儿，"终日号而不嗄，和之至也"③。由于有内在的生命和谐，虽然终日号哭，咽喉却不会嘶哑。人们创建人与自身的和谐关系的过程，在本质上是一个通过改造自然和社会的实践改造自身的过程，是人们在自觉追求与自身的整体性生命需求相统一的自由自觉的实践活动中确证生命的意义和价值的过程，是"为了人而对人的本质的真正占有；因此，它是人向自身、向社会的即合乎人性的人的复归"④。

一　明晰人的实践存在方式，追求自由自觉的生命活动
　　人们不仅需要通过意识的能动作用获得安身立命之感，而且还需

---

① 老子：《老子》，孙雍长注译，花城出版社 1998 年版，第 88 页。
② 同上。
③ 老子：《老子》，孙雍长注译，花城出版社 1998 年版，第 110 页。
④ 《马克思恩格斯全集》第 3 卷，人民出版社 2002 年版，第 297 页。

要通过具体的实践活动现实地安身立命于世，这是由人是有着生存需求和发展需求的整体性生命存在的本质和实践的本质、特点所决定的。

"个人怎样表现自己的生命，他们自己就是怎样。因此，他们是什么样的，这同他们的生产是一致的——既和他们生产什么一致，又和他们怎样生产一致。"① 人是有着生存需求和发展需求的整体性生命存在，实践是人们为满足自身的整体性生命需求而从事的能动地改造世界的客观物质性活动。人们只有通过具体的实践活动才可能满足其整体性生命需求。一个人只有在其基本的生存需求和发展需求得到满足的条件下，才会收获深刻的意义感和价值感。反之，当一个人没有能力满足其基本的生存需求的时候，是不会有深刻的意义感的。同样，当一个人的实践虽然能够保证他的欲求不断得到满足，却不能使他从中感受到成长的乐趣，从而满足其发展需求，他也不会有深刻的意义感。此外，当一个人通过具体的实践活动虽然满足了自己的生存需求和发展需求，但却使自身的整体性生命和谐受到破坏，那么，这种实践所能带给他的意义感也是非常有限的。可以说，一个人只有当他能够在既定的社会历史条件下，自觉地通过特定的实践活动来满足自身的包括生存需求和发展需求在内的整体性生命需求，他才能通过这样的实践活动确证生命的意义和价值。

然而，在现代受制于资本逻辑的未经反思的日常生活中，人们并非总是能通过他所从事的实践活动满足其包括生存需求和发展需求在内的整体性生命需求。在很多情况下，人们仅仅是为了谋生而被动地参与社会分工体系，并且在机器化、智能化的生产条件下，看不到自己所从事的活动与自身的发展之间的关联，更无从通过这种活动感受到生命和谐。相反，他们宁愿把自己所从事的工作看成是强制一旦停止就要逃离的活动。在这种历史条件下，重申实践的目标，在具体的实践中自觉地追求人的整体性生命需求的满足具有革命性的意义。我们只有在自我意识觉醒的基础上形成明确的共产主义人生观，从而超

---

① 《马克思恩格斯文集》第 1 卷，人民出版社 2009 年版，第 520 页。

越物化的资本逻辑的统治，在自觉尊重实践的物质性、能动性和社会历史性的基础上，从事与自己的整体性生命存在相统一的实践活动，才能确证生命的意义和价值。

首先，由于人的生存需求需要通过特定的物质产品才能得到满足，人的发展需求只有在其物质需求得到满足的基础上，才能得到满足。因此，人们只有积极参与客观物质性的实践，通过主体的人在特定的客观条件下，借助于特定的客观手段，改造特定的客观物质对象，才可能满足自身的整体性生命需求，才可能收获与在认识活动中所收获的理想不同的梦想成真。在此意义上我们可以说，有一百种想法，不如有一次脚踏实地的实践。然而，正是由实践的这种客观物质性所决定，错误的实践活动给人们的生活所带来的损失要远远超过错误的思想所给人们带来的损失。所以，许多人宁愿做语言上的巨人，行动之中的矮子。也正是因此，那些在正确理论指导下的自由自觉的实践活动在改变世界的过程中所具有的革命性意义也就愈显得伟大了。

其次，由于人们只有通过正确的认识指导下的实践，才可能更好地满足自身的整体性生命需求，因此，我们只有尊重实践的能动性，使实践活动成为在人们的自觉意识指导下的活动，成为既具有主观坐标系的指导，又有具体的计划的安排的实践，才能通过这种实践，既满足自己的生存需求，又在此基础上促进人的包括发展需求在内的整体性生命需求的满足，现实地安身立命于世。

最后，人们不可能超历史地发挥能动性，不可能超越历史地追求实践与人的整体性生命存在的统一。只有在社会生产力获得了巨大发展的现代社会，人们才可能更加自觉地从事更好地满足其整体性生命需求的实践。实践活动具有社会历史性的特征。实践的内容、性质、范围、水平都受一定的社会历史条件制约，都随着一定的社会历史条件的变化而变化，因而是具体的、历史的。在生产力水平没有得到足够发展的社会历史条件下，人们必须将主要的时间和精力都投入物质必需品的生产之中。在这种条件下，许多人没有条件从事追求满足其发展需求和整体性生命和谐需求的生命活动。相反，在生产力获得了巨大发展,人们已经意识到公平和正义对于一个社会的可持续发展的积极意义,更多的人因此拥有了更好地满足其包括发展需求在内的整体性生命需求的社会历史条件下,我们只有不辜负历史的眷顾,顺势而为,乘风破浪,才可能在实现自身的个人价值的同时也实现自身的社会价值。

在现代社会,人们只有既发挥实践的自觉能动性,以人的整体性生命需求满足为自觉的追求目标,同时,又尊重实践的客观物质性和社会历史性,在社会物质生产力已经取得了巨大的发展的社会历史条件下,充分利用既有的客观物质条件来现实地促进人的整体性生命需求的满足,才可能在此过程中现实地确证生命的意义和价值。在主客二分的现代性背景下,尊重实践的物质性、自觉能动性、社会历史性,就是要通过具体的实践活动来推进人与自然、人与社会、人与自身之间的辩证和谐关系的建构,来更现实地可持续地满足自己的整体性生命需求。由于人们所要从事的实践活动又可以具体分为生产实践、政治实践和科学文化实践及虚拟实践,因此,人们只有通过自觉自愿地参与社会分工,通过自己所参与的特定领域的具体的实践活动,在现实地推进人与自然、人与社会之间的和谐关系的建构的过程中,为自身的发展拓展更广阔的空间,才更可能满足自身的整体性生命和谐的需求,确证生命的意义和价值。

其中,物质生产实践是人类最基本的实践活动,人们通过参与直接的生产实践可以解决人与自然的矛盾,同时生产和再生产着社会的基本经济关系,由此决定着社会的基本性质和面貌。因此,在主客分裂的现代社会,人们在从事具体的生产活动时,只有在有能力完成本职工作的基础上,认识到自己所从事的活动对推进人与自然之间和谐关系的建构这一整体性目标有何意义,才可能在具体的实践活动中收获更多的意义感和价值感。

在物质生产基础上,人们形成了复杂的社会政治与公共关系,这就是社会政治实践。调整和处理这些社会关系的社会政治实践,是人们在改造自然的同时所必须进行的实践活动。人们所从事的政治活动、社会改革活动、社会管理等，都属于这一类实践活动。因为社会政治实践是人们以解决人与社会的矛盾为目标的实践活动，因此，人们只有超越例行公事的从事手头工作的视域局限，考量这种工作在人与社会的和谐关系建构过程中的积极意义，才可能避免在从事社会政治实践的过程中迷失方向，甚至陷入腐败和无视诚信的旋涡，才可能成为真正为人民群众谋福利的人民的勤务员，更好地实现自己的社会价值和自我价值。

科学文化实践是在物质生产实践的基础上产生的为改造自然和社会做准备的探索性的实践活动，是人们为了认识自然与社会现象及其客观规律，以科学理论为指导，以实验和社会调查等为手段所从事的具有客观性和对事物起变革作用的科学文化活动。人们在参与科学文化实践活动中，只有自觉到这种活动对于建构人与自然、人与社会、人与自身的和谐关系的积极意义，才可能避免在此过程中迷失方向，才可能通过这种实践活动更加深刻地确证生命的意义。

由于人们只有在生存需求得到满足的基础上才能从事其他的活动，因此以满足人们的生存需求为直接目标的物质生产活动具有基础性的地位，对其他实践形式起着主导的作用。人们无论从事哪一种具体的实践活动，都会通过消费被卷入第一种实践活动中，因此，我们只有既认识到这种实践的基础性的作用，同时，又要看到它所反映的人与自然之间的矛盾及其解决的现实性，才能立足于人的整体性生命需求来调整消费，避免被卷入消费主义生活方式之中，为了满足欲求而不得不在受制于资本逻辑的实践之中疲于奔命；才有机会从事一种促进人与自然、人与社会、人与自身之辩证和谐关系的实践活动，并通过这种实践活动来确证生命的意义和价值。

总之，由于人的整体性生命需求只有在具体的实践活动的基础上才能够得到满足，因此，我们只有通过尊重实践的客观物质性和社会历史性，充分发挥实践的能动性，才可能使实践活动成为与人的整体性生命存在相统一的生命活动，而不仅仅是为了谋生而从事的异化的生命活动。这要求人们在从事具体的物质生产实践活动、社会政治实践活动、科学文化实践活动、虚拟实践的过程中能够自觉地以推进人与自然、人与社会、人与自身的和谐关系的建构为目的,同时,又需要通过立足于人的整体性生命需求来调整消费方向,最大限度摆脱受制于资本逻辑的工作方式和生活方式,建构自由自觉的共产主义生活方式。只有这样,我们才可能抓住历史机遇,形成与人的整体性生命存在相统一的自由自觉的生命活动。

二 在自由自觉的实践活动中创造人与自身的和谐

由人是有着生存需求和发展需求的有规律的整体性生命存在所决定,人类的活动总是受目的性和能动性驱使,要求外部客观世界满足自身的需要,从而具有受人的整体性生命需求支配的主观性的特征。因为人类"是喜欢探究事物意义的动物,所以劳动永远不可能是简单的技术或者物质问题"[1]。因此,人们只有立足于具体的实践活动,自觉地认识自我的本质的生命需求,从而使自己的目的性摆脱主观随意性,才可能在与自身的整体性生命需求相统一的主观目的的驱使下,获得自我统一性,安身立命于世。老子指出,"为学日益,为道日损;损之又损,以至于无为,无为而无不为"[2]。学习得越多,获得的知识越多,人们就可能因为追求知识而远离使知识服务于人的整体性生命需求和人与世界之间的和谐关系之建构的大道。因此,人们只有内在地敬畏和尊重人的整体性生命规律和客观世界的发展规律,仿佛是无所作为,才可能因为顺应客观规律,在建构起人与自然、人与社会和谐的基础上,建构人与自身的和谐,安身立命于世,达到"无不为"。

换言之,有规律的人的整体性生命存在在根本上是与自然规律相契合的生命存在,而不是仅仅被人的主观欲求所驱动的生命存在。自觉以人的整体性生命需求为终极价值关照的人的生命活动,在根本上也不同于那种受制于自私自利的占有欲求的生命活动。人们只有立足

---

[1] [英]特里·伊格尔顿:《马克思为什么是对的》,李杨、任文科、郑义译,新星出版社2011年版,第125页。

[2] 老子:《老子》,孙雍长注译,花城出版社1998年版,第95页。

于那种关照人的整体性生命需求的自由自觉的实践活动，才可能真正地自我实现，更好地满足人的整体性生命需求。作为反映人的本质的镜子的人的生命活动，是人的自由的生命表现，是人的乐趣所在。①庄子说："天与地无穷，人死者有时。操有时之具，而托于无穷之间，忽然无异骐骥之驰过隙也。不能说其意志，养其寿命者，皆非通道者也。"② 天地的存在无穷无尽，人的生死有时限，以有限的身体，寄托于无穷无尽的天地之间无异于白驹过隙，因此，如果不能让自己的情意觉得畅快，使寿命得到好好保养，都不能说是通大道的人。人们只有在生活实践的基础上立足于人的整体性生命存在，自觉认识和尊重人的整体性生命规律，形成正确的价值观，才可能在这一价值观的引导下形成自由自觉的实践活动，建构人与自身之间的和谐关系，确证生命的意义和价值。

当然，人们只有在实践的基础上认识和利用自然、人类社会、人的生命本身的发展规律，形成真理性认识，才可能在正确的认识的指导下更好地解决人与自然、人与社会的矛盾，进而更好地解决人与自身的矛盾，可持续地满足自身的整体性生命需求。

此外，不能离开人与自然、人与社会的矛盾的解决，来抽象地谈论人与自身的和谐关系的建构。反之，人与自身的和谐关系的建构，在客观上也有利于人与自然、人与社会的矛盾的解决。建立在对人与自身关系的正确理解基础上的正确价值观，有利于促进人们现实地建构人与自然、人与社会之间的辩证和谐关系，创造安身立命于世的现实条件。我们只有自觉认识和利用人与自然、人与社会的关系和人与自身关系之间的辩证关系，对处于人与自然、人与社会关系之中的人的整体性生命存在有着正确的认识，看到人是有着生存需求和发展需求的整体性的生命存在，而不是仅仅立足于的人生存需求的满足来看人与自然、人与社会的关系，才可能在建构人与自然、人与社会之间的和谐关系的基础上建立起人与自身的和谐关系，获得安身立命于世

---

①　参见《马克思恩格斯全集》第 42 卷，人民出版社 1979 年版，第 37—38 页。

②　庄周：《庄子》，方勇译注，中华书局 2010 年版，第 509 页。

的现实基础。

我们还应该看到，建构人与自身的生命活动的和谐统一的过程，不是一蹴而就的，而是一个社会历史过程。人们只有在作为追求价值和真理的认识和实践的辩证统一关系中，才可能不断对处于社会历史之维的人的整体性生命需求有着日益完善的认识，才可能对客观事物及其发展规律有着日益深化的认识，才可能进而在此基础上对人们何以社会历史性地解决人与自然、人与社会的矛盾有日益清楚明白的认识，对在此基础上解决人与自身的矛盾有着日益明确的认识，进而不断地增强自己创造幸福的能力。

由于反映人们解决人与自然矛盾能力的生产力，反映人们解决人与社会矛盾能力的生产关系，二者之间也相互作用，构成了促进社会历史发展的内在动力，因此，人们社会历史性的解决人与自然、人与社会的矛盾的过程，也是其自觉地认识和利用社会历史发展规律，形成自由自觉的生活方式的过程。我们只有自觉尊重社会历史发展规律，在一定的生产力所提供的现实物质条件下，追求自身的发展和生命的完善，才可能既脚踏实地，又充满理想。同时，我们只有自觉地根据生产力的发展要求，顺应或推动既有的生产关系的变革，才能既避免因为自己的犬儒主义而错失良机，同时也避免因为理想主义而陷入不切实际的冒险，才可能在此基础上找到更好地满足自己的整体性生命需求的现实道路，才可能形成与自身的整体性生命存在相统一的自由自觉的实践活动或生活方式。

人们总是在实践中不断深入地认识自然规律、社会发展规律、整体性生命的发展规律，进而在此基础上自觉地利用这些规律来指导实践，以建构人与自然、人与社会、人与自身的和谐关系，为自己可持续的满足整体性生命需求创造现实条件。正是在此意义上，马克思主义哲学把实践看成是人的存在方式。当然，我们只有从人的处于社会历史之维的整体性生命存在的角度，才可能更深刻地理解作为人的存在方式的实践，理解实践活动何以创造了人本身。由于人是有着生存需求和发展需求的整体性生命存在，然而，自然及后来形成的人类社会不能主动来满足这种需求，人们只有通过实践自觉地去解决人与自然、人与社会之间的矛盾，才可能安身立命于世。人们只有在整体性生命需求的驱动下，通过实践活动解决人与自然、人与社会的矛盾，才能使自己的生命需求得到满足。又由于人们只能在特定的社会历史条件下从事特定的实践活动，在前人已经解决的人与自然、人与社会的矛盾基础上去解决上述基本矛盾，因而，人追求满足自身的整体性生命需要的过程，注定是一个社会历史性的过程。人们总是需要通过内在的包含着人与自然、人与社会矛盾的、处于社会历史之维的、与认识辩证统一的实践活动，来社会历史性的满足自己的整体性生命需求，解决人与自身的矛盾，建构人与自身的和谐关系。

如同建构人与自然、人与社会的和谐关系一样，建构人与自身的和谐关系并不是仅仅能够带给人们希望的未来的理想，而是可以以部分质变的形式存在于我们的日常生活中的一种积极的生活方式。这一点我们可以从作为一种生活方式的瑜伽——王公瑜伽中一窥它的现实性。印度著名哲学家吉杜·克里希那穆提揭示："最高形式的瑜伽……是某种整天和你生活在一起的东西，是留神观察、通透澄明。""瑜伽的意义不仅在于保持身体健康、正常、活跃、聪明，更因为'瑜伽'这个词的梵语意思是'一起做伴'，因此瑜伽意味着高层次和低层次的人的加入。……那种生活方式不仅关系到身体的幸福，更关系到心理的幸福。"① 在现实生活中，最高形式的瑜伽仅仅可以看作人们建构人与自身和谐关系的成功范例之一，人们也可以立足于自己具体的生存情境经营属于自己的身心和谐的幸福生活。

总之，创建人与自身的和谐关系，既离不开人们在实践的基础上对自然、社会、人的整体性生命规律的积极探索，对建构人与自然、人与社会、人与自身和谐关系之必要性和现实可能性的深刻领悟，也离不开人们的以现实地解决人与自然、人与社会矛盾为指向实践活动。人们只有超越那种片面改造自然的黑格尔意义上的实践态度，"为我

---

① ［印度］吉杜·克里希那穆提：《爱的觉醒》，胡因梦等译，深圳报业集团出版社2006年版，第308页。

们的利益而利用自然，砍伐它，消磨它，一句话，毁灭它"①，而是在现实地解决人与自然、人与社会的矛盾的过程中培育出更好地满足自身的整体性生命需求的自由自觉的实践活动，才能建构人（人的生命活动）与自身（整体性生命需求）之间的和谐，安身立命于世。

---

① ［德］黑格尔：《自然哲学》，商务印书馆1980年版，第6页。

第七章

在追求真理和价值的过程中建构
人与世界的辩证和谐

人生在世，最根本的问题就是处理人与世界的关系，因此，我们只有自觉认识和处理好二者的辩证关系，才可能在现实世界找到安身立命的基础。一方面，由于包括人的整体性生命存在在内的客观世界是有规律可循的，我们只有勇于追求真理，自觉地认识客观规律，才可能通过自由自觉的实践活动利用这些规律，建构与客观世界之间的和谐关系。另一方面，由于人是具有自我意识的生命存在，是自觉追寻自身的本质生命需求之满足的生命存在，因此，我们只有立足于人的整体性生命存在，自觉地追求生命的意义和价值，使有规律的世界能够更好地满足人的本质生命需求，人与世界之间的和谐关系才可能现实地建构起来。总之，由人与世界之间的辩证关系所决定，人们只有在自觉追求真理，不断走向世界的过程中，又不断审视自身内在的整体性生命需求，在不断追寻生命的意义和价值的过程中，使世界成为真正地属于人的世界，建构人与世界的辩证和谐之美，才可能通过那种成功协调有规律的客观世界和内在生命的价值追求的自由自觉的生命活动，安身立命于世。

第一节　勇于追求真理

我们要解决人与世界的矛盾，首先要勇于追求真理，把握自然、社会、人的生命规律。如前所述，自然界、社会、人的整体性生命存在自身内在的客观规律，规定着处于人与世界的矛盾关系中人的生命活动，尤其是认识活动的基本方向。人类认识的发展过程就是在实践的基础上不断排除谬误，追求具有相对性的真理，走向具有绝对性真理的辩证发展过程。

一　学习真理内容客观性和形式主观性原理，以富有个性的方式探寻真理

在根本上规定着人类实践活动的发展方向的自然界、人类社会、人的生命本身发展规律的真理，首先是内容客观性和形式上主观性的统一，因此，我们可以以富有个性化的方式来探寻一元真理。

真理具有客观性是指，凡是真理都包含着不以人的意识为转移的客观内容，是人们在实践基础上所形成的对不以人的活动为转移的客观世界（自然界、人类社会、人的生命以及人与世界的辩证关系）的本质和规律的正确认识，与客观事物的本质和客观事物具有内在的一致性。同时，真理也是经得起客观实践检验的、在实践中得到证实的、反映了与客观事物的本质和规律相符合的人的主观认识。任何真理都是客观真理，是人们在反复实践的基础上把握到的经验事实内部的因果必然联系。

由真理的客观性所决定，我们只有在实践基础上自觉追求客观真理，把握事物的内在规律，按规律办事，才可能在实践基础上更好地满足自己的生命需求。然而，由于客观世界除了包括自然界之外，还包括由人的活动所创造的社会历史以及与人的实践、意识等生命活动紧密相关的人的生命本身。对于自然界存在着因果必然性，因此存在着客观真理，人们基本上是认同的。但是，由于人类社会是由人所创造的，人本身又是一个有着不同价值诉求的生命存在，因此，在涉及人类社会发展是否有规律可循，怎样理解人的生命规律等问题上，人们之间却存在着较大的争议。一些人甚至干脆否认人类历史和人的生命具有客观规律。他们要么认为，人们无从获得有关人类社会历史规律的客观性真理（科学哲学家波普尔即持这种观点），要么指出人们无从获得有关人的生命的客观性真理（一些非理性的生命哲学家即持此种观点）。在他们看来，在人类事务中，真理是相对的，只有是非难辨的不受真理规约的多元价值在发挥作用。与之不同，马克思主义哲学，立足于满足人的有着生存需求和发展需求的实践活动，发现了社会历史发展是有规律可循的，提出了唯物史观。与之相应，马克思主义哲学要求尊重人的有着生存需求和发展需求的整体性生命存在，认为人们只有通过自由自觉的实践在既定的社会历史条件下追求这些需求的满足，才可能达致生命和谐，获得安身立命之感，因此，它把满足人的整体性生命需求的实践看成是人的存在方式。通过自由自觉的实践来满足人的包括生存需求和发展需求在内的整体性生命需求，其实正是在任何条件下都不能被漠视的人的基本的生命规律。

由于马克思主义哲学自觉地把实践检验看成客观真理的应有之义，反对在主观范围内对真理问题进行经院哲学的争论，因此，我们只要把马克思主义理论中的有关社会发展的客观规律的认识及有关人的整体性生命存在的认识，分别放到社会历史和具体个人的人生历程中进行检验，看看在这些认识的指导下，能否在社会发展的过程中少走弯路，更好地满足人们日益增长的物质文化需要；在个人的人生历程中，能否可持续地实现个人的生命价值和社会价值，使生命更加完善，就可以摆脱在此问题上的相对主义态度。如果回答是肯定的，那么就说明这些认识是正确的，反之，则是错误的。社会主义革命和建设已经取得的成就在一定程度上证明了马克思主义的有关社会发展规律的认识是正确的，同时，在社会主义建设之中所涌现的问题，则要求我们厘清哪些是因为违背社会发展规律所引起的，哪些是由于我们对社会发展的具体规律认识不足造成的，才能在实践中不断发展和丰富有关社会历史发展规律的认识，形成有关社会历史发展规律的客观真理。

同时，马克思主义理论之所以吸引许多人去研究它、认同它，也是因为它的有关人的生命存在的规律性的认识，的确能为这些人指明人生的方向。当然，同任何真理性认识一样，我们也需要在具体的生活实践不断丰富它、发展它，使其真正成为指导我们人生的智慧。

当然，我们在坚持真理的客观性同时，还必须看到真理在形式上是主观的，不同于它所反映的客观实在——真理内容的客观性，不同于对象的客观性。尤其是在对社会历史和人生等人类事务的认识上，真理形式上的主观性得到最充分地显现。例如，宗教、哲学、艺术等集中反映了人们对社会历史和人生的真理性认识的表达方式是迥异的。严肃的哲学语言和俏皮的民间谚语可能反映的是同一人生真谛。即使同在哲学这一学科范围内，不同的思想流派也会对同一问题采取不同的言说方式。不同的人，由于其人生阅历差异，认识程度的不同，乃至语言驾驭能力的区别，对同一真理也存在着主观表达形式上的不同，尤其是对社会历史和人生的真理性的认识更是如此。因此，我们可以根据内在兴趣或社会需求的引导，以自己富有个性化的方式来追求真理，使真理因始终与人的鲜活的生命理性同在而保持它应有的活力和吸引力。这种通过个性化的方式表达出来的真理因为融入了个人的生活感悟，更容易化为指导人们的生活实践的现实力量。正是在此意义上，吉杜·克里希那穆提说："真理不是你的或我的，它没有庙宇，没有教堂，它不存在于意象里，不存在于符号里。它就在那里，等着你去观看、去认识。它是自由的心灵，可爱、清澈、敏锐的心灵，观看和行动的心灵。"①

总之，真理是客观内容和主观形式的统一。真理在形式上是主观的，我们可以以富有个性化的方式追求真理，但是，却不能因此把真理归结为它的主观形式，从而否定真理的客观性。由于主体认识的角度、立场、观点、方法等方面的差异，人们对同一客观事物的认识，

---

① ［印度］吉杜·克里希那穆提：《爱的觉醒》，胡因梦等译，深圳报业集团出版社2006年版，第269页。

在表达上可能是丰富多彩的，从而使真理呈现出个性化的特点，但这不是肯定，所有的表达出来的观点都反映了真理。我们必须从这些丰富多彩的观点中区分出哪些反映了特定的认识客体的状态、本质和规律，哪些只是这些客体的歪曲的反映。因为对特定的实践活动中的特定对象来说，只能有一种认识是与客观对象相符合的正确的认识。人们总是以个性化的方式去追求一元真理。真理的客观性和形式上的主观性原理告诉我们，在追求真理的道路上，大道相通，殊途同归，从客观内容上看，真理是一元的；从主观形式上看，真理又是多彩的。

二　学习真理的绝对性和相对性的辩证关系原理，求知若渴，虚心若愚

如果说承认真理是客观的，这是在真理问题上坚持唯物论，那么，就真理的发展过程来说，由思维的至上性和非至上性所决定，真理又是绝对性和相对性的统一，我们还需要在真理问题上坚持辩证法，既充分尊重思维的至上性，不断打破主客观条件的限制，去追求具有绝对性的真理，同时，又要看到思维的非至上性，对已经获得的具有相对性的真理保持必要的客观态度。

真理的绝对性是指真理的无条件性，任何真理都与谬误有着原则的界限，都包含着同客观对象相符合的不以人的意志为转移的内容，都反映了人类认识向无限发展的物质世界不断接近。人类对自然的真理性认识具有与客观对象相符合的客观性，反映了人类认识不断深化的过程，具有无条件性。同样，人们对社会历史和人的生命本身的认识，也具有无限性和无条件性。人们既能够形成对社会历史的客观规律性的真理性认识，也能够形成对人的生命存在规律本身的真理性认识，这一点也是无条件的。因此，在具体生活中，我们要坚定追求真理的信念，既不断探寻自然界的真理，又不断深化对社会历史及人的生命本身规律的正确认识，求知若渴，努力追寻照亮自己生命的真理的明灯。

　　追求真理的道路一方面是孤独的。"众人皆有余，而我独若遗。我愚人之心也哉，沌沌兮！俗人昭昭，我独昏昏！俗人察察，我独闷闷！澹兮其若海，飂兮若无止。众人皆有以，（而）我独顽似鄙。我独异于人，而贵食母。"① 为了追求大道，追求真理，许多智者先哲其实和老子一样，深深地感受到了自己的孤独。众人好像都富富有余，唯独我好像丢失什么似的，难道是我太傻吗？怎么糊里糊涂的？大家都觉得自己挺明白，唯独我觉得自己充满困惑，不自信。面对像大海一样无边无垠的世界，像大风一样无休无止的世事，众人好像都有所把握，唯独我一个人在那较劲，不轻信表象，努力追根溯源，追求真理。另一方面，追求真理又是值得的。那些智者先哲们也如同老子一样，坚信"绝学无忧"②，使自己抛弃那些使其陷入困境之中的（矫揉造作、呆板死僵的）学问，获得大道，真理。唯独获得大道，才可能生活得更好。因为"道者，万物之奥，善人之宝，不善人之所保"③。大道是万物的奥秘之所在，是好人的福祉，是不那么善良美好的人赖以生存的根据。

　　真理的相对性是指真理的有限性和有条件性。由于受实践水平和认识能力的限制，在一定条件下，人们只能形成对无限的物质世界的某一阶段、方面、层次的相对正确的认识。无论是在广度上，还是在深度上，人类对无限发展的物质世界所获得的真理性认识都是有条件的。人类不仅对无限的自然界的认识是有条件的，而且对人类社会和人的整体性生命存在本身的认识也是有限的。在马克思之前，人们尚未认识到社会历史发展的客观规律，没有形成对社会历史的真理性认识。马克思提出了唯物史观，揭示了社会历史发展的规律，但是他也指出，这一规律不是超历史的教条，而是具有相对性的真理，人们需要在实践中不断深化和发展它。同样，人们对人的整体性生命存在本身的认识，也是不断发展、不断深化的。有人说人是理性的动物，有

---

① 老子：《老子》，孙雍长注译，花城出版社 1998 年版，第 38—39 页。
② 同上书，第 38 页。
③ 同上书，第 123 页。

人说人在本质上是非理性的存在，有人说人是语言符号的动物，马克思说人在本质上是社会关系的总和，等等，这些都反映了人们对人的整体性生命存在的某个侧面的正确的认识，都反映了真理的有条件性。

由真理的有条件性所决定，我们在追求真理的过程中，不仅要求知若渴，还必须虚怀若谷，要始终保持一种"活到老、学到老"的求知热情和谦卑态度。"智慧随谦卑而生。"① 唯有谦卑，我们才可能在专业领域获得更多的真理，才可能在人生中日益做到世事练达。"知不知，上……夫唯病病，是以不病，圣人不病，以其病病。"② 圣人之为圣人，是因为他知道自己什么是不知道的，能够看到真理具有相对性，所以有上乘的智慧。因为圣人知道自己有毛病，把自己的毛病当毛病看，看到自己认识的真理具有相对性，始终保持"知之为知之，不知为不知"的真诚，不断追求真理，从而没有毛病。

真理的绝对性和相对性二者辩证统一。一则，从静态上看，真理的绝对性和相对性二者之间相互渗透、相互包含。具有相对性的真理之中都包含具有绝对性的真理的颗粒，无数的具有相对性的真理总和构成具有绝对性的真理。真理的绝对性总是寓于相对性之中，要通过相对性表现出来。我们对自然规律和社会规律的真理性认识是如此，同样，对于贯穿于人的整体性生命存在之中的基本规律的认识也是如此。我们通过在工作上认真钻研，在生活中积极省思，都会不断获得包含有绝对性的真理颗粒的具有相对性的真理，这些具有相对性的真理最终会汇聚成专业上的真知灼见和对生命真谛的深刻洞察。二则，从"动态"上看，真理永远处在由相对向绝对的转化和发展过程中，任何客观真理都是由相对性真理向绝对性真理转化的一个环节。无论是对自然规律、社会历史发展规律的认识，还是对人的整体性生命规律的认识，都不会是一劳永逸的，而是需要在实践中不断发展和深化。

---

① ［印度］吉杜·克里希那穆提：《爱的觉醒》，胡因梦等译，深圳报业集团出版社2006年版，第255页。

② 《老子》，孙雍长注译，花城出版社1998年版，第142页。

在对社会历史规律和人的整体性生命规律的认识上，我们尤其要尊重真理永远处于由相对向绝对转化的发展过程中这一真理发展的规律，既勇于坚持真理，又保持开放的态度，在不断走向具有绝对性真理的过程中，不断提升自己创造性地解决人与自然、人与社会、人与自身矛盾的能力，享受人类所独有的智慧的甘饴。任何真理都具有绝对性和相对性两重基本属性，都是二者的辩证统一。我们只有从二者的绝对性和相对性的辩证关系中才可能正确认识和对待自己已经获得的真理。

马克思主义哲学是人类自觉探寻自然规律、社会历史发展规律、人的整体性生命规律，探寻人与自然、人与社会、人与自身的辩证发展规律的真理性认识。同任何客观真理一样，它是具有绝对性的真理和具有相对性的真理的统一。在实际工作中，我们既要防止否定马克思主义的相对性的教条主义、本本主义，避免僵化地将马克思主义当成一成不变的公式，到处生搬硬套，从而走向绝对主义。同时，我们还要防止否定马克思主义的基本原则的绝对性的相对主义，避免悲观地或别有用心地宣扬"马克思主义已经过时了"。

总之，任何客观真理都是绝对性和相对性的辩证统一。在实际生活中，我们只有既坚持马克思主义，深刻理解它对人与自然、人与社会、人与自身之间辩证发展规律的认识，以及它在此基础上所形成的对社会历史规律、人的整体性生命规律的正确认识，又不断汲取人类的优秀文化成果，丰富和发展马克思主义，不断提升自己现实地解决人与自然、人与社会、人与自身的矛盾的能力，才能更加从容地应付风险社会的诸种挑战，安身立命于世。

三　学习真理与谬误辩证关系原理，在追求真理的道路上披荆斩棘

人类追求真理的道路并非铺满鲜花，而是荆棘丛生。人们追求真理的过程，注定是一个同谬误不断做斗争的艰难而有意义的生命历程。正是因此，马克思在《人的自豪》中表达了自己探寻真理的热望和决

心。"我的眼光会穿透整个人群,深入远方去把真理寻,看到炽热的百无聊赖在闪耀,大厅因受辛辣的讥笑而震惊。"① 所谓谬误是指,人们对客观事物及其发展规律的歪曲的反映。在一定范围内,人们对一定客观对象的认识,依其与客观对象是否相符合,我们可以将它们区分为真理与谬误,这里的真理与谬误有着本质区别,不容混淆。由真理与谬误根本对立的性质所决定,无论是认识自然、社会,还是认识生命或人生,我们都只有勇于同谬误做斗争,才可能不断形成有关自然、社会、人生的真理,才可能在这些真理的指导下更好地解决人与自然、人与社会、人与自身的矛盾,安身立命于世。

对人生的认识尤其如此。因为在具体生活中,人们往往会因为人生会受无法选择的偶然因素影响,因为主导人生发展方向的价值选择具有主观性,就否认在人生问题上可以获得客观真理性的认识,否定追求真理的价值,从而在各种错误的认识的指导下经营生活,要么相信作为盲目必然性化身的命运,要么将希望寄托于心态的调适。他们将反映人生之中的基本必然性的规律与人的主观能动性割裂开来,在强调人的主观能动性的时候看不到人生之中的真理,从而走向唯心主义甚至神秘主义,仿佛只要心态好或有神灵佛祖护佑,就万事大吉了;反之亦然,在强调客观必然性的时候看不到它与人的主观能动性之间的关联,否认人们可以认识这些必然性,获得真理,使受制于盲目必然性的命运决定一切。然而,真理与谬误相互对立的原理告诉我们,在人生的问题上,我们只有勇于同谬误做斗争,追求人生真谛,才能正确发挥人的主观能动性,摆脱盲目必然性——命运的统治,获得更多的幸福。然而可悲的是,一些人在人生问题上,则宁愿坚持谬误,同挑战他们的惯常思维的真理做斗争,从而陷入佛教中所说的"我执"之中,结果只能自食苦果却不自知。

当然,同任何其他矛盾一样,真理与谬误又是相互联系的。只有充分利用二者之间的联系,我们才能在谬误的荆棘地上开辟出一条通

① 《马克思恩格斯全集》第40卷,人民出版社1982年版,第665—666页。

向真理的康庄大道。

其一，真理与谬误总是相比较而存在，没有谬误也就无所谓真理，反之亦然。正是因为有谬误做背景，真理之光才显得格外耀眼。如果说与谬误相比较而存在的真理之光吸引着无数的自然科学家和社会科学家对自然规律和社会历史发展规律进行着前赴后继的探索，那么，在人生中，正是因为我们意识到心灵被谬误的尘埃所蒙蔽，所以，才渴望沐浴真理的光华，追求人生的真谛。真理与谬误相比较而存在，所以我们才会永葆在谬误中探索真理的生命激情。

其二，我们总是需要通过与谬误做斗争，来为发展真理开辟道路。真理的每次胜利都意味着谬误被抛弃。正是在无数被抛弃的谬误之上，标识着真理的人类文明的大厦才得以巍然耸立。同样，在人生中，如果没有对那些让人生一次次陷入被动的谬误的再认识，没有对它们的自觉地抛弃，我们就不会成熟，就不会有能够说服自己的智慧的累积。苏格拉底的一生就是同谬误做斗争的一生。他在庭审时说，"我活在世界上一天，就要做哲学的工作。就是在街上碰到任何人，都要问他：'朋友，你对智慧与真理如此冷淡，对你灵魂最大的利益漠不关心，难道不觉得惭愧吗？'"① 结果苏格拉底被判有罪。后来，苏格拉底为了捍卫他心目中的智慧和真理选择饮下毒酒。然而，与许多为了追求真理，勇于同谬误做斗争的伟人一样，他在活着的时候有幸尽享真理和智慧带给自己的充实与幸福，同时在死后也为后人留下了宝贵的精神食粮。

其三，真理与谬误在一定条件下相互转化。条件变化了，真理可以转化成为谬误，谬误也可以转化成为真理。因此，在实际工作和生活中，我们既要警惕真理转化成为谬误，又要积极创造条件，使谬误转化成为真理。

一则，任何真理都是在一定范围和条件下才能够成立的具体真理，因此，我们必须避免超越特定的范围和条件去运用真理，否则，就会

---

① 傅佩荣：《西方哲学与人生》第一卷，上海三联书店2007年版，第28页。

把真理变成荒谬绝伦的谬误。在自然科学领域是如此，在社会科学和人生之中更是如此。在一国适用的社会经济发展规律，拿到另一个国家就可能带来灾难。对成年来说是不言而喻的人生箴言，对孩子来说就未必适用。例如，对成人来说玩物丧志，但是玩耍却是孩子的天性。因此，用成人的标准去教育孩子，往往会揠苗助长，适得其反。同时，我们还要看到，真理是对事物的一切方面、一切联系和"中介"的全面的认识，然而，由具体个人的思维的非至上性所决定，在特定条件下，我们所获得的只能是包含着具有绝对性的真理颗粒的具有相对性的真理，所以，如果我们忽视真理的相对性，把所获得的真理都看成没有相对性的绝对真理，也会促使真理转化成谬误。因此，我们只有始终在真理的问题上保持开放的心态，把已经获得的真理看成不断发展的真理之中的一个环节，坚持在实践中不断丰富和发展它，才能避免使它由真理转化成为谬误。例如，我们只有把反映社会规律和人的整体性生命规律的马克思主义理论看成与时俱进的理论，立足于具体的生活实际和工作实践，不断丰富和发展它，才可能避免使其变成与我们的生活无关的，甚至是误导人生的谬误。

二则，谬误往往是真理的先导，谬误在一定条件下可以转化成真理，因此，在探寻真理的过程中，我们即使身处逆境的时候，也不应该悲观失望。因为悲观失望和怨天尤人都只有死路一条。相反，如果我们对既有的条件进行理性分析，在此基础上积极探索，也许会发现使谬误转化成真理的条件，收获意想不到的惊喜。例如，当下我们的教育面临着无法培养出更多适应社会发展需要的高、精、尖人才的困境，这反映了注重学生的应试能力的教育理念及与此相关的教师培养理念，已经转化为束缚教育进一步发展的谬误。在这种条件下，我们只有积极探索，促使既有的教育理念转化，形成适合时代发展需要的新教育理念和教师培养机制，才可能源源不断地为社会输送其所需要人才。换言之，我们只有不仅仅消极地去适应现有的教育环境，而是敢于同错误的教育理念和由这种理念所主导的教育模式做斗争，推进谬误向真理转化，中华民族才有希望，我们的人生才会更精彩！

总之，真理与谬误既有本质的区别，又辩证统一，相比较而存在，相斗争而发展，这就是真理和谬误的辩证关系原理。它反映了真理的发展规律。我们只有认识和尊重这一客观规律，树立为真理而奋斗终生的理想信念，勇于坚持真理，不断修正谬误，在根本上不断提升自己创造性地解决人与自然、人与社会、人与自身的矛盾的能力，才可能在事业上不断攀登新的高峰，在生活中不断创造新的幸福。

第二节　自觉探寻生命的意义和价值

人们为了满足自己的需要，解决人与世界的矛盾，不仅要勇于追求真理，按照真理所揭示的客观规律办事；而且，还要认识人自身的主体需要，自觉地探寻生命的意义和价值，按照主体的需要的尺度认识和改造客观世界。当一个人的实践活动既符合客观规律，又能够更好地满足人的包括生存需求和发展需求在内的整体性生命需求，那么，他就能够通过这一实践活动实现自己的生命价值，否则，他的实践活动就是与其整体性生命存在相互疏离的异化的活动。

一　明晰价值的基本特性，追寻确证生命的意义和价值的现实关系

价值关系在本质上反映了一种由人与世界的客观的社会历史性所决定的人与世界的主体性的关系。价值关系的主体性是指，价值关系的形成是以主体需要为主导因素，主体的创造性能力及其需要不同，决定客体对于主体意义的差异，主体总是根据其需要在实践的基础上创造着与客体之间不同的价值关系。然而，价值的关系的主体性，在根本上是受它的客观的社会历史性所制约的主体性，价值关系的各个环节都是客观社会历史的，价值关系具有客观社会历史性。人们只能在自觉尊重价值关系的客观的社会历史性的基础上，才能建构起人与世界之间的合理的价值关系，实现自己的个人价值和社会价值，否则就会遭受处于社会历史之维的人的整体性生命的规律和客观世界的发

展规律的惩罚。

首先，处于社会历史之中人的整体性生命存在，决定着人的需要是一个具有多维性和全面性的客观社会历史性的整体。人的自然需要和社会需要、物质需要和精神需要都是客观存在的由处于社会历史之维的人的客观整体性生命存在所决定的实际需要。人们只有全面地认识人的整体性生命需要，把握在特定的历史条件下这种生命需求得到满足的可能，形成正确的价值观，才可能在这一价值观的指导下，通过自由自觉的实践活动更好地满足自己的整体性生命需求。反之，当人们不能全面认识自己的生命需求及在特定的社会历史条件下这种需求满足的现实的可能性，就可能形成受片面的生命需求引导的价值观。人们在这种片面价值的指导下从事实践活动，只能得到片面的满足，成为生命尊严被悬置的单向度的人。

其次，人们能否通过实践活动使自己的需要得到满足，不是由其主观愿望决定的，而是由处于社会历史之中的客观对象本身的性质、属性所决定的。并且，在不同的社会历史条件下，进入人们的视野，可供人们满足其需要的客观对象不断发生变化。因此，人们只有尊重客观对象本身的发展规律，按规律办事，才可能使自己的生命需求得到可持续的满足，才可能在此基础上创造出更值得期待的价值关系。一般而言，随着社会生产力不断发展，人化自然不断扩大，可供用来满足人的整体性生命需求的客观对象也会日益丰富。受其影响，人类满足其整体性生命需求的能力也会日益增强，人们会更有能力实现自身的个人价值和社会价值。

最后，满足人的需要的过程和结果具有不以人的意志为转移的客观的社会历史性。人的需要的满足，意义关系和价值关系的确立的过程，是人与世界之间以生活实践为中介相互作用，形成结果的客观的社会历史过程。一方面，个人解决人与世界的矛盾的过程，是个人在认识自身本质的生命需求的基础上，社会历史性地解决自身所从事的实践活动与自身生命需求之间矛盾的过程。一个人只有当他能够自觉通过自己的实践活动利用客观对象更好地满足自身的整体性生命需求时，他才能安身立命于世。反之，由于各种主客观的原因，当他发现自己所从事的实践活动不是自己所喜欢的，不是源自自己的生命需求的，就会在从事特定的实践活动中感受到痛苦，感觉自己所从事的工作没有意义，感觉到生命没有意义，从而陷入人格分裂之中。因此，一个人，只有在理性地建构人与世界之间的价值关系的基础上，建构人与自我之间的价值关系，追寻一种能够在更好地满足自己的整体性生命需求的基础上更好地满足他人的整体性生命需求的实践活动，才可能现实的确证生命的意义和价值。

另一方面，由于个人总是处于一定的社会历史条件下的具体的个人，他的需要、实践以及需要被满足的形式都具有社会历史性的特点，因此，他只有立足于由特定的生产力发展水平所决定的社会历史条件，认识自身的整体性生命需要得到满足的可能、实践方式、被满足的具体形式，把道德的"应然"建立在社会历史所决定的"实然"的基础上，才能避免陷入道德理想主义，才可能找到更好地满足自身的整体性生命需求，并在此基础上满足他人的整体性生命需求的现实路径，才可能安身立命于世。

总之，在马克思主义价值观视域，个体生命追寻生命的意义和价值的过程不是一个超越客观社会历史的精神性问题，也不是一个超历史的道德问题，而是一个只有通过人的处于客观的社会历史中的实践活动，才可能得到解决的现实问题，是具体个人根据自己对人的生命需求的认识，建构人与世界之间的关系，在寻求满足个人的生命需求的基础上，更好地满足社会需求的问题；是个人通过处理人与世界之间矛盾的实践活动来满足自身的整体性生命需求，实现自我价值和社会价值的问题。同时，由价值关系的客观社会历史性所决定，我们只有既尊重人的客观社会历史性的整体性生命需求，用人的客观社会历史性的生命需求来规约人的价值需求的主观性，同时，又在社会历史之维充分发挥自己的主观创造性，才可能更现实地确证生命的意义和价值。

二　明晰价值评价的基本特点，树立正确的价值观

在日常生活中，人们总是根据自己所获得的反映人与世界之间的价值关系的认识，来对包括自己在内的具体的人与事进行评价，从而形成价值评价。价值评价是人们对人与世界之间的价值关系的认识。

第一，从认识的目的来看，价值评价在根本上不同于以客体为对象的知识性的认识，后者以获得关于客体的"真"的认识为目的，前者则以获得客体世界对于主体的意义即"善"和"美"为目的。在日常生活中，人们既可以客观评价其他人和事对于人及社会的积极意义和消极意义，来决定自己对这些人和事采取什么样的态度，又可以客观地评价自己的生命活动对于自己及社会的意义，来决定对自己的活动采取什么样的态度。这种通过评价表明态度的认识活动，就是评价性认识活动。在日常生活中，我们进行价值选择，离不开这种评价性的认识活动，只有通过这种评价性的认识活动，我们才可能在多元的日常生活中不断走向善和美。

第二，从认识的结果来看，一般的知识性的认识反映的是人的主观对客观的反映，认识的正确与否不依赖于人们是否对主体人的具体特点进行了正确的认识为转移。与之不同，主体人的需要、特点及其他规定性则直接决定着价值评价性认识的结果。例如，被一些人所崇尚的功利主义生活方式，则可能被另外一些崇尚古典浪漫主义生活方式的人所不屑。因此，价值评价的结果正确与否，既取决于人们能否正确认识客观事物的属性、本质和规律，也取决于人们能否正确地认识主体的规定性、需要和发展规律。人们只有对主体和客体都有了正确的知识性认识之后，才能根据这种认识，对主客体或人与世界之间的价值关系作出正确的价值评价。马克思主义哲学认为，由于个人的以生存需求和发展需求为基础的整体性生命需求、人民群众的要求和利益、人类整体性的要求或利益，在根本上反映了人的本质的生命需求，因此，只有立足于人的整体性生命需求、人民群众的根本利益、人类整体性的要求或利益，才可能形成正确的价值评价。人的整体性

生命需求、人民群众的根本利益、人类整体性的要求或利益就是我们进行价值评价的客观标准。

第三，从认识的作用来看，与知识性的认识指导实践服务于某一具体目的不同，价值评价性认识在实践中起着激励、制约和导向作用，规约着受具体知识指导的实践的根本目标和发展方向。首先，价值评价作为人们对自身客观的生命需求的主观反映，是内在地激励人们通过具体的实践活动不断实现价值的精神力量。其次，价值评价使人们用客观整体性生命需要这一根本目的范导具体的实践活动，使其在具体的实践活动中摆脱主观随意性。最后，价值评价确定实践活动的终极目标，使它向更充分、更全面、可持续地满足人们日益增长的物质文化需要的方向发展，在根本上向能够更好地满足人的包括生存需求和发展需求在内的整体性生命需求的方向上发展，使其摆脱盲目性，成为与人的整体性生命需求相统一的自由自觉的实践活动。

在认识价值的本质的基础上，人们形成对人和事物进行评价的标准、原则和方法，以对人自身和客观事物进行评价的过程，就是其价值观的形成的过程。不同的价值观决定人们不同的行为取向。我们只有树立正确的价值观，在它的引导下从事与人的整体性生命需求、人民的根本利益、人类整体性利益相一致的实践活动、消费活动、日常生活，才可能既使自己的活动有利于他人，又使自己的活动与自我相一致，从而通过这一活动现实地确证生命的意义和价值。在当代中国，树立正确的价值观，与内在地认同社会主义核心价值观具有内在的一致性。立足于人的包括生存需求和发展需求在内的整体性生命需求，人民的根本利益、人类整体性的利益，我们就可以发现隐含在抽象道德范畴之中的丰富的生命意蕴，就可以发现在国家层面自觉追求富强、民主、文明、和谐，在社会层面自觉追求自由、平等、公正、法治，在个人层面自觉追求爱国、敬业、诚信、友善，其实反映了不同的生存情境下的人生智慧。遵循它可能未必使我们大富大贵，但是一定会使我们人生无悔，多一分幸福自在。凡事对得起良知，自觉遵循正确的价值观的引导，我们可能暂时吃点亏，但一定不会抱憾终身。

第三节　在求"真"与向"善"的实践中
建构和谐之美

　　人的实践活动受真理尺度和价值尺度的制约，主体人只有自觉认识和利用这双重尺度，才可能社会历史性地解决人与自然、人与社会、人与自身的矛盾，建构起人与世界之间的和谐关系。

一　学习价值和真理在实践中的辩证统一关系原理，形成自由自觉的实践

　　在具体的实践活动中，人们总是需要在积极追求真理和自觉追寻生命的意义和价值的实现过程中，更好地解决贯穿于人生及人类社会的根本矛盾——人与自然、人与社会、人与自身的矛盾。任何成功的实践都必然是以尊重真理和价值的辩证统一关系为前提的实践。人们在具体的实践活动中，只有既自觉的接受真理的客观尺度的制约，"按科学规律办事"，又自觉地接受价值的主观尺度的制约，尊重人的本质的生命需求，才可能通过自觉追求真理的实践来更好地满足自身的整体性生命需求，在解决人与自然、人与社会的矛盾基础上解决人与自身的矛盾，安身立命于世，获得幸福。

　　一方面，在实践中，价值的形成和实现离不开真理性的认识。在追求生命的意义和价值的实践活动中，我们只有自觉追求真理，探寻自然、社会、生命的发展规律，形成对自然、社会及生命发展规律的真理性认识，进而在此基础上对人与自然、人与社会、人与自身之间可能建起来的本质关系有一个正确的认识，才能形成正确的价值目标，更好地解决上述矛盾，实现生命的意义和价值。其中，价值的实现既依赖人们对有关自然、社会、生命自身发展规律的真理性认识，更依赖于人们对人与自然、人与社会、人与自身之间可能建立起来的本质关系的真理性认识，依赖于人们对生命的意义和价值赖以实现的方式的正确的认识。对于相关客观事物的真理性认识的水平，既决定着特

定客观事物的价值的实现的程度，更在根本上决定着人们的生命的意义和价值的实现程度。随着所获得的真理性认识的不断深化，尤其是随着解决人与世界的矛盾的实践活动的发展，及在此基础上所形成的真理性认识的不断深化，人们不断形成新的、日益健全的价值目标。人们通过对真理的追求可以使自己更全面更深刻地认识自己的生活条件及何以更好地解决人与自然、人与社会、人与自身的矛盾，使人们的价值追求更合理，能够更好地满足人的整体性生命需求。

另一方面，真理性认识的形成也离不开人们自觉的价值追求。人们对价值的追求，尤其是其对实现自身的生命的意义和价值的追求，构成其从事特定实践活动，追求真理的内在的动因。实现价值正是人们追求真理的目标。人们追求真理，最终目标就是为了满足自身的生命需求，在根本上是为了满足自身的整体性生命需求。人们的价值追求的指向规定着其认识活动的指向。人们只有自觉地形成正确的价值目标，才可能使真理性的认识最终服务于人类的总体的福祉。此外，人们对价值的追求越自觉、越合理、越深入，其对有关自然、社会、人的生命及人与自然、人与社会、人与自身的关系的真理认识性就越全面、越深刻，人们就越有热情探索和追求真理。

在实践中自觉地追求真理，创造价值，探寻生命的意义，要求坚持科学精神和人文精神的辩证统一。一则，所谓坚持科学的精神，就是指在实践中以清醒的、严谨的、合乎逻辑的思想从事科学认识和理论创造，坚决同各种虚假意识做斗争，以求准确地揭示客观事物的本质和规律。二则，坚持人文精神则要求人们在具体的实践活动中，自觉地把人的整体性生命需求，因而把人民根本利益，人类的整体性利益看成一切认识和实践活动的出发点，彻底贯彻"以人为本"的思想，自觉追求幸福美好的生活。人们在实践活动中只有既崇尚理性，自觉探寻事物本身的发展规律；又积极调动意志、情感、生命体验等非理性因素积极作用，充分展示和表现人的整体性生命需求、人的本质的生命追求，才可能社会历史性地解决人与自然、人与社会、人与自身的矛盾，解决生产力与生产关系、经济基础与上层建筑的矛盾，现实地安身立命于世。

然而，在现实生活中，如老子所言："上士闻道，勤而行之；中士闻道，若存若亡。下士闻道，大笑之；不笑不足以为道。"① 只有那些具有智慧的人认识到作为真理和价值之统一的大道之后，才会身体力行地去践行。具有中等品格和智力的人，接触到大道之后，往往是视而不见，听而不闻。至于品格和智商均属于下等的人们，听到大道之后往往对之进行嘲笑。大道之为大道就是因为他们会被下等品格和智商的人嘲笑，因为"道隐无名"，大智慧、大道总是深藏不露，只有当我们既立足于日常生活，又超越日常生活中的感性认识，形成理性认识的时候，才可能接近大道，所谓下等品格和智商的人因为仅仅停留在感性认识阶段，因此往往理解不了大道，从而觉得可笑。那么，人们何以才可能超越日常生活惯用的感性思维，进行理性的提升呢？苏格拉底的洞察很有启发性，他一再强调，智慧必须在自己产生困惑，从而能够积极思考和探索的时候，才能够产生积极的成果。可见，我们只有积极呵护或努力培养自己的好奇心和求知欲，自觉追求真理和追寻生命的意义和价值，勇于践行，才可能不断趋向真善美，趋向大道。我们的人生才会因此而变得更加精彩。"夫唯道，善贷且成。"② 只有自觉遵循大道，追求真善美，我们的行动才能摆脱盲目性，成为有利于人与自然、人与社会、人与自身和谐关系之建构的自由自觉的实践活动。我们只有通过这种自由自觉的实践活动，才可能更好地安身立命，心想事成。

二 学习真理和价值观的检验标准原理，在实践中检验、发展真理和价值观

在实践中坚持真理标准和价值标准的辩证统一，坚持科学精神和人文精神，也是在实践中不断检验有关客观世界及人与世界关系的真理性认识，检验有关人的整体性生命需求的真理性认识是否正确的

---

① 老子：《老子》，孙雍长注译，花城出版社1998年版，第82页。
② 老子：《老子》，孙雍长注译，花城出版社1998年版，第83页。

过程。

实践是检验认识的真理性和价值观的正确性的唯一标准。这在根本上是由真理和价值观的本性及实践的特点所决定的。一则，真理和价值观分别作为对客观事物和人的本质生命需求的认识，都与人与自然、人与社会、人与自身的关系紧密相连，因而既不能在人的主观范围内得到检验，也不能仅仅通过客观事物得到检验，而是需要通过反映人与自然、人与社会、人与自身关系的实践才能够得到检验。

二则，从实践的特点来看，实践是人们在特定的价值观的引导下，按照事物本身的发展规律来改造世界的具有直接现实性的、客观的物质性活动。一般而言，人们通过特定的实践活动，推动了人与自然、人与社会、人与自身的矛盾的社会历史性的解决，能够更好地满足人的整体性生命需求，就证明指导实践的价值观和有关客观事物的认识是正确的认识，反之，就是谬误和错误的价值观。实践是检验认识的真理性和价值观正确性的最公正的审判官和最高的权威。

在实践检验认识的真理性和价值观的正确性的过程中，逻辑证明可以起到重要的补充作用。在实践中，人们需要首先通过对所提出的计划、方案进行理论论证，以确认其可行性和意义，即对计划和方案进行逻辑证明。人们在实践过程中总是需要根据所进行的论证来实施既有的计划和方案。人们的有目的有计划的实践过程，也往往是逻辑证明发挥作用的过程。然而，被逻辑所证明了的真理性认识和正确的世界观、人生观、价值观，只有通过实践的检验，才能最终被证明是一种正确的认识。

已经被特定历史条件下的实践所检验了的真理性认识和正确的价值观，对于后人的实践具有重要的指导作用，但是它仍然不能够代替现实的实践，作为检验人们的认识的正确性的标准。因为它们的正确性和适用范围最终仍然依赖于特定历史条件下的实践。已经被证明的真理性认识和正确的价值观，只有在新的历史条件下，能够经得起新的实践的检验，才能够进一步被证明是一种正确的认识。

同时，还应该看到，人们的实践作为检验认识的真理性和价值观的正确性的标准，是确定性和不确定性的统一。所谓实践检验标准的确定性是指，实践作为检验认识的真理性和价值观的正确性标准，具有唯一性。我们的认识、思想、理论是否具有真理性只有依赖实践，通过实践才能够得到检验。离开了实践，再也没有别的检验标准。只有通过实践，我们才能够鉴别出决定认识之为真理性的认识，价值观之为正确的价值观的不以人的主观意志为转移的客观内容。

与之相对，实践标准的不确定性是指，由于任何实践都是受具体的社会历史条件制约的有局限性的实践，因此，在一定的社会性历史条件下，实践对认识的真理性和价值观的正确性的检验总是具体的、有条件的。实践的检验不可能一次完成，而是一个不断运动发展的过程。我们只有运用发展变化的眼光来看待实践的检验标准，不断地发展自己，以提升自己实践活动能力和认识能力，才能避免走向对既有的实践经验抱残守缺的经验主义。在现代社会，我们只有自觉地使自己置身于不断发展变化的实践活动中，用不断发展变化的实践活动来检验真理性认识和价值观的正确性，才可能在变幻莫测的风险社会之中仍能找到更好地满足自身的整体性生命需求的现实路径，才可能在认识和尊重客观事物及人的整体性生命规律的基础上，现实地解决人与自然、人与社会、人与自身的矛盾，安身立命于世。共产主义的生活方式在根本上正是这样一种人们自觉地使自己置身于由生产力与生产关系，经济基础与上层建筑的辩证关系所决定的具体的实践中的生活方式。只有通过这种自由自觉的生活方式，我们才可能社会历史性地检验认识和价值观的正确性，才可能在正确认识的指导下，社会历史性地解决人与自然、人与社会的矛盾，进而在此基础上解决人与自身的矛盾，从而现实地安身立命于世。

总之，我们只有坚持实践是检验认识的真理性和价值观的正确性的唯一标准，才可能避免在认识的真理性问题上陷入唯心主义、怀疑主义和相对主义，才可能避免在价值观的问题上陷入多元论。同时，我们只有看到实践检验标准的不确定性，才可能在认识的真理性和价值观的正确性问题上避免陷入教条主义或独断论。归结起来，我们只有尊重真理和价值的实践的检验标准的确定性和不确定性，运用全部人类的实践——无数个人的、历史发展的、整个社会的实践来检验认识的真理性和价值观的正确性，通过语言交往的中介，利用整个社会历史的实践经验的总结，才可能获得不断完善的真理性认识和有利于全人类福祉的不断完善的价值观。正如老子所言，"脩之于身，其德乃真；脩之于家，其德乃余；脩之于乡，其德乃长；脩之于（国），其德乃丰；脩之于天下，其德乃普"①。我们只有身体力行的践行大道，用正确的价值观和真理性认识中来指导自己的实践，修习大道于自家、乡里乃至天下，自己的德性才会不断丰盈，生生不息，乃至荫护万物。这才是真正有德性，才可能现实地确证生命的意义和价值。我们的实践只有在日益完善的价值观和真理性认识的指导下，才可能日益成为有利于人与自然、人与社会、人与自身的和谐关系之创造的自由自觉的实践活动。我们才可能通过这种自由自觉的实践活动确证生命的意义和价值，建构人与世界的和谐之美。

法国启蒙思想家让·雅克·卢梭说"人生来是自由的，但却无往不在枷锁之中"②，我们只有自觉追求真善美，发展积极向上的世界观、历史观、价值观，才能够摆脱盲目的自然、社会历史、整体性生命必然性的统治，获得庖丁解牛式的自由。正如曾参所言，"大学之道，在明明德，在亲民，在止于至善。知止而后有定，定而后能静，静而后能安，安而后能虑，虑而后能得。物有本末，事有终始，知所先后，则近道矣。……物格而后知至，知至而后意诚，意诚而后心正，心正而后身修，身修而后家齐，家齐而后国治，国治而后天下平"③。大学教育的目的在于，使人们通过道德修养止于完美之境。当人们有了至善这一根本宗旨之后，才能够做到心境的平和宁静，安然自处，又积极思考，从而有所知。事物有本末，事件有始终，了解事物之正常关联的秩序，追求真理，就是智慧的开始。研究万物之后，就可以

---

① 老子：《老子》，孙雍长注译，花城出版社 1998 年版，第 107 页。
② 参见［法］卢梭《社会契约论》，何兆武译，法律出版社 1958 年版，第 6 页。
③ 曾参：《大学》，李陵申主编，刘强编译，中国纺织出版社 2007 年版，第 2—17 页。

获得真知，有了真知，我们就能做到真心诚意，内心端正，自然地明善，从而使个人生活有了修养。个人有了修养才能安顿好家庭生活，进而促进国家进入正轨。国家走向正轨了天下也太平了。因此，上自帝王，下至庶民百姓，必须把个人生活的修养看作一切的根本。从天子到庶人，都应以修身为本。作为当代大学生，只有在马克思主义哲学理论的指导下，自觉追求真理，积极探寻生命的意义和价值，在根本上形成正确的价值观，才能真正做到宁静以致远，获得现实地推进人与自然、人与社会、人与自身矛盾的解决的智慧。这一过程既是个人提升自我修养的过程，也是我们勇担社会主义的建设者的历史使命，社会历史性地推进人与自然、人与社会、人与自身矛盾的解决的过程。通过这样一种自由自觉的生命过程，我们即使达不到庄子所描述的人类精神所能抵达的至美之境，"彼其充实，不可以已，上与造物者游，而下与外死生、无终始者为友"①，想必也能收获生活的从容、充实与无悔！

---

① 庄周：《庄子》，方勇译注，中华书局 2010 年版，第 583 页。

参考文献

《马克思恩格斯文集》第1卷，人民出版社2009年版。

《马克思恩格斯文集》第2卷，人民出版社2009年版。

《马克思恩格斯文集》第3卷，人民出版社2009年版。

《马克思恩格斯文集》第5卷，人民出版社2009年版。

《马克思恩格斯文集》第8卷，人民出版社2009年版。

《马克思恩格斯文集》第9卷，人民出版社2009年版。

《列宁选集》第4卷，人民出版社1995年版。

《毛泽东选集》第3卷，人民出版社1991年版。

《爱因斯坦文集》第3卷，商务印书馆1979年版。

本书编写组：《马克思主义基本原理概论》，高等教育出版社2013年版。

陈晏清、王南湜、李淑梅：《马克思主义哲学高级教程》，南开大学出版社2012年版。

［德］格奥尔格·威廉·弗里德里希·黑格尔：《自然哲学》，梁志学等译，商务印书馆1980年版。

［德］鲁道夫·奥伊肯：《生活的意义与价值》，万以译，上海译文出版社2005年版。

［德］费迪南·费尔曼：《生命哲学》，李健鸣译，华夏出版社2000年版。

［法］皮埃尔·阿多：《作为生活方式的哲学》，姜丹丹译，上海译文出版社2014年版。

［法］阿尔贝特·施韦泽：《文化哲学》，陈泽环译，上海人民出版社 2008 年版。

［印度］吉杜·克里希那穆提：《爱的觉醒》，胡因梦等译，深圳报业集团出版社 2006 年版。

［印度］罗宾德拉纳特·泰戈尔：《人生的亲证》，官静译，商务印书馆 1992 年版。

［美］埃里希·弗洛姆：《生命之爱》，王大鹏译，国际文化出版公司 2001 年版。

［美］埃里希·弗洛姆：《健全的社会》，孙凯祥译，上海译文出版社 2011 年版。

［美］亚伯拉罕·马斯洛等：《人的潜能和价值》，林方主编，华夏出版社 1987 年版。

［美］凯瑟琳·辛格：《陪伴生命——我从临终病人眼中看到的幸福》，彭荣邦、廖婉如译，中信出版社 2012 年版。

［英］伯特兰·罗素：《幸福之路》，刘勃译，华夏出版社 2012 年版。

［加拿大］查尔斯·泰勒：《自我的根源：现代认同的形成》，韩震等译，译林出版社 2012 年版。

王蒙：《老子的帮助》，贵州人民出版社 2013 年版。

博：《庄子哲学》，北京大学出版社 2004 年版。

林语堂：《孔子的智慧》，陕西师范大学出版社 2006 年版。

白岩松：《痛并快乐着》，华艺出版社 2006 年版。

傅佩荣：《向庄子借智慧》，中华书局 2009 年版。

傅佩荣：《西方哲学与人生》第一卷，上海三联书店 2007 年版。

周桂钿：《十五堂哲学课》，中华书局 2006 年版。

牟宗三：《生命的学问》，广西师范大学出版社 2005 年版。

刘长林：《中国人生哲学的重建——陈独秀、胡适、梁漱溟人生哲学研究》，华东师范大学出版社 2001 年版。

于丹：《论语心得》，中华书局 2006 年版。

于娟：《此生未完成：一个母亲、妻子、女儿的生命日记》，湖南科学技术出版社 2011 年版。

陆幼青：《生命的留言——＜死亡日记＞全选本》，北京华艺出版社 2001 年版。

陆杰荣：《形而上学与境界》，中国社会科学出版社 2006 年版。

周保松：《走进生命的学问》，生活·读书·新知三联书店 2012 年版。

艾文：《乔布斯箴言录》，甘肃人民出版社 2011 年版。

孙正聿：《探索真善美》，吉林人民出版社 2007 年版。

老子：《老子》，孙雍长注译，花城出版社 1998 年版。

庄周：《庄子》，方勇译注，中华书局 2010 年版。

曾参：《大学》，李陵申主编，刘强编译，中国纺织出版社 2007 年版。

后　记

　　经过十几年的"努力"，本书终于完成了自己的"诞生"。可以说，正是因为在十几年的马克思主义理论教学过程中亲历它在现实中的"冷遇"，所以我才不断深入地思考"学习以马克思主义哲学为基础的马克思主义理论有何用?"这一问题。同时，这十几年，我的现实生活也发生了诸多重要变化，由单身到为人妻为人母。与生活角色转变相随的矛盾和问题不断凸显，这使热爱生活的我总希望以更加成熟而理性的方式去解决它们。马克思主义哲学教学本身遇到的问题和现实生活中的问题的这种不期而遇，使我能够有幸发现二者之间的某种内在的关联。

　　一次偶然的机会，我读到德国哲学家奥伊肯的《生活的意义和价值》，深受触动。它使我抓住了"生活的意义和价值"这一联系哲学和生活的根本问题。从这一根本问题出发，我发现自己较之前更能够理性地思考解决现实生活中的问题，同时也能够更加深入地理解马克思主义哲学的"无用之大用"的妙处。

　　在2014年夏天，为了准备省里举行的教学比赛，我查阅了张世英先生的《哲学导论》。受先生的启发，我觉得也可以立足于人与自然、人与社会、人与自身关系这一终极问题来进一步深化对马克思主义哲学相关问题的研究。随着研究的开展，我发现从这个角度来理解马克思主义哲学，不仅有利于进一步深化对它的理解，而且还有利促使它与中国传统文化及西方强调生活哲学转向的现代哲学进行对话。所以，虽然在这次比赛中，由于多种原因我只拿了一个三等奖。但是，它对我能深入地进行马克思主义哲学教学研究却产生了本质性的影响。尤其是在当时负责录像的老师由衷地肯定了哲学的功用时，我更加有动力从这个角度去深化马克思主义哲学的教学研究。

随着对马克思哲学教学研究不断深入，生活阅历不断增多，教学活动有条不紊地开展，对我的研究成果进行检验的机会也日益增多。当我能越来越能够更加娴熟地运用相关成果解决自己生活中出现的矛盾和问题，从而使婆媳、夫妻、亲子、事业与家庭、个人兴趣与社会需要的矛盾能够更好地化解的时候，我更加坚信马克思主义哲学的智慧。在课堂上，当我把这些源于生活之中的反映了马克思主义哲学的"无用之大用"的案例与学生分享时，发现学生对马克思主义哲学的认同度更高了，这让我更加坚信从人与自然、人与社会、人与自身关系的角度不断深化马克思主义哲学教学研究的合理性。

当然，从事马克思主义哲学教学工作注定是我一生的事业，本书仅仅是我从事马克思主义哲学研究和教学的一个阶段性的总结。其中肯定存在着许多需要进一步推敲、完善和深化的观点，笔者真诚地期待读者给予批评和指正。同时，本人也会在日后的教学实践、生活实践中进一步深化对马克思主义哲学的相关问题的研究，在实实在在地创造幸福生活的过程中，使马克思主义哲学的智慧之光照亮更多学生的生活。

此外，我要感谢我所在的教学团队——沈阳师范大学马克思主义学院的领导和老师。他们的充满正能量的事业心总是潜移默化地感染我，促使我能够不断克服惰性，积极成长。

最后，我还要感谢严谨、认真、负责的赵丽编辑，没有她的辛苦付出，就不会有本书的顺利出版！

刘力红

2017 年 7 月 3 日